经济管理学术文库·管理类

财政与公共部门治理：制度困境与改革经验

Public Finance and Governance in Public Sector: Institutional Dilemma and Reform Experience

解洪涛 / 著

经济管理出版社
ECONOMY & MANAGEMENT PUBLISHING HOUSE

图书在版编目（CIP）数据

财政与公共部门治理：制度困境与改革经验/解洪涛著．—北京：经济管理出版社，2016.3
ISBN 978-7-5096-4231-3

Ⅰ.①财… Ⅱ.①解… Ⅲ.①财政改革—研究—中国 Ⅳ.①F812.2

中国版本图书馆CIP数据核字(2016)第022577号

组稿编辑：张巧梅
责任编辑：张巧梅
责任印制：黄章平
责任校对：张　青

出版发行：经济管理出版社
（北京市海淀区北蜂窝8号中雅大厦A座11层　100038）
网　　址：www.E-mp.com.cn
电　　话：(010) 51915602
印　　刷：北京九州迅驰传媒文化有限公司
经　　销：新华书店
开　　本：720mm×1000mm/16
印　　张：11.75
字　　数：218千字
版　　次：2016年3月第1版　2016年3月第1次印刷
书　　号：ISBN 978-7-5096-4231-3
定　　价：58.00元

目 录

地方治理：财政分权理论与各国的实践比较

一、引言：地方政府和地方治理

地方政府是指由国家宪法确定的特定机构或实体（如巴西、丹麦、法国、印度、意大利、日本、瑞典），也有些国家则是通过地方立法来确认地方政府的边界（如澳大利亚、美国），这些地方政府有的向更高层级的中央立法机构负责（如新西兰、英国），有的则向省（州）的国家立法机构负责（如加拿大、巴基斯坦），还有的则向中央行政机构负责（如中国），其主要职责在于向次中央层面的较小地理区划内提供一系列指定的公共服务。地方治理是一个更广泛的概念，它可以被定义为在地方水平上集体行动决策的制定和执行。因此，它包括地方政府机构和政府的层级结构，各级政府机构应履行的直接或间接义务，以及政府在追求集体行动目标时遵循的非正式规范、相互作用的网络结构、社会组织和邻域组织的关联关系，最终表现为在公民间和公众与政府间的信息交流中的协调意见，从而实现地方公共服务供给的集体决策。

地方治理包括了多元的现实目标，涉及公众的生活、工作、地方的环境保护、社会自治等。好的地方治理不仅是提供一系列的地方服务，也要保护居民的生命和自由，为民主参与社会管理和公民间的对话创造空间，支持当地市场和环境可持续发展，促进公共产品的产出，改善居民的生活质量。

尽管地方治理的概念甚至和整个人类历史一样古老，但直到近些年它才成为学术界和实践部门广泛讨论的话题。全球化和信息革命迫使人们重新审视公民和政府的关系、各自扮演的角色以及各种政府实体间的关系，甚至一些实体远超出传统政府概念，这些话题涌入到了作为大的范畴的地方治理研究中，使得地方治理的研究不断壮大。然而，关于“地方治理”的相关概念都可从发展经济学的主流研究中窥见端倪，因为长期以来发展经济学持续关注了发展中的政府和社会组织作用。但发展经济学的研究也有局限，比如研究忽视了生产地方公共产品的整体制度环境框架，包括是什么促进或阻碍了组织的产生、组织行为规范、治理网络间的联系、合作和竞争关系。

一些学者（Bailey，1999；Dollery 和 Wallis，2001；Rhodes，1997；Stoker，1999）的研究认为，存在一个超出政府本身的巨大的社会网络实体在从事着地方的公共服务和质量保障，而将地方政府视为一个单一的实体是不切实际的（参见 Goss，2001）。对地方治理作为更宽泛概念的分析和识别对于发展建立一个以责任为中心的地方治理框架是至关重要的，这其中包括响应公民需求（做正确的事情——提供符合公民偏好和公民关注的公共服务），负责（用正确的方法做正确的事——工作做得更好、花费却更少，建立公共产品供给的工作标杆）和问责（即向公民负责，建立一个公民向政府问责的渠道）。这样的分析思路格外重要，因为未来在以上治理环境中运行的地方政府，其角色特征将会与其传统角色形成鲜明的差异。

本文追溯了地方治理研究的演变和分析基础，这样可以更好地理解下文中各国实践。接着概述分析了地方治理的方法，这可以帮助理解政府角色和各国制度安排的差异。最后进一步整合各种文献并发展了一个统一的地方治理的评价模型，这对于评估发达和发展中国家的地方政府改革有着重要的意义。

二、地方治理与中央—地方关系：概念性的视角

（一）原则和理论

现有已被广为接受的一系列理论提供了分权决策和地方政府发挥强有力作用的有力论证，这其中包括效率、问责、管理、自治等多种视角。施蒂格勒（1957）提出确定治权的两个原则：①一个选举代表组成的政府“距离”人民越近，就能更好地发挥作用；②人们应该有权投票选择需要的公共服务——数量和种类。这些原则显示发生在更低层级政府的公共决策应该与公众所需的公共产品配置效率和先后顺序保持一致，为此地方政府应该有行动的根本性准则——政府在辖区内的公共服务决策应该遵循自治的原则。当然，自治原则的实施还取决于地方政府的管辖权（或称治域），理论上的最优规模取决于规模经济和公共产品

供给的收益——成本外溢效应。

1. 财政均衡性原理

地方政府管辖权（治域）的概念产生于公共选择研究。奥尔森（1969）认为，如果一个政治管辖权和受益区域重叠，搭便车问题被克服，公共产品的边际收益等于边际成本，从而确保最优公共服务供给。另外，将政治管辖权与公共品的受益地域联系起来——就产生了财政均衡性原理，即需要一个独立的政府提供一份专属于辖区内的公共服务。

2. 相关性的原则

相关的概念是由奥茨（Oates，1972）提出的：决定各项公共物品提供水平的管辖权区应精确涵盖消费这些物品的群体。该原则通常要求大量的交叠管辖。弗雷和艾辛伯格（Frey 和 Eichenberger，1995，1996，1999）将这一原则扩展为功能性、交叠性和竞争性管辖（Functional Overlapping Competing Jurisdictions，FOCJ）。他们认为，管辖区的设置应该遵循功能性原则，同时地理上是交叠性的，个人以及社区能在相互竞争的辖区中自由选择。个人和社区通过提出议案和公民投票直接表达其偏好。辖区能够管辖其成员且有权征税以履行职责。瑞士苏黎世的学区以及北美的某些特别区实行了 FOCJ 模式。

3. 分权化原理

根据奥茨（Oates，1972）提出的分权化原则，“各项公共服务都应交由使提供这些服务的收益和成本内部化的最低层级的辖区”，这是因为：地方政府了解地方居民关心什么；地方做出的决策回应着享受公共服务的群体的需求，这就有助于实现财政责任和效率，尤其是当服务的融资同样实行分权时；取消了不必要的辖区层级；促进了辖区间的竞争和创新。

一个理想的分权体制能够确保公共服务的提供水平和组合方式符合选民的偏好，同时为这些服务的有效供给创造激励。同时，考虑到空间的外部性、规模经济，以及行政和服从成本，一定程度的中央控制和补偿性资助可能有助于确保服务的供给。同样地，该原则实际上也要求大量的交叠管辖区。

4. 职能垂直化原则

根据该原则，税收、支出以及管制性职能应交由级别尽可能低的地方政府来执行，除非有足以令人信服的理由才能将其交由高层政府。这一原则是由罗马天主教的教义演化而来的，并于 1891 年由罗马教皇利奥八世首次提出。随后，罗马教皇皮尔斯六世强调职能垂直化原则是独裁主义和自由放任主义之外的第三条治理道路。《马斯特里赫特条约》采用该原则作为欧盟（the European Union，EU）成员国间责任分配的指导性原则。该原则与单一制国家实行的剩余性原则刚好相反，剩余性原则主张地方政府只承担中央政府不愿或不能承担的职责。

（二）机制的运行

要想实现辖区数量和规模的最优化，就必须要考虑社区形成过程和重新设定辖区界限。这可以通过以下一系列机制来完成：

一是借助用脚投票。蒂伯特（Tiebout，1956）认为，人们根据辖区的税收与提供的公共服务种类来决定居住地点。因而，以脚投票原则决定了辖区的形成。他将公共服务的供给比拟为市场。奥茨（Oates，1969）认为，如果人们用脚投票，社区间的财政差别就资本化为居民的财产价值。这一结论已被布鲁克勒（Brueckner，1982）和沙安文（Shah，1988，1989，1992）对配置效率的正式检测所推翻。两种检测都证明，单纯地用脚投票并不能保证公共服务的提供最优化，还必须有理性的投票行为。

二是投票表决。相关研究表明，集体决策可能无法保证选民福利的最大化，因为选民与政府代理人可能有各自不同的目标。

三是自愿联合。布坎南（Buchanan，1965）认为，通过人们的自愿联合（俱乐部）提供公共物品能够确保辖区的建置与公共服务的最优化供给相符合。

四是重新设计辖区。现代社会社区形成的一个重要环节即重新划分已有辖区的边界，以创造特殊或多重目标的辖区。

三、地方政府的角色和职责：分析基础

有关政府模型以及地方政府的角色和责任的分析视角共有五种：传统财政联邦主义、新公共管理（New Public Management，NPM）、公共选择、新制度经济学（New Institutional Economics，NIE）以及地方治理的网络形式。联邦主义和新公共管理的视角主要关注市场失灵以及如何有效而公平地提供公共物品。公共选择和新制度经济学的视角关注政府失灵。治理网络化的视角关注同时克服市场失灵和政府失灵的制度安排。

（一）作为高层级政府授权机构的地方政府：传统财政联邦制的视角

财政联邦主义理论将地方政府视为多层体制当中的一个下属层级，并提出了界定不同层级政府的角色和责任的原则（关于财政宪法的设计框架见 Shah，1994）。由此，我们可以看出，在大多数联邦国家，如加拿大和美国，地方政府是州政府的延伸（双重联邦体制）。也有少数国家例外，如巴西，地方政府与高

层政府是平等伙伴关系（合作联邦体制）；另外一个特例是瑞士，地方政府是主权的主要来源，与联邦政府相比拥有更重要的宪法地位。因而，依据地方政府的宪法和法律地位，联邦制国家中的州政府承担的对地方公共服务的监管权限亦有所不同。在单一制国家中，次国家级政府代表中央政府行事。因而，单一制国家地方公共服务责任的指导性原则是：政策制定以及确定服务和绩效标准的权力属于中央政府；对执行过程的监督权属于州或省级政府；具体的服务由地方政府或城市政府或地区政府提供。

在所有国家，公共服务的生产可以是公共的，也可以是私人的，它取决于地方或区域政府自己的决定。除纯粹的地方性公共服务如消防以外，其他公共服务的供给责任都可以依据这些原则由各方分担。

将公共服务的供给责任分配给地方政府、城市政府还是区域政府取决于多种因素，如规模经济、范围经济（地方公共服务的合理匹配，目的是通过信息和协作经济来促进效率，并通过选民参与和费用补偿增强可问责性）及费用与收益的外溢，与收益人的接近程度，消费者偏好，以及支出结构的预算选择。服务具体分配到政府的哪一层级决定了公共服务以公共方式还是私人方式生产，当然还必须兼顾效率与公平。人口超过100万的大城市可以考虑设置更低的一级市立政府（负责提供邻里服务）和二级市立政府（负责提供地区性服务）。一级政府由选举产生，由选举产生的市长组成二级政府的市议会。二级结构式的大都市治理方式已在多个城市实行，如澳大利亚的墨尔本、加拿大的温哥华以及瑞典的斯德哥尔摩。

在发达国家，专业性机构或组织提供广泛的城市和地区公共服务，包括教育、卫生保健、规划、休闲以及环境保护。这些组织包括图书馆董事会、运输和警察委员会，以及提供水、电、气的公共事业部门。这类机构提供的公共服务具有以下特征：其供给范围超越了政治辖区，且能够通过借贷、使用者付费以及特定收益税（例如，征收额外的财产税以资助地方学校）来更好地满足经费需求。如果保持在最小规模，该类机构将能够充分利用规模经济，为政治管辖范围与服务提供范围不一致的地区提供公共服务。而这类机构如果过多，则会削弱地方的责任性和预算灵活性。若此类特殊目的机构的成员是通过任命而非选举产生，则会弱化其对公民的问责性和回应性。如果大部分的地方开支不受地方议会的控制，则预算灵活性将不复存在。

表1是不同层级政府之间支出责任的一般性分配模型。表2提供了一个有关各种分配标准是如何支持地方（或城市）使命以及公共的（或私人的）生产方式是否有利于效率和公平的主观评价。

表1　公共服务责任在各级政府间的分配

公共服务责任在各级政府间的分配				说　明
公共服务功能	分配依据			
	标准制定和监督	服务提供和管理	公共品分配	
解决区域和国际冲突	U	U	N，P	成本和收益国际性
对外贸易	U	U，N，S	P	成本和收益国际性
电信服务	U，N	P	P	全国和全球性受益
金融交易	U，N	P	P	全国和全球性受益
环境保护	U，N，S，L	U，N，S，L	N，S，L，P	全球、国家、州和地方受益外部性
引进外国投资	N，L	L	P	对地方基础设施建设有益
国防	N	N	N，P	成本和收益全国性
外交	N	N	N	成本和收益全国性
货币政策和汇率、金融业管理	U，ICB	ICB	ICB，P	独立于各级政府，有国际外部性
省级贸易	宪法，N	N	P	国家立法机构对贸易保障独立于政府
移民户籍管理	U，N	N	N	U因为被迫退出
转移支付	N	N	N	再分配
司法管理	N	N	N	全国性事务
产业政策	N	N	P	组织区域保护主义
产业规制	N	N，S，L	N，S，L，P	保护产业对国际贸易有外部性
财政政策制定和实施	N	N，S，L	N，S，L，P	协调地方利益
自然资源管理	N	N，S，L	N，S，L，P	促进区域公平分配
教育、医疗和社会保障	N，S，L	S，L	S，L，P	实物形式的转移支付
高速公路建设与维护	N，S，L	N，S，L	S，L，P	成本和收益在各级政府间有差异
公园和市政娱乐设施	N，S，L	N，S，L	N，S，L，P	成本和收益在各级政府间有差异
警务	S，L	S，L	S，L	主要是地方受益
供水、排污、垃圾处理和消防	L	L	L，P	主要是地方受益

注：U为国家责任，N为中央政府责任，S为州（省）责任，L为地方政府责任，P为非政府机构或私人部门责任，ICB为央行责任。

表 2　各种公共服务在各级政府间的分配原则

公共服务在各级政府间分配的准则										
							由公私合作			
公共服务	规模经济	范围经济	收益—成本溢出效应	政治决策临近	消费者自主决定	部门决策的经济评价	便于协调	效率化	均等化	便于多样化
消防	L	L	L	L	L	M	L	P	G	P
安保	L	L	L	L	L	M	L	P	G	G
废弃物收集	L	L	L	L	L	M	L	P	P	P
公园	L	L	L	L	L	M	L	P	G	G
道路维护	L	L	L	L	L	M	L	P	P	P
交通管理	L	M	L	L	L	M	L	P	P	P
地方运输服务	L	M	L	L	L	M	L	P	P	P
图书馆	L	L	L	L	L	M	L	G	G	G
小学教育	L	L	M	M	L	M	M	P	G	P，G
中学教育	L	L	M	M	L	M	M	P	G	P，G
公共交通	M	M	M	L，M	M	M	M	P，G	G	P，G
供水	M	M	M	L，M	M	M	M	P	G	P，G
污染处理	M	M	M	M	M	M	M	P，G	P，G	P，G
废弃物处理	M	M	M	M	M	M	M	P	P	P
公共医疗	M	M	M	M	M	M	M	G	G	G
医院	M	M	M	M	M	M	M	P，G	G	P，G
电力	M	M	M	M	M	M	M	P	P	P
空气和水污染防治	M	M	M	M	M	M	M	G	G	G
特殊的政策	M	M	M	M	M	M	M	G	G	G
地区公园	M	M	M	L，M	M	M	M	G	G	G
地区规划	M	M	M	L，M	M	M	M	G	G	G

注：其中 L 表示地方政府，M 表示市政府，P 表示私营部门，G 表示公共部门。

表 1、表 2 中提到的标准和评价是武断的；相关的分析应该考虑到现实因素和制度因素，读者使用同样的标准也可能会得出不同的结论。

私人部门参与同样也可以采取多种方式，如合同竞标，特许权运作（地方政府是管制机构），拨款（通常用于娱乐和文化活动），凭单（地方政府可从私人供给者手中赎回），志愿者（大多在火警队和医院），社会自助活动（用于防范犯罪），以及私人非营利性组织（提供社会服务）。由此可见，提供地方公共服务可以通过多种方式。在大多数发展中国家，地方政府的财政能力相当有限。因而鼓励私人部门参与地方公共服务的提供显得尤为重要。这种参与增强了地方公共部门的责任性，扩大了选择机会。然而，让某一层级的政府承担提供服务的责任并不意味着该政府要直接参与生产过程。有限的经验证据表明，某些服务由私人部门生产有助于增进效率和公平。

财政联邦主义理论也为地方政府的财政抉择提供了指导性原则。以下四个一般性原则要求将税收权赋予不同级别的政府。首先，经济效率原则要求中央政府掌握影响国内共同市场效率的流动要素税和可贸易物品税。把对流动资本的征税权赋予次国家级政府，可能导致区域或地方政府为了将资源吸引到自己辖区而采取浪费性的“以邻为壑”（Beggarthyneighbor）政策。在全球化的今天，由中央政府掌握流动资本的征税权也可能不太有效，因为存在着避税港问题，以及很难追踪和分配源自虚拟交易和各种物理位置的收入。其次，国民平等原则要求中央政府掌握累进再分配税的征税权，这样就限制了地区或地方政府采取不正当的再分配政策，即同时利用税收和转移支付以吸引高收入人群并抵制低收入人群的可能性。然而，这种做法使得对以居住地为基础的国民所得税征收附加的统一地方费成为可能。再次，行政可行性原则（降低服从成本和行政成本）要求将税收权赋予能够最好地监督相关税目的辖区。该标准有利于行政成本最小化，同时也减少了逃税的可能性。例如，财产税、土地税以及改良税都属于适合地方的税种，因为地方政府能够更准确地评估这些财产的市场价值。最后，财政需要或税收充足原则要求，为确保可问责性，收入方式应该尽可能地与支出需要相匹配。该理论还认为，长期资产应该主要以借债方式负担，从而确保各代人之间的责任均等（Inman，2005）。也就是说，这种巨额投资项目尤其不能由经常性财政收入和储备单独负担。

这四个原则表明，使用者付费方式适合所有层级的政府，但税权下放却不如公共服务供给权下放那样紧迫。这是因为税收权的下放可能导致联邦内资源配置的低效率和不同辖区居民之间的不平等。此外，还会导致征税成本和服从成本的显著增加。这些问题在某些税种上表现得尤为突出，因此，在选择对哪些税种进行分权时要慎重，从而在通过较低层级的政府实现财政和政治责任的需要与分割的税务体制的弊端这两点之间取得平衡。增强问责性和分散化的税收责任带来的经济成本增长之间的权衡可以通过这样的财政安排得以缓解，即允许联合和税收协调以克服分散化问题，通过财政均等性转移支付来减少由区域和地方政府之间财政能力的差异导致的低效和不公平问题（见表3）。

表 3 拨款和转移支付的原则及各国的实践

拨款目标	拨款设计	各国运作良好的实践	要避免的问题
填补财政差额	重新分配责任、减税或共享税基	加拿大的减税政策，巴西、加拿大和巴基斯坦的税基共享政策	赤字补款，按照具体的税种进行共享
减少区域财政不均等	一般性的、并非为了实现财政能力均等化目标的转移支付	加拿大、德国的财政均等化项目	多目标考虑的一般性财政收入共享
收益外溢补偿	开放式转移支付，转移支付与补偿收益外部性一致	南非的教学医院拨款计划	
建立全国性的公共服务最低标准	考虑服务标准和转移渠道，进行非匹配性转移支付	如印度尼西亚的道路维护和小学拨款；哥伦比亚和智利的教育转移支付；巴西和加拿大的医疗转移支付	只根据实际需要进行转移支付，有时是特别拨款
对国家重要但对地方不重要的公共品	开放式匹配转移支付	社会援助的转移支付	特别拨款
提供稳定的公共服务	资本拨款伴随可能的养护	有限使用资本拨款，鼓励私人部门参与，提供诊治和政策风险保障	拨款稳定化，不要求未来的维护

上述财政联邦主义的视角是有效的，但在实践中也导致了一些重大问题的出现——尤其是在发展中国家——因为实践似乎将联邦主义的结构和过程视为目的，而不是实现目的的手段。这些结构和过程是针对市场失灵和异质偏好而做出的回应，很少认识到政府失灵或政府之外的其他实体的作用。新公共管理和新制度经济学理论（下文将进行综述）进一步明晰了这些问题的起源。这一类文献强调政府失灵的原因及其对地方政府角色的意义。

（二）地方政府作为独立的公共价值创造的促进者：新公共管理的视角

近年来，新公共管理文献中出现了两个相互关联的标准，决定着地方政府应该做什么和地方政府如何更好地做这些事情。

在讨论第一个标准时，本文认为，公民是委托人但扮演多种角色，如治理者（所有者—授权者、投票人、纳税人、社区成员），积极的生产者（服务提供者、合作生产者、迫使他人行动的自助者），以及消费者（顾客和受益人）（Moore，

1996）。在此背景下，强调的是政府作为民众的代理人来服务于公共利益和创造公共价值。莫尔（Moore，1996）将公共价值定义为社会结果或生活质量的可量度的改善。这一定义与地方和市政服务直接相关，可用来量度这些服务的改进，而且还可以在某种程度上体现其原因。这一概念还有助于我们评估地方资源使用中的冲突和复杂的选择。该定义也有利于界定政府，尤其是地方政府的角色。它引发了一场争论，即除了提供基本的市政和社会服务外，公共部门究竟是排挤了私人部门还是为私人部门获得成功创造了条件。

莫尔（Moore，1996）认为，与其说是从私人部门中转移资源，不如说地方政府更愿意使用一些免费的资源——如同意、善意、好人好事、社区精神、服从以及集体行动。这一论点表明，地方政府中公共管理者的角色就是，利用这些免费的资源并突破有限地方收入的限制，从而不断拓展良好社会结果的边界。因而，公共管理者通过动员和推动地方政府之外的各种供给者而创造价值。民主责任确保管理者以地方居民的广泛共识为基础选择公共价值的创造（Goss，2001）。因此，地方公共部门不遗余力地致力于尊重公民偏好和对公众负责。这种致力于创造公共价值、鼓励创新和试验的环境，受到各社区内众位选民的风险容忍度的限制。

主流的新公共管理文献关注的并非做什么，而是如何做得更好。它主张创造一种激励性的环境，给予管理者使用资源的自由，同时要求其对结果承担责任。自上而下的控制于是被基于结果的自下而上的控制所取代。近年来，已经有两个新公共管理的模型得到实施。第一个模型致力于迫使管理者进行管理。在新西兰，这一目标是通过新的契约制实现的，这一制度一方面使公共管理者受到有关提供服务的正式合同的限制，另一方面使其有权决定资源配置和有权在公共部门与私人部门的提供者之间进行选择。马来西亚尝试通过顾客宪章达到同样的效果，即以是否达到具体的服务标准来评价公共管理者（Shah，2005）。

第二个模型致力于创造激励让管理者进行管理。它采用新管理主义方法，例如在澳大利亚和美国，政府在提供服务和社会产出方面的绩效是受监督的，但没有正式的合同，责任是通过非正式的协定来实现的。在中国和英国，自主机构模型用于确保绩效责任。加拿大采用另一种服务供给模式：鼓励公共管理者构建服务供给网络，采用标杆法实现公共资金的最有效使用。对顾客导向和基于结果的责任的关注，激励着世界各地的地方政府进行创新（Caulfield，2003）。

（三）地方政府作为机构自身利益的谋求者：公共选择的视角

贝利（Bailey，1999）提出了四种地方政府的模型：仁慈君主模型，地方政府了解居民的福利需求，并力争实现居民福利最大化；财政交换模型，地方政府提供的服务与地方居民的支付意愿相一致；财政转换模型，地方政府致力于提供公共服务以实现社会目标；利维坦模型，地方政府被追逐自身利益的官僚和政治家所掌控，这一模型与公共选择的视角相一致。

与之一脉相传，布雷顿（Breton，1995）提出了政府模型的综合类型。他将政府分为两大类：第一类遵循公共利益的原则；第二类则维护统治精英的自身利益。第二类政府可采用整体制或混合制的结构。在整体制结构中，地方政府受到官僚和利益集团的“俘获”（Capture）。同时，地方政府会使主导性利益集团的经济利益最大化（如利维坦模型）或推行强迫或强制。如果自利模型采用混合制结构，则可能鼓励地方政府之间的蒂伯特式竞争（Tiebout－type Competition）。

公共选择类文献信奉政府是追逐自身利益的，认为在政策制定和执行的过程中，各利益相关者都希望寻求机会并利用资源以实现自身利益。该观点对地方政府组织的设计有重大意义。由于地方政府是为公众利益服务的，因而必须在税收和支出方面拥有完全的自主权，而且必须参与政府内外的竞争。没有这些前提，地方政府将是无效的，且对市民的偏好缺乏回应性（Boyne，1998）。贝利（Bailey，1999）主张加强地方治理中的退出和呼吁机制，以克服由公共选择的自利原则导致的政府失灵。他认为，通过广泛的竞争而放松公共服务供给层面的限制，将会增加选择机会并促进退出选择（机制）的形成，直接的民主供给将增强呼吁（机制）（Dollery Wallis，2001）。下面介绍的新制度经济学的分析方法分析的是，政府代理人的机会主义行为对作为委托人的公民所带来的交易费用。

（四）失控的地方政府：新制度经济学与公共治理理论的共同关注

新制度经济学为分析财政体制和地方授权，以及比较地方治理机制提供了框架。该框架有助于设计政府层级体制，以及从更广阔的地方治理的视角界定地方政府的责任。根据新制度经济学提供的框架，政府（及机构）层级服务于作为委托人的公民的利益。管辖权的设计应该确保机构服务于公共利益，同时使委托人的交易费用最小化。

现行的制度框架无法实现这种最优化，因为委托人只具备有限理性；也就是说，他们根据已有信息做出最佳选择，但对政府的运作情况知之不多。扩大知情范围会带来高昂的交易费用，而这又不是公民愿意承担的。这些费用包括参与和监督费用、立法费用、行政决策费用、代理费用或确保代理人遵守契约的费用，以及与不稳定的政治体制相关的不确定性费用（Horn，1997；Shah，2005）。与委托人相比，代理人（各级政府）更了解政府运作，但他们倾向于隐瞒信息和出于机会主义行为的“追逐不正当的自身利益”（Williamson，1985）。因而，委托人与代理人之间的契约是不完整的。这种情形引发了承诺问题，因为代理人有可能违背契约。

这种情况会因为三个因素而变得更加复杂——弱势的或现有的对抗性机构、路径依赖以及各种行动之间的相互依赖。对抗性机构如司法部、警察局、国会以及公民活动团体，它们通常处于弱势地位而无法限制政治家和官僚们的寻租行为。历史和文化因素以及人们对行动的低收益和高成本预期这一心智模式，阻碍了矫正行动的产生。更多地授权给地方议会来代表公民采取行动往往导致选民与议会之间的代理损失，因为议会成员可能介入行政决策的制定过程，或在这种运作中被同化而推卸其立法责任。新制度经济学框架强调的是，在为各种服务设计管辖权以及在相互竞争的治理机制中做出选择时，使用交易费用因素的必要性。

（五）地方政府作为网络式地方治理模式的操控者

新制度经济学的方法为各种地方治理形式和机制提供了评价框架。特别是为应对层级式公共治理中的政府失灵提供了指导。该框架也适合于考查地方政府对多种组织之间的伙伴关系的参与。多勒瑞和沃里斯在 2001 年将新制度经济学的方法扩展到这些领域。他们认为，由于与“公共池塘资源”相联的“公地悲剧”，资源相互依赖的结构使得有利于公共利益的集体行动无效。这使得多元组织间的横向合作伙伴关系失败。

第一种可能的解决办法是引入市场化的治理机制，即引入一个契约管理机构，建立起所有合伙人之间的约束性契约。然而，这一方法可能无法奏效，因为契约无法涵盖所有潜在的可能性。第二种方法旨在促进横向协作，即所谓的治理的层级机制。它依赖制度性安排来明确职能和责任，建立磋商、合作和协调的机制，就像一些联邦体制下的情况那样。这种制度安排导致了高昂的交易费用，且因为伙伴之间的利益冲突而很可能走向失败。

鉴于高昂的交易费用以及市场和层级的治理体制在多元组织伙伴关系上不适用，一种使这种伙伴关系成为可能的治理模式——网络治理应运而生，这种伙伴关系是由地方政府来管理的。网络化的治理模式是在成员之间没有正式制度保障的情况下以信任、忠诚和互惠为基础的。另外，建立在共同的利益基础之上的网络（基于利益的网络）能够提供稳定的治理模式，前提是成员仅限于那些能够提供重要资源的人，且成员之间权力保持均衡。这种网络中的成员频繁地互动，且将一个领域中的合作视为在其他领域合作的条件。成员之间频繁的互动构建了信任。基于愿景的网络是建立在成员之间共享的情绪和感情之上的。成员在网络目标的价值和哲学方面有着共同的信仰，并有着实现这些目标的热情与奉献精神。这种网络在很大程度上取决于奉献和领导方式（Dollery，2001）。

在促进以利益和希望为基础的网络发挥作用以改进有利于地方居民的社会结果方面，地方政府可以扮演催化剂的角色。要扮演这一角色，地方政府必须基于有关该合作关系应该如何建立并维持的战略视角。该范式要求地方政府把政策建议从项目执行中分离出来，地方政府应更多地承担公共服务购买者的角色，但不一定承担公共服务提供者的角色。地方政府可以将那些具有高昂提供成本的服务外包出去，并让内部提供者受到来自外部提供者的竞争性压力，以降低公民的交易费用。它还必须积极地推动以利益和希望为基础的网络参与，以补充地方服务。地方政府需要发展自身的能力，以便在各群体之间扮演协调者的角色。

（六）改革的目标：一个响应公众需求、负责任、可问责的地方治理模式

上面已经回顾了政治科学、经济学、公共行政学、法学、联邦主义以及新制度经济学等文献中出现的一些观点，阐述这些观点的目的是希望发展一种完整的分析框架，以便对地方政府和地方治理组织进行比较分析。

这一类文献关注的焦点在于，各级政府面临的激励和问责机制无法真正使公共服务反映公民的偏好。于是，地方公共产品供给中充斥着腐败、浪费和低效。自上而下的控制是低效的，且缺乏责任激励，因为公民无权向地方政府问责。

世界各地实行的财政联邦主义主要关注结构和过程，忽略了对产出和结果的关注。这些实践支持以联邦宪法（即联邦立法高于任何地方立法）作保障的自上而下式结构。中央政府拥有最高权力，实行直接的控制，并对低层级的政府进行管理。各层级政府实施的层级控制都遵守一些内在的规则，很少考虑上级的要求。政府的能力是根据技术和行政能力判断的，至于顾客导向、自下而上的负责机制以及降低公民交易费用，则几乎不被考虑在内。各级政府都为了控制而热衷于非合作的零和博弈。

这种“拔河”严重动摇着权力的平衡。共同治理成为混乱和矛盾的根源，尤其是在联邦制国家。地方政府完全成为联邦或州的随从并严阵以待。在其能力范围内，地方政府被赋予极其有限的自主权。简言之，在这种“为了政府，通过政府和属于政府的联邦主义”体制下，地方政府由于处于上级政府的绝对控制之下而处在受压迫状态。公民也仅有有限的发言权和选择权。

这种治理模式的效果是显而易见的。政府各层级都会遭遇代理问题，这些问题与不完整的契约和未界定的财产权密切相关，也就是说，必须明确划分税收、支出、规制等方面的权力，尤其是在关系到共同治理的领域。政府间讨价还价导致了高昂的交易费用。

普遍主义和“金元加大棒”政治导致了“公地悲剧”，因为政府的各个层级都试图分享更多的“公共池塘资源”。在这种治理体制下，公民被视为代理人而

非委托人。

至于如何扭转这种局势，并增强政府对公民的回应性和责任性，该理论给出了如下对策：采用补贴原则、财政均等性原则，创造公共价值，基于结果的责任，以及前面提到的使公民的交易费用最小化。

这些对策都是有效的，但必须与更广阔的以公民为中心的治理模式相结合，从而在公共部门创造一种与其提供的服务和承担的自下而上的责任相符的激励性环境。通过向公民授权和对代理人沉迷于机会主义行为进行限制，有望克服存在于各级政府中的承诺问题。

以公民为中心的地方治理。改革地方治理制度需要遵循一些基本原则。下面介绍三个基本原则以拉开该议题的序幕：①回应性治理（Responsive Governance）。该原则要求政府做正确的事，即提供与公民偏好一致的服务。②负责任的治理（Responsible Governance）。政府还应该以正确的方式行事，即谨慎地管理财政资源。它应该通过更好的工作和更少的花费以及替社区管理财政和社会风险而赢得居民的信任。它应该致力于改善公共服务的质量，增加公共服务的数量和扩大获得公共服务的机会。要实现这些目标，政府需要采用标杆管理方法，向绩效最佳的地方政府学习。③问责性治理（Accountable Governance）。地方政府应该对选民负责。它必须遵守一定的规则以确保忠诚地服务于公共利益。另外，可能需要进行立法和制度改革以确保地方政府在任期内负责任地行事——此类改革如公民宪章以及公共官员的撤职条款。

按照这些原则构建的地方政府即被称为以公民为中心的治理（Andrews Shah，2005）。以公民为中心的治理的显著特征如下：基于权利的公民授权（直接的民主条款、公民宪章）；自上而下的基于结果的责任；公民作为统治者、纳税人以及公共服务的消费者，对政府作为供给网络的推动者的绩效进行评估。

该模式强调进行增强作为委托人的公民角色的改革以及为政府代理人服从公民意志创造激励的改革（见表4）。

承诺问题可以通过创造以公民为中心的地方治理而得到缓解——如直接民主条款，在政府运作过程中引入结果导向的治理、改革治理的结构等，通过这些方式使得决策制定更贴近人民。直接民主条款要求在主要问题和重大项目上实行公民表决，且公民有权否决任何立法或政府项目。“结果导向的治理”要求政府向公民负责，由公民评价政府在提供服务方面的绩效。因而有必要设立一个公民宪章，规定公民的基本权利以及公民拥有获得一定标准的公共服务的权利。基于产出的政府间转移支付强调对这些标准的服从，同时也强化了责任性和公民授权（Shah，2006）。

表4　理想中的公共治理三原则及具体实施措施

及时响应公众需求的原则	职能下属化和自治原则；直接民主原则；与公民偏好一致的预算安排；明确和可实现的公共服务标准；不断改进的社会状况；提供安全的生活和财产保障；为公众提供有安全保障的居住条件和安全食品；清洁的空气、饮水和其他卫生设施；没有噪声和得到保护的环境；便利的交通状况；距离很近的小学；可及时到达的消防车和救护车；公共图书馆和互联网条件；公园和娱乐项目设施
负责任的公共治理	遵循正当程序：超越自身职责和提供普遍性的公共服务原则；程序性法规；地方总体规划和预算；分地区的法规和规章；提供激励的服务人员安排 谨慎性的财政原则：保持预算平衡；负债的黄金法则；明确公共设施的养护成本及有明确偿债计划的融资项目；受全民公决控制的大型公共投资项目；维持投资项目正的净现值；对大的项目实施商业审计 赢得信任：公职人员的专业化精神和正直；保障不产生渎职的激励；简化的反馈流程和电子政务系统；对投诉能及时做出反馈；没有贪污并保证公正执法的税收征管体系；严格遵守公共服务条款；公众易读懂的公共品供给预算和绩效报告；参与式预算和规划程序 保障成本控制和服务质量的原则：存在竞争性服务原则，即公共服务同时存在政府实体和非政府机构的竞争性供给；为竞争和服务创新提供融资的渠道；对服务提供者进行评估；公共部门本身可以作为保障绩效的公共服务购买者，而非直接提供服务；管理的灵活，但以结果为问责的导向；公共部门的人员轮岗原则和解雇机制；服务的专门化；权责发生制的公共部门会计；最佳的标杆式服务；受公众审计的行政成本；规模和范围经济，基于外部性的决策和成本——收益平衡；财政可持续性的原则
问责型治理	在以下方面保持信息透明：地方政府应通过关于公民知情权的法规；在互联网上公布预算提案和年度绩效报告；所有审议过程信息在互联网上公布；由独立的第三方专家支持进行绩效设计；公开执行信息和公众评估信息 强化公共意见和不合格服务提供者退出机制：拥有公民宪章；对各类服务设立标准；公民有提出意见并选择服务提供者的自由；要求退出的权利；政府项目的淘汰程序；公平和公共服务产出为导向的政府间财政；公众意愿导向的绩效预算；服务产出和成本的披露；提供服务绩效评价的公民汇报读本；在公开的市民大会上进行预算、公共合同和绩效报告的辩论程序；所有文本保持公民的易读性；合同竞标保持过程的足够开放性；大型项目的强制公决；保证50%以上的公众对大型公决投标；提供平衡记分卡和对服务绩效反馈的日常公众评议协会组织；公民创议和公共官员解雇条款；对纳税人提供完善保护的税收诉讼程序

（七）影响国家内部的权力分工：中央政府和地方政府角色逆转

上面描述的治理模式对改革政府的结构意义重大。对地方治理的自上而下的命令需要代之以自下而上的契约。此外，地方政府必须扩展自身的职能，从而推动由政府供给者与政府以外的实体构成的网络的形成、发展以及运作。在此模式下，地方政府传统的为人们所熟知的技术性能力显得就不那么重要了。更重要的是作为服务购买者的制度能力，以及作为同盟、合伙关系、联合会、俱乐部的促进者的制度能力，从而开发社会资本和改进社会产出。在这方面有两个不同的可行选择，其中地方政府在政府间系统中都起到中枢性作用。

地方政府是公民的主要代理人。在该模式中，地方政府担任地方服务的购买者，由政府供给者与政府之外的实体组成的网络的推动者，以及州和国家政府的守夜人和监督者（负责共享规则和被授予的责任）。这些角色意味着权力从高层向地方政府的根本性转变。它具有重要的宪法意义。剩余职能由地方政府履行。州政府提供跨区服务。国家政府履行再分配、安全、外交方面的职能，同时协调州与州之间的关系，使州与州之间在某些共同项目上达成妥协和共识。瑞士体制与该模式最为接近。

各级政府是相互独立的代理人。确立委托人至上地位的另一个办法是，明确作为相互独立的代理人的政府各个层级的职责和功能。该方式限制共享规则。财政严格地依照职能安排，定期对财政安排进行审查，并根据收支情况进行调整。地方政府享有自治权力，拥有完全的税收和支出自主权。巴西财政宪章具有该模式的某些特征，然而也存在一些重大的背离。

两种选择的可行性。选择前者，在现代政府史中有良好的基础，且最适合那些近代以来没有内外战争历史的国家。该模式已在瑞士实行。战争、征服以及安全方面的顾虑致使各级政府角色倒置，近代历史中地方政府的功能一直处于萎缩状态。全球化以及信息革命要求地方政府发挥更大更强的作用（Shah，2001）。尽管大多数政府在财政体制上进行了一些调整，但都不是这里提倡的根本性变革。这主要是由于不能克服路径依赖——现有制度和既得利益根深蒂固——使这种变革不具备可行性。在这种情况下，选择后者可能更有效，但在该模式下明确责任划分可能不具备政治可行性。一般而言，不大可能拥有足够的政治勇气去进行如此剧烈的变革。因而，对于大多数国家而言，迫于全球化以及公众授权的压力，再加上信息革命的推动，采取渐进调适的方式实行该模式是可能的选择。

四、各国地方政府的治理实践

地方治理在历史上的出现要早于国家和政府的出现。在古代，部落和家族建立了大部分世界中的地方治理体系。他们建立了自己的行为准则和方式，以提高收入并为部族提供公共的服务。部落和氏族长老就部族中不同的职位角色和职责达成了共识。一些部落和宗族具备了更好的组织和技能，由此试图扩大其势力范围，但除了通过武力征服也需要和其他部落保持合作。按照这种方式，中国第一个王朝——夏朝成立了（公元前2070～公元前1600年）（Zheng和Wei，2003）。类似情况发生在了古代印度，在公元前第三个千年（约公元前2500年），一个富饶的文明国度建立在了印度河流域（现在的巴基斯坦）。这种先进的文明很强调在地方治理和社会成员中的自治权。这种强调导致创建一类社会形态，其中每个成员都具有明确定义的角色：教士、士兵、农民、工人。每个社会内部形成了自己所需的公共服务以及如何实现它们的共识。

在北美印第安部落和西欧的部落也都建立起了自治体系。随后战争和政府导致这些地方自治与中央政府共同治理的和谐共存的局面出现在了世界各地。这种发展在西欧（约公元前1000年）最终造就了地方治理和独特的中央—地方关系体系。这些系统可以分为以下几大类来进行分析。

地方治理和中央与地方关系：可选择的不同模式

1. 北欧模式

在15世纪，丹麦、挪威和瑞典由丹麦国王统治。这些国家的居民向国王纳税但被允许自主管理当地事务（Werner和Shah，2005）。由于没有中央政府的干预，地方自治体系运行顺畅，这一体系以服务当地居民为导向，这为福利政府的产生播下了种子。结果，地方政府承担大多数的政府功能，而中央政府逐渐主要承担了礼仪功能和外交功能。地方政府因此不仅承担为当地居民提供服务的责任，而且还负责社会保障和其他社会福利。北欧国家的地方政府对居民的服务实现了从摇篮到坟墓的全过程。他们的公共服务兼顾了维护公共财产以及为人民服务的导向。

在现代社会，北欧国家的中央政府承担更广泛的监管和监督功能，但地方政府的公共服务的统治地位没有动摇——在丹麦超过30%的国内生产总值（GDP）仍在地方政府手中，同时相应的支配权（自治权）也仍保留在地方，因为公民普遍对地方政府的职能表示满意。北欧模式强调小的地方政府（平均管辖的居民少于10000名），财政主要是自给自足。在丹麦和瑞典财政自给率近75%，在挪威接近64%——地方的公共支出主要依靠当地的税源收入。个人所得税（国家财政的主要收入来源）是地方财政的支柱（几乎占税收收入的91%），房产税贡献了仅7%的税收。

2. 瑞士模式

瑞士联邦的起源可以追溯到下瓦尔登州（Unterwalden）、施维茨州（Schwyz）

和乌里州（Uri）1291年共同签署的共同防卫协议。在该事件之后，瑞士的控制领权下放到独立的地方政府（州）。这一传统的地方政府今天仍继续维持着瑞士联邦体系的统治：地方政府不仅在财政问题上享受自治权，而且在移民、公民户籍、语言和对外经济关系上都高度自治。

地方政府的传统强势地位经由瑞士宪法规定的直接民主在瑞士进一步加强，包括公民动议、投票和请愿。公民动议权赋予公民发起寻求某项宪法条款修正的权利。公民动议可能是一般的建议或制定精确规划文本，这些修正案一旦达成，对于国会或政府而言，其就上升到宪法水平再也不能变更。如果某项动议要想进入正式的立法程序，需要在18个月内得到100000名以上的选民选票支持。一旦成功，则多数公众和大多数州都需要接受这样一个动议。

通过公民投票规定，人们有权依据自己的判断对立法机关或行政机关正在考虑的问题或就执行已经做出决定的事情发出自己的声音。对于后者，往往需要公投否决。联邦法律以及国际条约都由全民公决决定是否实施，只要在法令颁布的100天内提供50000名公民的联名请求就可以重新对法令进行修改。在请愿书规定中，所有合格选民可以向政府提交一份请愿书，并有权收到回复。瑞士由26个州和2842个社区组成。每个州都有自己的宪法、议会、政府、法庭。社区是州的下属政府。他们执行一些州政府的委托任务，比如人口登记和民防，但他们在教育和社会福利、能源供应、公路、地方规划和地方税收上有自治权力（瑞士，2003）。

3. 法国模式

在法国模式中，地方政府的主要作用是为基层公民参与国家层面上的公共决策提供机会。这一系统体现了卢梭、伏尔泰关于公民理性和社会凝聚的思想，同时也与拿破仑的统治秩序和强力的政府指挥系统观念不矛盾。国家的政府及其机构处于该系统的顶端，另外有一个完好无损的指挥链通过地区和部门的行政高管和市长一直传递到最低一级的公社。类似的指挥链条也在各级政府职能部门中以垂直的线性方式贯穿。因此，这类模式有时被称为双重监督下的地方治理模式。

这一体系允许并行的职能体系和一人多职（Cumuldesmandats），后者为在较低阶层的当选领导人提供了在更高级别的政府发表声明的机会。公共服务仍是国家的主要责任，政府及其机构可能直接参与地方的公共服务。地方政府管辖的平均范围很小（一般覆盖不到10000名居民）且地方政府对公共服务负有有限范围内的责任。地方政府使用多种税费获得财力，但仍显著依赖于中央转移支付。这一模式强调强大的中央命令与双重监督，它被法国、葡萄牙和西班牙军事独裁者极力采纳，在发展中国家也被广泛效仿（Humes，1991）。

4. 德国模式

德国模式强调地方的辅助性原则、中央—地方合作和行政效率。联邦一级负责决策功能，并委托地方政府提供公共服务，地方在公共服务中享有高度的自治权。所有纯粹的本地服务分配给地方政府。地方政府平均管辖 20000 名居民，地方支出约占国内生产总值的 10%。一般财政收入实施共享分配作为地方财政的主要来源。

5. 英国模式

英国的模式也具有法国双重监督模式的元素。它强调中央任命地方官员和职能部门在提供地方公共服务中发挥更大的作用和功能。地方政府必须与这些职能官员协调他们的行动。地方政府有大量纯地方公共服务功能，但是他们只有有限范围内的税收工具。地方政府既在维护地方公共设施方面发挥主导作用，如道路维护、垃圾回收、供水和污水处理，同时又在居民福利方面发挥有限的作用，如健康医疗、教育和其他社会福利。

房产税是地方政府的支柱，地方政府通常从中央获得 2/3 收入的转移支付。他们不征收个人所得税。地方政府行政主官的权力有限，地方议会在当地决策中发挥着强有力的作用。地方政府管辖范围很大，平均约为 120000 名居民，地方支出约占 GDP 的 12%（McMillan，1995，2008）。在前英国殖民地，地方官员的作用得到加强，主要是代表中央殖民政府实施一般监督和控制。

6. 印度模式

印度是最古老的具有自治传统的国家之一。在莫卧儿王朝建立之前，地方政府在印度的实际运行职能超过了世界上任何其他地方。小村镇是由乡民公约自治和公社管理领导的，实际权威通常赋予以村长为首的一个长老会。村内的最高机构被称为五人长老会或村务委员会（Panchayat），负责明确法律责任和秩序，提供地方服务和土地管理，解决纠纷和维护司法公正等，并且它也提供其他的基本公共服务和负责征税。这些机构使每个村镇秩序能够和谐维系。

随后的战争和征服导致地方治理的衰落。在莫卧儿王朝时期，“村务委员会”主要功能变成收集中央税，但地方政府自治没有受到影响（Wajidi，1990）。在英国统治时期，中央殖民统治主要关心统治机器运转中的指挥和控制功能，很少关心公共服务，地方治理体系受到了重挫，权力高度集中，忠诚于英国殖民政府会获得土地奖赏，这导致由封建贵族阶级代表英国政府统治地方。中央政府还任命了流动官僚管理地方事务。从印度和巴基斯坦独立以来，集权统治被一直保持下来，但也采取了一些步骤加强地方自治。在印度，封建贵族通过土地改革被废除，但在巴基斯坦，这种改革可能无法执行。因此，在巴基斯坦维持封建统治的一些地区，地方自治由精英控制。

7. 中国模式

“中国模式”特别重视省和地方政府作为中央政府不可或缺的一部分及其对

中央的依赖。这通过两种方式实现：一是通过民主集中制，它通过选举制度整合了地方各级人民代表大会和全国人民代表大会；二是通过双重从属的地方政府发挥作用，省级和地方政府既对高层政府负责，但同时其职能部门也执行高级别机构和部门的下派功能。这种整合的模式允许体量庞大的省级和地方政府存在以提供足够的公共服务，因此一般地方政府管辖范围是非常大的。省以下地方政府公共支出占总的公共支出的 51.4%。一些明确由中央政府承担的功能，如失业保险、社会保障和社会安全被分配给省级和地方政府。地方自治差异直接与当地政府的财政能力相关，富裕地区按照自己的财力提供更充足的公共产品，而贫困地区只能依靠更高级别政府的转移支付和救助。

8. 日本模式

19 世纪 90 年代，日本在明治时期引入了具有法国和德国的特征模式的地方政府治理体系。它强调中央控制，这与地方政府治理的法国模式一致。通过内政部任命地方政府首脑（县的州长）去控制地区和市政当局。当地政府简单地执行由中央政府决定的政策。在“二战”后，日本引入直接选举产生州长（都、道、府知事）、市长和市政委员会委员的机制。德国的机构授权模式也被保留，地方政府将同时执行中央政府及其机构的委托责任。在 1960 年成立了内务省（Muramatsu，Lqbal，2001），并使其成为地方政府的支持性的角色。日本的所得税是地方政府的主要财源，其贡献了地方税收的 60%，紧随其后的是房产税（约为 30%），另外是销售税（约为总税收收入的 10%）。

9. 北美模式

北美的早期历史中，当地社区以公民共和国（Kincard，1967）方式存在，其治理基础依赖成员间对身份的相互认同。美国宪法的制定者并不承认地方政府。美国内战导致了权力的集中。随后，在州一级范围内地方政府正式创立。地方司法机构进一步通过承认 Dillion 规则约束政府行为，即地方政府只能行使在州立法中明确授予他们的权力。随后，大多数州试图通过地方自治法案授予自治地方政府指定的自主权（Bowmanand Kearney，1990）。

加拿大地方政府面临的情况与美国类似。因此，北美模式承认地方政府是州和省的附属机构，但在某些特殊的职能领域——主要是提供公共财产相关的服务（如基础设施维护）——则赋予地方政府自主权（地方自治），地方政府履行一系列中间范围的职能。美国地方政府平均约管辖 1 万名居民，加拿大约为 6000 名。财产税是地方收入的主要来源。地方政府支出约占 GDP 的 7%（McMillan，1995，2008）。

10. 澳大利亚模式

澳大利亚宪法不承认地方政府。由各州自行决定其领土范围内的地方治理体制。大部分州赋予了地方政府最低限度的职能，包括工程服务（道路、桥梁、人行道及排水系统），社区服务（老年人看护、儿童看护、火灾预防），环境服务（垃圾处理及环境保护），规制性服务（行政区划、住宅、建筑物、宾馆、动物），以及文化服务（图书馆、艺术馆、博物馆）。地方政府收入仅占公共部门总收入的3%，却对公共部门总支出的6%负责。财产税（率）和使用者付费是地方收入的主要来源（约占70%），地方支出的20%来自中央和州的财政资助。用于交通、社区福利设施及娱乐和文化方面的支出占地方总支出的2/3。新西兰的地方政府模式与澳大利亚极为相似。

五、发达国家的地方政府组织和地方财政

我们已经注意到在工业国家地方治理方法广泛的多样性。本节提供一些OECD国家地方政府组织和财政收支关键指标的比较。

（一）地方政府的法律地位

地方政府的法律地位在不同工业化国家存在很大的不同，一些地方政府从国家宪法体系中确立自身的权力，如丹麦、法国、德国、荷兰和瑞典；而另外一些则从州宪法中获得权力规范，如澳大利亚、瑞士和美国；还有一些则从中央政府获得授权，如英国、新西兰和加拿大。有趣的是，通过国家和州宪法确立地方政府地位的国家，其并没有完全清晰划定自治模式和明确地方政府公共服务的范围。然而，通过中央政府授权方式创建的地方政府权力则普遍较弱。

（二）地方政府的相对重要性

地方政府在工业化国家的相对重要性可以通过两个指标反映：地方政府公共支出占整个公共部门支出的比例（见图1）和地方政府支出占GDP的比例（见图2）。这两个指标反映出，北欧国家的公共支出比例大幅领先其他国家，英国和美国都处在较低的水平，而加拿大、法国和德国则处在最低水平。丹麦的地方政府支出占比最为领先，其占总支出的50%，占GDP的30%。在工业化国家中，图中并未反映的澳大利亚有着意想不到的当地支出占比水平，占GDP的比例不到3%。

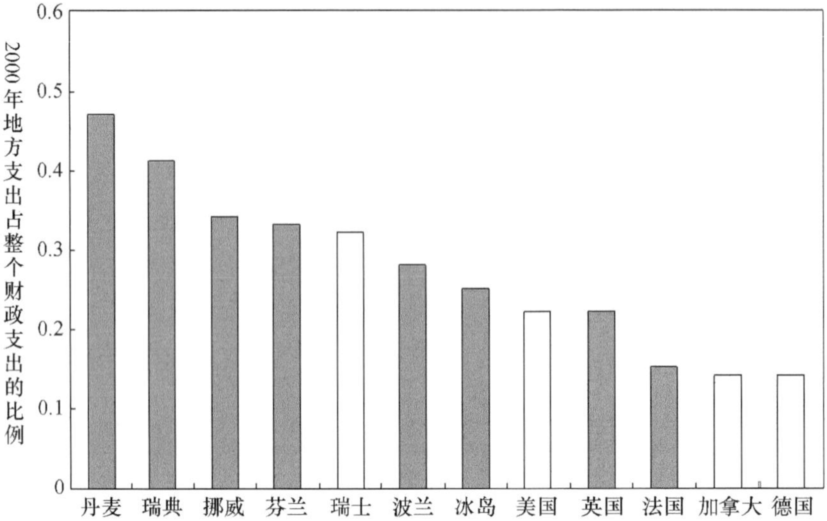

图 1　工业化国家地方支出占整个国家财政支出比例

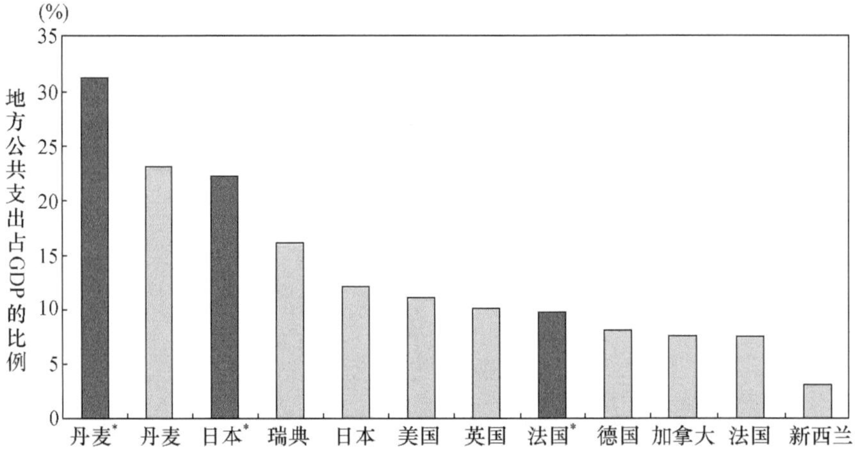

图 2　工业化国家地方公共支出占 GDP 比例

注：其中＊意味着地方政府包含了市、县级。

（三）地方政府治理下的人口规模

表 5 提供了一些工业化国家城市按人口多少的分布和分类。同样，1998 年政府管辖人口最少的中等大小的城市在冰岛（1160 人），管辖人口最多的城市在英国（约 160000 人）（见表 6）。在大多数工业国家，平均市政府管辖人口范围平

均不到 20000 人。

表 5　工业化国家市、县人口分布

人口	加拿大（2001）	丹麦（2002）	法国（1999）	德国（2001）	日本（2000）	新西兰（2002）	瑞典（2003）	美国（2002）
0～499	1975	0	21038	3680	0	0	0	0
500～999	1023	0	6763	2521	0	0	0	18013
1000～9999	1786	134	7975	6097	1557	14	73	14057
10000～49999	308	125	802	1348	1220	40	175	3125
50000～99999	51	12	82	109	224	12	30	161
100000～499999	33	3	32	70	206	8	9	219
500000～999999	6	1	3	10	11	0	1	22
超过 1000000	2	0	2	3	12	0	0	9
市的总数量	5184	275	36679	13838	3230	74	288	35906

表 6　工业化国家市政府的人口平均值

	OECD 国家地方政府平均人口
市政府的中值人口	国家（按照人口的升序排列）
1000～5000	冰岛、法国、希腊、瑞士、卢森堡、奥地利、西班牙
5000～10000	加拿大、美国、意大利、德国、挪威
10000～15000	芬兰
15000～20000	比利时、荷兰、丹麦、澳大利亚
30000～35000	瑞典、葡萄牙
35000～40000	日本
40000～50000	爱尔兰、新西兰
超过 100000	英国

（四）地方政府的支出责任

政府的公共支出责任并没有统一的模式，除了面向地方财产维护的服务，这些几乎在所有国家均体现为地方政府支出的重点。在基础设施维护的支出方面，澳大利亚地方政府支出占基础设施维护支出总额的 27%，英国这一比例为 62%，而欧盟和 OECD 国家的平均比例为 47% 和 41%。涉及为公民福利和发展的公共服务方面，各国则差异较大。在教育支出领域，澳大利亚地方政府并不承担相关的支出责任，而在加拿大、英国和美国地方政府教育支出份额约占社会总支出的60%。在经济合作与发展组织（OECD），这一数字平均约为46%。在医疗卫生领域，澳大利亚的地方政府同样没有承担支出责任，但在丹麦地方政府则扮演了主导角色（地方政府约占全国总支出的92%）；欧盟和OECD平均支出份额分别为28%和19%。相应地，在环境保护支出方面，大多数工业国家要求地方政府承担社会服务和资金支持。

总的来说，北欧国家的地方政府承担着最大范围的本地服务，涵盖范围广泛包括公众服务和地方财产维护服务。在欧洲南部和北美的地方政府公共支出责任平均较低但更专注于地方财产维护的服务。澳大利亚地方政府保持着最低的支出责任，仅有一些维护财产的服务（主要是指“道路维护和垃圾处理”）。

（五）地方财政收入和地方财政自治

地方政府的主要财政收入来自所得税、房产税和其他收费。在比利时、丹麦、芬兰、德国、冰岛、日本、卢森堡、挪威、瑞典和瑞士80%以上的税收收入是来自个人和企业的税收收入。但相反，在澳大利亚、加拿大、爱尔兰、荷兰、新西兰、英国和美国房产税作为更大的收入来源贡献了地方税收收入的80%。奥地利、法国、希腊、意大利、葡萄牙和西班牙则依赖多种税收来源，而西班牙收入的40%左右来自收取销售税。作为整体的欧盟，所得税占主导地位，其次是财产税、销售税和收费项目。在工业国家，平均地方收入的50%来自税收，20%来自收费，30%来自上级政府的转移支付（McMillan，1995）。图3说明了地方财政收入的组成，图4说明了税收来源的税种组成。

表7显示，在奥地利、加拿大、丹麦、芬兰、新西兰和瑞典，政府间财政相对不那么重要。而在大多数经合组织国家当地财源占地方支出的比例是相当大的（见图3）。在许多经合组织国家，拨款方式显示的是，地方政府通常执行高层政府的职能，自身只有有限的服务职能和责任。通常情况下，在OECD国家，上级政府的转移支付是法定的，且基于地方财力和公共产品需求的拨款，这主导着经合组织国家。只有芬兰、新西兰、美国是例外，在这3个国家，只有特定的专项转移支付，地方融资也变得更加重要。

在大多数国家，机场、公园、供水、污水处理、垃圾收集主要采用收费融资，而社会服务主要由税收收入和赠款融资来支撑。基础设施采用了混合的融资方式，包括基础设施的使用收入、收费、财政转移支付、贷款和公私合营中的私人投资。在大多数国家，可以从更高层级的政府获得更大的帮助，即通过中央政府担保地方政府获得信贷市场的融资。

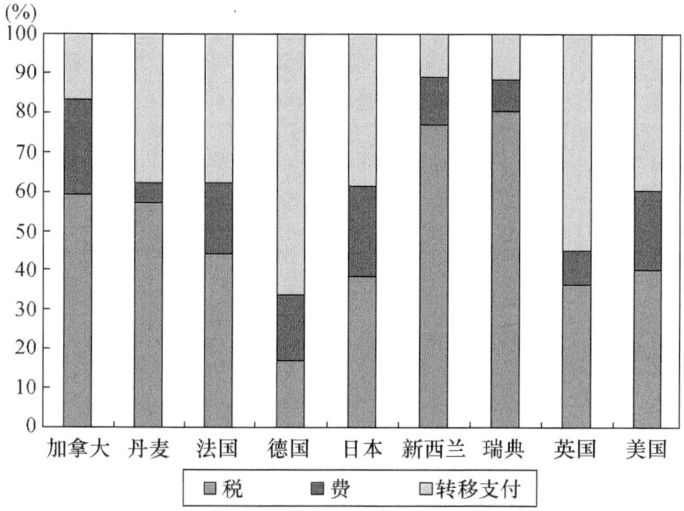

图 3　地方政府财政收入中的分类比例

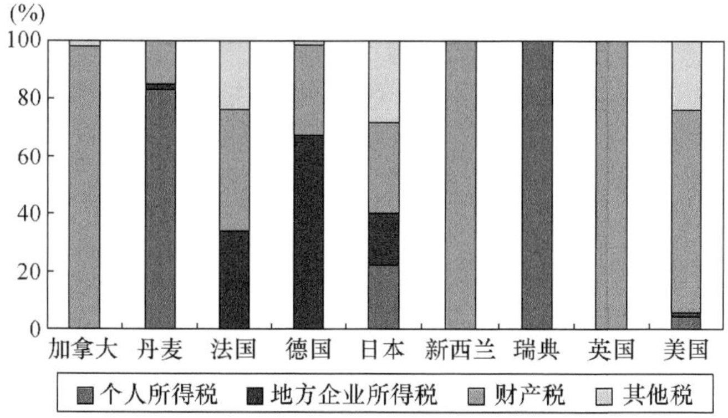

图 4　地方政府财政收入中的分税种比例

表 7　OECD 工业化国家中地方政府转移支付占财政收入比例

	2000 年政府间资金转移占 OECD 国家当地政府财政收入的比例
转移占财政收入比例（%）	国家（按照转移比例的降序排列）
10～20	芬兰、瑞典、丹麦、新西兰
20～30	加拿大、奥地利
30～40	法国、日本、澳大利亚、美国
40～50	冰岛、挪威、比利时、德国

续表

	2000年政府间资金转移占OECD国家当地政府财政收入的比例
转移占财政收入比例（%）	国家（按照转移比例的降序排列）
50～60	西班牙
60～70	希腊、葡萄牙
70～80	意大利、英国、荷兰

（六）地方政府负债融资能力

当地政府信贷融资方式的实现通常需要运转良好的金融市场和信誉良好的地方政府。在工业国家这些先决条件很容易满足，高层级的政府有协助地方政府融资的传统。在美国州和地方政府都可获得中央政府的借贷贴息，因为地方债券的利息收入在联邦税制中是免税的。虽然说，这种补贴有很多扭曲效应：它支持更富有的地区和高收入的个人，它歧视非债务融资方式如股权融资，但它鼓励地方政府而非自治机构的投资，它阻碍了私营部门采取特许权协议（Concession）和建设—经营—移交（Build－own－transfer）等其他公共品融资方式参与公共项目建设。美国通过建立市政债券的银行让各州协助小的地方政府借款。市政债券银行由自治性的政府机构发起建立，这些机构向投资者发行免税证券融资，并用这些所得购买集体地方政府债券。通过将较小的项目打包合并，利用优越的州信用评级，市政债券银行减少了较小的社区的借贷成本。

在加拿大，大多数省政府在工程技术管理、项目融资和项目经济分析方面协助地方政府。地方政府如阿尔伯塔省、英属哥伦比亚省、新斯科舍省通过省级融资公司协助下级政府借贷，使用更高的信用评级去降低地方政府的资金成本。一些省份，特别是马尼托巴省和魁北克省，协助低层级政府进行地方债的设计和债券营销。在某些情况下，加拿大省级政府还为当地政府提供了债务减免优惠。在西欧和日本，按照商业规则运行的自治机构帮助地方政府进行借贷。在芬兰，地方政府协会为市财政融资提供帮助，它为地方政府提供了债务打包融资。同样，在瑞典“自治市投资公司”隶属于地方政府协会，它虽由私人管理但向地方政府提供信贷服务。比利时信托基金（Credit Communalde Belgique）是由比利时的中央和地方政府共同发起的投资机构，它是地方政府融资的主要来源。在法国，德克夏银行完全是私有企业，但它同样帮助地方政府通过发行债券获取资金。在西班牙，地方银行也是由私人管理并帮助政府利用债券融资。在丹麦，地方政府集体建立了一个市政联合银行。在英国，公共项目贷款董事会提供了由中央资金向地方公共工程提供融资的渠道。

工业化国家提供的经验是，只有当市政融资公司遵循商业运行原则，并为资本和借款人所竞争时，它们才会运作良好。在这种环境下，机构允许将不同的风险项目进行打包，这样利用规模经济，也能充分发挥他们对地方政府信用的专业知识和融资潜力，为地方政府提供更好的商业信贷机会（麦克米兰，1995）。

六、发展中国家的地方政府组织和地方财政

理论上的文献主张发展中国家的地方政府应扮演强大的角色，推动地方发展、改善公共服务和生活质量。因此，对比不同发展中国家地方政府的角色对于提出发展中国家地方治理的改进意见是有益的。下面提供了 12 个发展中国家当地政府组织的概括。

（一）地方政府的法律地位

不同的发展中国家其地方政府的法律地位也存在较大差异。在巴西、智利、印度、南非和乌干达，地方政府地位由宪法确立。在孟加拉国、印度尼西亚、哈萨克斯坦、波兰，地方政府是由地方政府立法确立，而在阿根廷地方政府的权力来自州政府授权。有趣的是，在那些没有明确授权模式和明确地方政府公共服务范围的国家，其权力获得来自国家和州宪法或立法机构。然而，通过行政授权的地方政府，一般来说，地位较弱，而波兰是例外。

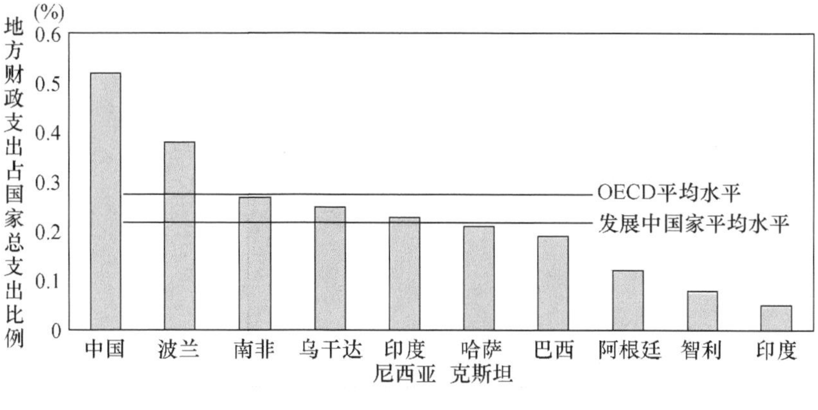

图 5　发展中国家地方政府公共支出占国家总公共支出比例

（二）地方政府的相对重要性

在发展中国家，地方政府的相对重要性可以使用两个指标表示：地方公共支出占公共部门总支出比例（见图5）和地方公共支出占GDP的比例（见图6）。根据这两个标准，在中国地方政府承担的角色最重要——地方公共支出超过了全部公共支出的51%并占据了GDP的10.8%，而在印度，它仅占全国总支出的3%和国内生产总值的0.75%。一些国家的政府支出责任随着层次呈现等级次序，然而，在各级政策的重要性排序上并不一致。例如，南非在第一政府上比巴西承担得更多而在第二级政府上则承担得较少。平均而言，样本国家的地方政府支出占国家公共部门总支出的23%和国家GDP的5.7%。相比之下，OECD国家对应的比例分别为28%和国内生产总值的12.75%。因此，OECD工业化国家地方政府发挥的作用更大。而在中央政府和次中央政府层级，OECD国家地方政府比之发展中国家其承担的公共支出责任要小。但中国和波兰例外，在中国，省以下地方政府雇用了3870万人，占据了全部公共雇用工作人员的89%。

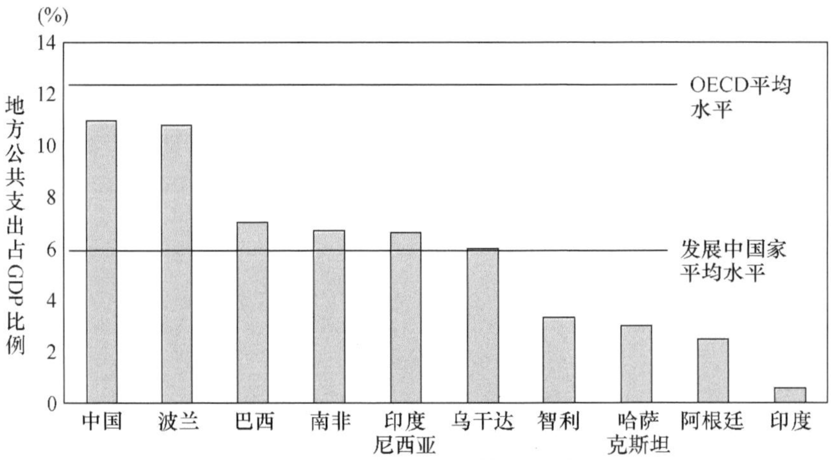

图6 地方政府公共支出占GDP比例

（三）地方政府治理下的人口规模

在所选取的发展中国家，市政府管辖的人口数量相差很大（见表8）。市政府平均人口在哈萨克斯坦要少于10000，而在中国、南非和乌干达管辖的人口规模要超过100000。阿根廷和波兰市政平均人口不到20000，巴西市政人口平均则约31000。在智利和印度，市政人口则分别为60000和70000（见表9）。

表 8 发展中国家的市级人口规模分布

人口	阿根廷（2001）	巴西（2002）	智利（1992）	中国（2004）	印度（2001）	印度尼西亚（1990）	哈萨克斯坦（2002）	波兰（2003）	南非（2001）	乌干达（2002）
0～4999	1770	1365	269	43258	230161	1237	7660	604	0	0
5000～9999		1316	16		16115	6	201	1049	4	1
10000～19999	360	1342	40		5536		81	731	16	0
20000～24999		989							7	0
25000～49999	24				1386	7			36	6
50000～99999		309			498		7	54	61	6
100000～199999		123			388	6	18	22	67	9
200000～499999		82		374				13	52	31
500000～999999		20		283				5	25	15
超过 1000000		14		50	35	1		14	2	
市总量	2154	5560	325	43965	254119	1312	7578	2578	282	70

表 9 发展中国家的市级地方政府管辖的平均人口规模

	抽样的发展中国家地方政府平均人口
国家	地方平均人口
印度农村	3278
哈斯克斯坦	4331
印度尼西亚	5915
阿根廷	14972
波兰	18881
巴西	30099
智利	64592
印度城市	68027
中国	107334
南非	238839
乌干达	373321
所有样本国家	79000

（四）地方政府的支出责任

在发展中国家，地方政府支出的责任有着很大差异。中国授权地方政府承担了最广泛的公共支出责任。除了传统的地方和市政公共服务，中国的地方政府负担着社会保障（主要是养老金和失业津贴）。除此之外，中国的地方政府相比其他国家的地方政府，有一个更大的经济发展责任。在印度和南非，地方政府在提供地方服务中作用最小，主要集中在一些基本的市政公共服务。在哈萨克斯坦，地方政府与中央政府分担所有的公共服务与公共责任，地方政府没有独立的预算，也没有财政自主权。在阿根廷、巴西、智利、印度尼西亚、哈萨克斯坦、波兰和乌干达，教育和医疗支出占了地方政府近一半的支出。在乌干达，教育占地方支出的40%。在印度和南非，市政服务（如水、污水和垃圾）和市政管理主导了地方公共支出。在中国，教育、市政管理、法律和警务支出占了地方支出的近一半。

（五）地方政府的收入和财政自治

样本国家的地方政府收入的39.6%来自税，另外9.5%来自收费，剩余的50.9%来自高层级政府的转移支付（见图7和表6）。类似的OECD国家为49%的税，16.6%的收费，34.4%的转移支付。财政转移支付的作用在一些国家要远远大于平均水平，尤其在乌干达（85.4%）、波兰（76%）、巴西（65.4%）、印度尼西亚（62%）和中国（58%）。样本国家中财政收入中的税收结构也表现出多样性，平均而言，税收收入中的32%来自房产税，15%来自个人所得税，4%来自企业所得税，其他小税种和收费项目占了49%。相比之下，OECD国家从房产税中获得了更高的税收，其占地方收入的54%，个人所得税占23%、企业所得税占14%，另外的杂项税占了9%。因此，比起发展中国家，在经合组织国家地方政府更大地依赖财产税和收入税收。房产税在中国只占了地方收入的3%，而在印度尼西亚占了地方收入的74%（包括中央征收的财产税）（见图8）。

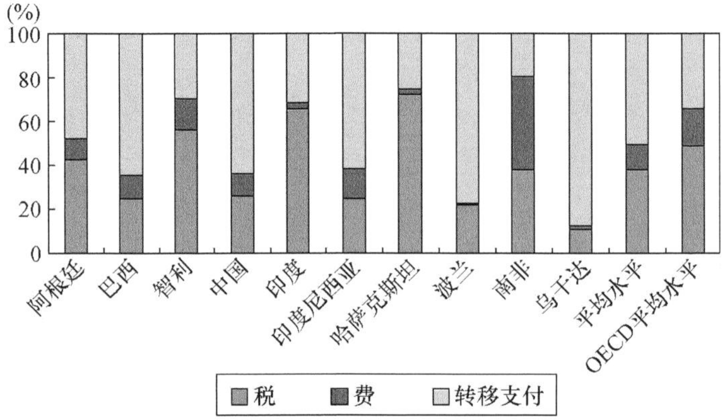

图7　发展中国家地方财政收入分类比例

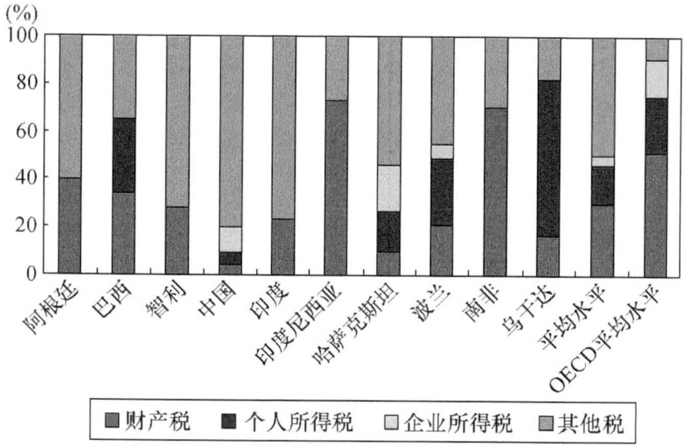

图 8　发展中国家地方财政收入中各税种比例

对所有发展中国家而言，来自房产税的收入占 GDP 比例约为 0.5%，相比之下，在工业国家其约占 GDP 的 2%。这一发现表明，房产税代表着重要的、尚未开发的地方财政收入潜力来源。公共资源使用费是一个重要的收入来源，但往往由于糟糕的设计和管理，所收取的费用不能满足公平与效率的原则，更不用说为穷人提供特殊保障的开支。在阿根廷、巴西、波兰，当地税基的确定和管理的自治权的意义重大；而在其他国家则更为有限，哈萨克斯坦干脆不存在税收确定和征管自主权。总的来说，样本国家的税收集中化程度远远大于出于经济原则或政治问责的考虑所应具有的水平。

样本国家在确定转移支付中一般遵循专业化的计算方法。然而，对比转移支付的一般原则和某些国家较好的运行实践，转移支付制度其实往往并不好设计。中国、印度尼西亚、波兰和南非试图基于地方财政能力和财政需求的财政均等化原则去确定转移支付，而其他大多数国家基于多目标确立的转移支付原则往往自相矛盾。财政均等化的转移支付做法是普遍的，然而，没有一个样本国家使用基于公共品产出标准的均等化原则确立转移支付，尽管通过确定公共服务最低服务标准可以提高地方政府对公众的负责程度和政府使用转移支付的绩效。因此，也不要指望转移支付能够实现财政公平的目标。基于特定目的的专项转移支付通常是特定政策目标的结果，其更缺乏提高资金使用效率的目标。由于样本国家普遍不存在以产出为目标的财政转移支付使用绩效考评，相应的公民问责机制也不存在。因此，改革财政转移支付设计以确保公平的和负责任的治理，这仍是一个未完成的任务。

（六）地方政府的负债融资能力

除了中国、智利、印度尼西亚，在大多数样本国家地方借贷资本市场是允许存在的。而在中国，中央政府可以代表地方借款或发行政府债券，并且属于地方政府的地方企业也可以直接从资本市场借款。在阿根廷、巴西、波兰，地方政府可以从国内和国际资本市场借款但受制于财政规则，即需要确保财政可持续性和基于审慎的负债原则。在南非，大多数在基础设施建设中发生的借贷都是向公共金融公司和南非发展银行进行融资。南非的中央政府提供所有这些借贷的监管，并且如果当地政府未能履行其债务还本付息义务，中央政府就会采用权威进行干预。南非颁布了一项全面的地方政府财政框架政策，包括规定地方政府宣布破产。在哈萨克斯坦，地方政府只能从中央政府借款。

在发展中国家，大规模的基础设施建设不足，就要求为地方政府提供一定规模的负债融资机会。但地方获得信贷依赖于运转良好的金融市场和地方政府的还债信誉。在发展中国家，未开发的长期信贷市场和弱的还债信用限制了地方政府获的信贷融资。相反，中央政府的主要政策重点放在了控制债务风险上。而帮助获得借款则较少受到关注。在一些国家，通过专业机构和中央提供更大的保证，地方政府可以获得市政信贷。然而，这些机构通常是相当脆弱的，面对政治环境变化，其一般是不可能持续的。通过这些机构提供的利率补贴阻碍了新兴资本市场的出现，从而由其可以提供更多的市场化融资选择。此外，这些机构也不可能平稳过渡为一个以市场为基础的资本金融系统。

因此，在发展中国家，地方政府可选择的融资项目是相当有限的，而发展替代性的可持续的融资制度环境在短期内又是不可行的。由于一系列限制的存在，如宏观经济不稳定及缺乏财政纪律和适当的监管制度，这已经阻碍了金融和资本市场的发展。此外，由于税权集中，地方政府的财政收入能力是有限的。未来改革的第一步是提供有限的信贷市场让地方政府获得融资机会，同时在商业运行原则下可以建立市政融资企业，并且鼓励发展市政评级机构，使得这样的借贷能够顺利进行。税权下放对于私营金融部门在贷款中建立地方政府债务偿还信心也很重要，以保证它们能共同分担贷款的风险。地方预算的透明度和信用评级机构的独立性，对于平稳过渡到一个以市场为基础的地方信贷模式是最重要的。

七、结论

各国地方治理的历史沿革以及当前地方治理的实践，为地方治理改革提供了有益的借鉴，特别是对发展中国家而言。在工业化国家，地方治理实践存在着巨大的差异，但也有一些共同之处。这些多样性的制度安排是在很长的历史时间内逐步演化而来的。这种演变导致了不同的地方政府角色和其多样化的地方—中央政府的关系。在北欧国家，地方政府是主要的地方公共事务代理人，而在澳大利亚，地方政府在地方事务中扮演着很小的角色。

在 OECD 国家中，地方政府并没有统一的模型、结构、层次和功能。但也有着一些有趣的共同特征。第一，大多数国家认识到必须按照地方政府功能提供融资方式并确保它们能够有效和平等地履行自身的责任。第二，地方自治需要满足当地居民的期望。因此，地方政府必须有足够的征税、支出和财政管理自主权，而且它们无须听从更高层级政府的命令，它们需要有能力去雇佣、解雇、设置员工的工作准则。在此基础上，地方政府才可以通过引入以绩效问责为基础的管理创新和公共服务创新，培育多种形式的替代性公共服务，以鼓励适合地方需求的合同形式、竞争条款和外包服务。他们还可以促进更广泛的地方治理网络形成并利用整个社会的力量，让公共服务显示出更好的社会效果。第三，也是最重要的一点，公众问责下的地方政府成功的最关键因素在于这些工业化国家的地方治理制度。问责机制是最重要的，通过加强民主选择、公众参与、透明度、预算绩效、公民宪法权利和各种法律以及公众对政府融资的监督条款，所有一切都是为了支持更广泛的公众声音、公众选择和公众对当政者的弹劾权利。

在发展中国家，近年来关于地方治理取得了积极发展。地方政府越来越多地在公共服务中发挥更大的作用。然而，在一些国家，如巴西、中国、波兰，地方政府在人们的生活中发挥的作用反而越来越小。他们通常被限制越权的原则所约束，只允许发挥有限的作用，在这些国家地方政府的职责由中央政府规定。在支出决策上他们有有限的自治权，而在收入方面几乎没有任何自主决定权。获得自己可支配的税源收入被限制在一些非生产性税基上，换句话说，规模很小。在地方政府中的官僚和领导人对更多的征税权不感兴趣，而把全部精力放在寻求更高层次政府的财政转移支付游说上。

在发展中国家，税收分权并没有跟上治理分权和支出分权的步伐。因此，也找不到很多税基共享的例子，甚至地方政府只有有限的收入来源，对这些税源很多地方政府通常也没有实现有效征管。财政转移支付通常占发展中国家总收入的60%（本文样本发展中国家的比例是51%），在经合组织国家只有34%。税收和公共服务需求的支出能力的差距，降低了地方政府对当地居民的负责程度，因为地方领导人即便面对选民，也根本无法改变地方收入决策。

地方融资对提高公共治理水平、强化效率和问责机制是很重要的。尽管大多数国家选择了精确的财政转移计算方法，但这些转移支付的设计是有缺陷的。它们没有配套去创建提供最低公共服务保障水平的激励和问责机制，因此也根本无法实现区域公共服务均等化的目标。

地方政府在招聘和解雇工作人员上通常有非常有限的自治权。在许多实现了分权的国家，如印度尼西亚和巴基斯坦，更高层级政府的雇员能容易地转业到地方，然后地方政府为给他们提供工资只能诉诸融资。在地方一级政府中，这种方法限制了预算的灵活性和有效的资源配置。

总的来说，在发展中国家，地方政府通常遵循旧的地方治理模式，也只能简单地提供范围狭窄的公共服务。在未来的改革中，地方政府被假定为社会网络的维护角色，它应该为提高当地居民的生活质量提供保证，正如前文所讨论的，而这在发展中国家的地方政府中尚未被普遍意识到。

参考文献：

[1] Andrews, M., Shah, A. Citizen Centered Governance: A New Approach to Public Sector Reform. In Shah, A. Public Expenditure Analysis: Washington, D. C.: World Bank, 2005: 153-182.

[2] Bailey, S. Local Government Economics: Theory, Policy, and Practice. Basing Stoke: Macmillan, 1999.

[3] Boyne, G. Public Choice Theory and Local Government. Basingstoke: Macmillan, 1998.

[4] Breton, A. Competitive Governments. Cambridge: Cambridge University Press, 1995.

[5] Brueckner, J. A Test for Allocative Efficiency in the Local Public Sector. Journal of Public Economics, 1982 (19): 311-331.

[6] Buchanan, J. An Economic Theory of Clubs. Economica, 1965 (32): 1-14.

[7] Caulfield, J. Local Government Reform in Comparative Perspective. In Dollery, B., Marshall, N. Worthington, A. Eds. Reshaping Australian Local Government. Sydney: University of New South Wales Press, 2003: 11-34.

[8] Dollery, B. J. The Political Economy of Local Government. Cheltenham: Edward Elgar, 2001.

[9] Frey, B. Eichenberger, R. Competition among Jurisdictions: The Idea of FOCJ. In Gerken, L. Ed. Competition among Jurisdictions. London: Macmillan, 1995: 209-229.

[10] Frey, B. Eichenberger, R. FOCJ: Competitive Governments for Europe. International Review of Law and Economics, 1996 (16): 315-327.

[11] Frey, B. Eichenberger, R. The New Democratic Federalism for Europe: Functional Overlapping and Competing Jurisdictions. Cheltenham; Northampton: Edward Elgar, 1999.

[12] Goss, S. Making Local Governance Work. New York: Palgrave, 2001.

[13] Government of Switzerland . The Swiss Confederation —A Brief Guide. Bern: Bundeskanzlei, 2003.

[14] Horn, M. The Political Economy of Public Administration. Cambridge: Cambridge University Press, 1997.

[15] Humes, S. Local Governance and National Power. New York: Harvester/ Wheatsheaf, 1991.

[16] Inman, R. Financing Cities. NBER Working Paper 11203, National Bureau of Economic Research, Cambridge, 2005.

[17] McMillan, M. (forthcoming) . A Local Perspective on Fiscal Federalism: Practices, Experiences, and Lessons from Developed Countries. In Shah, A. Macro federalism and Local Finance. Washington, D. C. : World Bank.

[18] Moore, M. Creating Public Value. Cambridge: Harvard University Press, 1996.

[19] Oates, W. The Effects of Property Taxes and Local Public Spending on Property Values: An Empirical Study of Tax Capitalization and Tiebout Hypothesis. Journal of Political Economy, 1969 (77): 957 –971.

[20] Oates, W. Fiscal Federalism. New York: Harcourt Brace Jovanovich, 1972.

[21] Olson, M. The Principle of Fiscal Equivalence: The Division of Responsibilities among Different Levels of Government. American Economic Review, 1969, 59 (2): 479 –487.

[22] Rhodes, R. A. W. Understanding Governance: Policy Networks, Governance, Reflexivity, and Accountability. Buckingham: Open University Press, 1997.

[23] Shah, A. Capitalization and the Theory of Local Public Finance : An Interpretive Essay. Journal of Economic Surveys, 1988, 2 (3): 209 –243.

[24] Shah, A. A Capitalization Approach to Fiscal Incidence at the Local Level and Economcs, 1989, 65 (4): 359 –375.

[25] Shah, A. Empirical Tests for Allocative Efficiency in the Local Public Sector. Public Finance Quarterly, 1992, 20 (3): 359 –377.

[26] Shah, A. The Reform of Intergovernmental Fiscal Relations in Developing and Emerging Market Economies. Washington, D. C. : World Bank, 1994.

[27] Shah, A. Interregional Competition and Federal Cooperation—To Compete or to Cooperate? That Not the Question. Paper presented at the International Forum on Federalism, Mexico, 2001.

[28] Shah, A. Fiscal Decentralization in Developing and Transition Economies: Progress, Problems, and the Promise. Policy Research Working Paper 3282, World Bank, Washington, D. C., 2004.

[29] Shah, A. A Framework for Evaluating Alternate Institutional Arrangements for Fiscal Equalization Transfers. Policy Research Working Paper 3785, World Bank, Washington, D. C., 2005. From: http://ssrn.com/abstract=873893.

[30] Shah, A. The Principles and the Practice of Intergovernmental Transfers. In Boadway, R., Shah A. Eds. Intergovernmental Fiscal Transfers: Principles and Practice. Washington, D. C.: World Bank, 2006.

[31] Stigler, G. The Tenable Range of Functions of Local Government. In Joint Economic Committee, Subcommittee on Fiscal Policy U. S. Congress Ed. Federal Expenditure Policy for Economic Grow and Stability. Washington, D. C.: U. S. Government Printing Office, 1957: 213 – 219.

[32] The New Management of British Local Governance. Stoker, G. Ed. London: Macmillan, 1999.

[33] Tiebout, C. A Pure Theory of Local Expenditures. Journal of Political Economy, 1956, 64 (5): 416 – 424.

[34] Wajidi, M. Origin of Local Government in the Indo2PakistanSubcontinent. Journal of Political Science, 1990, 13 (1 – 2): 131 – 139.

[35] Werner, J., Shah, A. Horizontal Fiscal Equalization at the Local Level: The Practice in Denmark, Norway, and Sweden (Unpublished paper). World Bank, Washington, D. C., 2005.

[36] Williamson, O. The Economic Institutions of Capitalism. New York: Free Press, 1985.

公共支出结构、人力资本积累与中国经济增长路径[①]

自 Barro（1990）的开创性工作后，对政府最优支出规模的讨论在实证方面渐趋一致。但在政府公共支出结构上的讨论却充满矛盾。这不仅反映在对生产性支出和消费性支出的认识上，也反映在公共支出中分项支出如教育、医疗、基础设施、农业补贴之间相互关系及对经济增长的共同作用机制上。类似的研究如，一方面研究证实生产性支出（主要表现为公共基础设施投资）对经济增长的促进作用明显（Barro，1990）；另一方面则显示消费性支出，尤其是教育、医疗等公共支出对经济增长的长期作用更为明显（Wang 等，2003）。基于这些矛盾的结论，本文首先回顾了新近的关于分项财政支出对经济增长作用机制的文献，其中包括医疗如何影响经济增长、医疗和教育之间的相互作用以及基础设施如何影响医疗和教育。然后，建立了一个包含多项公共支出的经济增长模型，并进行了数值模拟和中国数据的实证分析。本文的贡献在于说明了公共支出的最优配置依赖于各项支出对人力资本积累的贡献，以及各项财政支出在促进人力资本积累、经济增长中的相关作用关系。基于这一结论，反观新中国成立以来的财政支出结构变化，体现了从工业化初期到中等发达国家的转变过程中，为保持经济持续增长，公共支出逐渐从经济建设性基础设施支出向教育、医疗等对人力资本积累贡献大的支出方向倾斜的一般规律。未来，为转变经济增长模式，中国的财政支出应更关注民生，通过人力资本增值突破“中等收入国家陷阱”。

① 本文受财政部税政司、亚洲开发银行项目“中国资源税费改革研究”（7862－01）、国家社科基金重大项目“地方政府性债务管理和风险防范研究”（12&ZD047）基金支持。

一、文献回顾

（一）健康教育投入、人力资本积累与经济增长关系

近年来的系列文献对公共医疗支出的经济增长作用机制进行了讨论。McCarthy Wolf 和 Wu 等（1999）考虑了特殊的流行病控制与经济增长的关系。通过对欠发达国家 1965～1990 年样本数据的回归发现，疟疾发病率对经济增长的人均产出有明显的负向作用，疟疾患病率较高的国家比之有较低患病率国家的经济增长率低 1.3%。尤其在南撒哈拉地区，这种疟疾患病率每提高 1 个百分点，则会引起 0.55% 的人均产出降低。更进一步，Arcand、Wang 和 Taniguchi（2003）讨论了医疗支出与经济增长的因果关系，发现更好的医疗水平通过对劳动生产率产生作用而对增长有直接贡献。Bloom、Canning 和 Sevilla（2004），Sala－i－Martin、Doppelhofer 和 Miller（2004），Lorentzen、McMillan 和 Wacziarg（2008）对寿命预期与经济增长的关系进行研究，发现好的健康状况对经济增长有稳定的正向作用。每个人口预期寿命的提高对经济增长的长期贡献超过 4%。其作用机制之一在于有提前死亡风险的人群，对人力资本的储蓄和投资倾向更弱。Bhargava 等（2001）和 Weil（2007）则进一步证实了健康与长期经济增长的稳健关系。

（二）教育支出、人力资本积累与经济增长关系

更微观的研究发现，公共支出中医疗卫生和教育支出共同对人力资本积累产生影响，并影响经济增长。相关的个案如在坦桑尼亚，使用防疫蚊帐减少蚊子叮咬降低疟疾的患病率，从而增加了学校的入学率（Bundy 和 others，2005）。在西肯尼亚，驱虫治疗使小学入学率提高了 9.3%，每个小学生能坚持学习的年份也随着提高了 0.14%（Miguel 和 Krener，2004）。Bloom、Canning 和 Weston（2005）发现在菲律宾，接种疫苗的婴幼儿（抵御疾病，包括麻疹、小儿麻痹、结核病）在后期的语言学习和 IQ 得分上表现得更好，这表明幼年时期政府组织的疫苗接种对教育效果和经济增长产生了影响。

同时，代际间的研究发现，母亲如能获得更好的教育，则婴幼儿的存活率有所提高，其子女的入学率也会提高（Glewwe，1999）。在南非，Summers（1994）估计女性增加 5 个教育年限会导致婴儿存活率增加 40%。此外，接受过更好教育的女性，平均而言，有更好的健康知识，会更加意识到子女的患病风险。Smith

和 Haddad（2001）研究了 1970～1995 年的跨国样本，女性初等教育入学比例的提高对于发展中国家儿童体重不足的降低有正向影响，分解后其贡献率为 43%。

（三）基础设施建设与经济增长关系

Brenneman 和 Kerf（2002）总结了早期的研究，发现基础设施对健康和教育有较大的影响。根据世界银行的估计，超过一半的人口在发展中国家仍依赖于传统的燃料（如树木和木炭），提高有效的燃烧模式会降低户内的空气污染进而减少对劳动力健康的伤害。在饮食和交通中采用清洁能源会产生更好的健康水平，世界银行（2005）发现在马来西亚和斯里兰卡女性万人死亡率明显下降（前者从 1930 年的 2136 人下降至 1996 年的 24 人，而后者从 1933 年的 1084 人下降至 1997 年的 19 人），这种现象是由医疗工作者数量快速上升带来的，尤其是农村和欠发达地区。但这也依赖于交通和运输服务的改善，如马来西亚政府投资建设连接农村与城市的公路，使农村地区可以更便捷地获得医疗服务。

对于基础设施与教育的关系也存在明显的经验证据，教育、电力、道路和卫生等公共设施间存在明显的相关性。电力可以延长学习时间，并提供更多的学习机会（如使用计算机）。交通网络往往也能提高教育质量。女孩的入学率也往往随着卫生服务的提高而有所改善。在菲律宾，随着农村道路的建设，中学入学率提高了，在摩洛哥女孩的入学率从 28% 提高到了 68%（Levy，2004）。由此可见，公共基础设施的改善也会与医疗卫生和教育支出一起共同带来人力资本积累和经济增长效应。

（四）国内相关实证研究

国内相关研究是对国外研究的继续，但较少涉及公共支出间的相互作用机制以及是否实现了促进经济增长的最优配置。较为一般性的研究如：郭庆旺等（2003）发现财政生产性支出与经济增长正相关，公共研发支出和教育支出对经济增长具有显著的正效应，其作用要强于公共物质资本投资。孙长清等（2004）利用内生经济增长理论对我国 1978～2003 年的公共支出项目与长期经济增长的关系进行实证研究，得出生产性消费支出（科学、教育、卫生）与长期经济增长正相关，非生产性消费支出（公检法支出和农业部门事业费支出）也与经济增长正相关。郭庆旺和贾俊雪（2006）对基础设施投资进行了分解，发现电力、煤气及水的生产与供应投资的增长效应最为显著，其次是交通邮电投资。付文林、沈坤荣（2006）采用 VAR 研究了各项公共支出之间的关系，但并没有将文教卫等支出进行细分。卢洪友等（2009）认为，公共支出应该与公共需求相匹配。金戈、史晋川（2010）研究认为，两种公共支出的最优比例取决于其产出弹性比，消费性公共支出最优比取决于其对消费的拉动弹性，这种结论没有揭示出公共支出对经济增长的长期作用机制——人力资本积累。

以上的国内文献较少涉及分项公共支出对经济增长作用机制的讨论。大多从经济性质角度将公共支出分为生产性支出和非生产性支出，或从补偿程度角度分为购买性支出和转移性支出，缺乏从公共支出功能性质角度去分析，本文希望在这方面进行探索。

二、公共支出结构的内生经济增长模型

本文结合 Lucas（1993）的内生增长模型，并将人力资本积累分解为公共支出的函数，构建一个新古典增长模型，具体如下：

（一）家庭效用

家庭最大化的折现效用如下，其取决于家庭的消费水平 C 和家庭成员的健康水平 H，并假定家庭不承担健康成本，H 取决于政府医疗支出：

$$\max_{C} V = \int_{0}^{\infty} \frac{(CH^{\kappa})^{1-(1/\sigma)}}{1-(1/\sigma)} \exp(-\rho t)\, dt \tag{1}$$

其中，C 是总体的消费且 $\kappa>0$ 意味着健康对效用的作用，σ 是代际间的替代弹性。健康服务进入即期的效用函数，与消费一起直接影响了家庭福利，这样的效用函数被 Tuenovsky（1996）、van Zon 和 Muysken（2001）使用。

家庭的消费约束条件由下式给出：

$$C + \dot{K}_P = (1-\tau)Y \tag{2}$$

其中，$\tau \in (0, 1)$ 是一次性收入的税率，为简化起见，个人资本的折现被假设为 0。

（二）社会生产

总产出 Y 由物质资本 K_P、公共基础设施服务 G_I 和有效的人力资本 Q 决定。而人力资本 Q 被定义为人力资本健康水平 H 和人力资本存量 E 的函数，假定其规模报酬不变：

$$Q = H^{\varepsilon} E^{1-\varepsilon} \tag{3}$$

其中，$\varepsilon \in (0, 1)$

生产函数同样为规模报酬不变：

$$Y = A_P G_I^{\alpha} Q^{\beta} K_P^{1-\alpha-\beta} \tag{4}$$

其中，α，$\beta \in$（0，1）且 $A_P > 0$，将（1）式代入（2）式中，即获得

$$Y = A_P \left(\frac{G_I}{K_P}\right)^{\alpha} \left[\left(\frac{H}{K_P}\right)^{\varepsilon} \left(\frac{E}{K_P}\right)^{1-\varepsilon}\right]^{\beta} K_P \tag{5}$$

（三）政府支出

政府支出变量简化为教育服务、健康医疗和基础设施上的投资，并假设政府按照单一税率τ征税以满足公共支出需要。不考虑政府负债的情况，并假设政府保持预算平衡，则政府的预算约束为：

$$G_E + G_H + G_I = \tau Y \tag{6}$$

其中，G_E 表示教育支出，G_H 表示医疗卫生，G_I 表示基础设施。

$$G_h = \nu_h \tau Y,\ h = E,\ H,\ I \tag{7}$$

政府分项归一化后可被表示为：

$$V_E + V_H + V_I = 1 \tag{8}$$

其中，V_E 表示教育支出占总体财政支出的比例，V_H 表示医疗卫生支出占总体财政支出的比例，V_I 表示基础设施支出占总体财政支出的比例。

（四）人力资本的积累

人力资本的积累要求政府支出在教育、基础设施及医疗服务方面合理配置资源，受政府支出结构影响，人力资本增长方程表示如下：

$$\dot{E} = A_E G_E^{\mu_1} G_I^{\mu_2} H^{\mu_3} E^{1-\sum \mu_h} \tag{9}$$

其中，$\mu_h \in$（0，1），$h = 1$，2，3，$A_E > 0$。教育产出投入的规模报酬不变，而医疗卫生投入导致健康的学生学习效果更好。进而，教育质量提高转变成了更好的人力资本。基础设施对人力资本的作用机制类似。为简化起见，忽略了折现。

方程（9）可被写为：

$$\frac{\dot{E}}{E} = A_E \left(\frac{G_E}{E}\right)^{\mu_1} \left(\frac{G_I}{E}\right)^{\mu_2} \left(\frac{H}{E}\right)^{\mu_3} \tag{10}$$

家庭劳动力健康需要政府在医疗人员培养和医疗公共设施上联合投入。假定医疗健康函数也为规模报酬不变，从而可得：

$$H = A_H E^{\theta_1} G_I^{\theta_2} G_H^{1-\theta_1-\theta_2} = A_H \left(\frac{E}{G_H}\right)^{\theta_1} \left(\frac{G_I}{G_H}\right)^{\theta_2} G_H \tag{11}$$

其中，$\theta_h \in$（0，1）且 $A_H > 0$。在（8）式中引入人力资本，以保证方程中反映医疗知识和健康保健的知识。

（五）稳态均衡解

均衡解通过如下条件获得，家庭在（5）式约束下求解最大化目标函数（4）式，考虑税率τ和健康服务 H，采用（4）式、（5）式、（3）式，现值 Hamiltonian 函数（汉密尔顿条件）可以被写为：

$$\Lambda = \frac{(CH^{\kappa})^{1-1/\sigma}}{1-1/\sigma} + \lambda\left\{(1-\tau)A_P\left[\left(\frac{H}{K_P}\right)^{\varepsilon}\left(\frac{E}{K_P}\right)^{1-\varepsilon}\right]^{\beta}K_P - C\right\}$$

λ 是由（5）式决定的常数。

考虑一阶最优条件 $d\Lambda/dC=0$，且根据瞬态条件 $\dot{\lambda} = -d\Lambda/dK_P + \rho\lambda$，令 $s \equiv (1-\tau)(1-\alpha-\beta) = (1-\tau)\eta$，最优条件可被重写为：

$$H^{\kappa}(CH^{\kappa})^{-1/\sigma} = \lambda \tag{12}$$

$$\dot{\lambda}/\lambda = \rho - sA_P\left(\frac{G_I}{K}\right)^{\alpha}\left[\left(\frac{H}{K_P}\right)^{\varepsilon}\left(\frac{E}{K_P}\right)^{1-\varepsilon}\right]^{\beta} \tag{13}$$

由预算（2）式和横截性条件得：

$$\lim_{t\to\infty}\lambda K_P \exp(-\rho t) = 0 \tag{14}$$

（12）式可被写为：

$$C = \lambda^{-\sigma}H^{\sigma\kappa(1-1/\sigma)}$$

考虑对数形式表示：

$$\frac{\dot{C}}{C} = -\sigma\left(\frac{\dot{\lambda}}{\lambda}\right) + v\left(\frac{\dot{H}}{H}\right)$$

这里，$v \equiv \sigma\kappa(1-1/\sigma)$

采用(13)式和(14)式，设 $\Omega \equiv 1-\alpha-\varepsilon\beta(1-\theta_1) > 0$，得到：

$$\frac{\dot{C}}{C} = \sigma\left\{sA_P\left(\frac{G_I}{K_P}\right)^{\alpha}\left[\left(\frac{H}{K_P}\right)^{\varepsilon}\left(\frac{E}{K_P}\right)^{1-\varepsilon}\right]^{\beta} - \rho\right\} + v\left\{\frac{\eta\theta_1 + [1-\varepsilon(1-\theta_1)\beta]}{\Omega}\left(\frac{\dot{E}}{E}\right) + \frac{\eta(1-\theta_1)}{\Omega}\left(\frac{\dot{K}_P}{K_P}\right)\right\} \tag{15}$$

人力资本的积累 $\dot{H}/H$ 的具体形式可以结合（8）式、（3）式和（10）式得到，使用潜在的条件 $\dot{G}_I/G_I = \dot{G}_H/G_H = \dot{Y}/Y$，得到：

$$\dot{K}_P = (1-\tau)A_P\left(\frac{G_I}{K_P}\right)^{\alpha}\left[\left(\frac{H}{K_P}\right)^{\varepsilon}\left(\frac{E}{K_P}\right)^{1-\varepsilon}\right]K_P - C \tag{16}$$

（7）式、（8）式、（11）式、（16）式、（17）式可被进一步简化为两个非线性微分方程组成的方程组，令 $c=C/K_P$ 和 $e=E/K_P$，给定初始条件 $e_0>0$ 和横截性条件（14）式，求解后其结果决定了经济的动态化。平衡增长路径（BGP）

是一系列的序列集 $\{c, e\}_{t=0}^{\infty}$，政府以征税形式满足各项支出份额，在同样初始条件 $e_0>0$ 下，满足横截性条件（14）式，消费、人力资本和物质资本存量以恒定比率增长：

$$\gamma^* = \dot{C}/C = \dot{E}/E = \dot{K}_P/K_P$$

由（7）式、（15）式、（16）式可得稳态增长率：

$$\gamma^* = \frac{\sigma}{1-v}\left\{s\ (A_P A_H^{\varepsilon\beta})^{\frac{1}{\Omega}} v_I^{\frac{\alpha+\varepsilon\beta\theta_2}{\Omega}} v_H^{\frac{\varepsilon\beta\delta}{\Omega}} \tau^{\frac{\alpha+\varepsilon\beta(1-\theta_1)}{\Omega}} \tilde{e}^{\frac{\beta[1-\varepsilon(1-\theta_1)]}{\Omega}} - \rho\right\} \tag{17}$$

三、公共支出内部结构变动对经济增长的影响

检验公共支出在基础设施、教育和医疗配置的分散均衡，将税率和公共支出总份额作为内生变量（令 $d\tau=0$，且 $dv_I=-dv_H$，$dv_I=-dv_E$，$dv_E=-dv_H$）。遵循相同的动态转化条件，首先在检验收入不变情况下，公共支出从医疗向基础设施转移的状况，预算约束条件如（11）式，设在（17）式中 $d\gamma^*/dv_I=0$，假定 $v_E \to 0^+$，会有如下结果：

推论 1：公共支出在基础设施上的配置比例满足增长最大化目标，其配置条件为：

$$v_I^*\big|_{dv_I=-dv_H} \square \frac{Z_1+Z_2}{\Theta_1+Z_2} < 1 \tag{18}$$

其中，$Z_1 \equiv \beta\{(\mu_1\varepsilon+\mu_3)\theta_2+\mu_2(1-\varepsilon\delta)\}>0$，$Z_2 \equiv \alpha[\mu_1+\mu_2+\mu_3(1-\theta_1)]>0$ 且 $\Theta_1 \equiv \beta\{(\mu_1\varepsilon+\mu_3)(1-\theta_1)+\mu_2\}>0$

（18）式显示一般情况下，公共支出中基础设施最优支出比例依赖于各生产函数的参数，即依赖于商品生产函数、医疗服务生产函数、人力资本生产函数的参数。为了更直观地理解，考虑特殊情况，即公共基础设施和医疗卫生服务并不影响人力资本的积累（即 $\mu_2=\mu_3=0$），在这种情况下满足增长最大化目标的基础设施投入份额条件进一步简化为：

$$v_I^*\big|_{dv_I=-dv_H} \square \frac{\alpha+\varepsilon\beta\theta_2}{\alpha+(1-\varepsilon\beta\theta_1)} \tag{19}$$

这一表达式与 Agènor（2008）的推导结论一致，在 Agènor 模型中医疗卫生服务的生产依赖于公共技术设施的提供（$\theta_2>0$），这时公共基础设施的最优支出份额要大于一般情况。值得注意的是，这一份额也要大于 α，这意味着严格的巴罗定律（$v_I^*=\alpha$）并非最优（Barro，1990）。在更特殊的情况下，假定人力资本

和基础设施公共支出对医疗卫生的产出也不产生影响（$\theta_1=\theta_2=0$），最优的公共基础设施支出份额 $v_I^*=\alpha/(\alpha+\varepsilon\beta)$，其中 $\varepsilon\beta$ 可以视为有效人力资本积累情况下加权的商品生产弹性。

推论2：满足增长最大化的基础设施投入条件，在保证收入中性的情况下，基础设施与教育之间的比例关系由下式给出：

$$v_I^*\mid_{dv_I=-dv_H}\square\frac{Z_1+Z_2}{\Theta_2+Z_2}<1 \tag{20}$$

其中，$\Theta_1\equiv\beta\{(\mu_1+\mu_2)(1-\varepsilon\delta)+\mu_3\theta_2\}>0$。

正如以上所考虑的特殊情况，当 $\mu_2=\mu_3=0$，增长最大化的公共基础实施份额可简化为：

$$v_I^*\mid_{dv_I=-dv_E}\square\frac{\alpha+\varepsilon\beta\theta_2}{\alpha+(1-\varepsilon\delta)} \tag{21}$$

对照（11）式和（20）式中的最优份额，可以推断出教育产出对医疗卫生生产的弹性 θ_1 越大，则应该相应地降低而非提高 v_I^*。当然，反过来，这也意味着更好的基础设施存量可以通过缩减教育支出获得，但这样会削弱教育本身对经济总体的影响。同样，可以考虑特殊的情况，$\theta_1=\theta_2=0$，且 $\delta=1$，最优的公共支出在基础设施和教育间的配置依赖于商品生产技术 $\alpha/\beta(1-\varepsilon)$，最优的份额为 $\alpha/[\alpha+\beta(1-\varepsilon)]$。

最优配置中还涉及教育支出与医疗卫生支出的替代性（$dv_E=-dv_H$），设 $d\gamma^*/dv_E=0$，且 $v_I\to0^+$，依据（17）式，可以得到以下推论：

推论3：满足增长最大化目标的教育支出份额，在保持收入中性的条件下，其与医疗卫生之间的比例满足以下条件：

$$v_E^*\mid_{dv_E=-dv_H}\square\frac{\mu_1[1-\varepsilon(1-\theta_1)]}{\delta(\mu_2\varepsilon+\mu_3)+\mu_1(1-\varepsilon\theta_2)}<1 \tag{22}$$

与前面类似，满足收入中性的公共支出份额变动，如从医疗卫生支出向教育支出的转移会影响人力资本的边际产出，进而影响经济增长。相反，对照前面检验过的两个例子，增长效应都是间接的，通过医疗和教育生产函数，可以发现，增长效应的大小取决于医疗卫生生产和人力资本积累的教育投入弹性大小，即 $\theta_1(\delta)$ 和 $\mu_1(\mu_3)$ 的大小。

为了更直观地理解 v_E^*，考虑特殊情况，令 $\mu_2=\mu_3=0$，可以得到以下结论，此时的增长最优化的教育投入可以简化为：

$$v_E^*\mid_{dv_E=-dv_H}\square\frac{1-\varepsilon(1-\theta_1)}{1-\varepsilon\theta_2}<1$$

这意味着，当政府在医疗卫生支出方面没有对商品生产产出的间接效应时，即 $\varepsilon=0$ 时，增长最优的教育支出份额等于最大值1。正如前面的论述，相关参数值的改变，如总产出相对于人类资本积累的弹性 $1-\varepsilon$ 改变，人力资本积累相对于教育支出的弹性 μ_1 改变，以及医疗产出相对于人力资本存量的弹性 θ_1 改变，这些都会对 v_E^* 的增长效应产生正向影响。而较大的 θ_2 也会导致更高的 v_E^*，这意味着医疗服务相对于医疗公共支出的边际产出降低，而政策应选择扩大教育的支出。最后，政府发现当 μ_2 和 μ_3 增大时，可以缩减教育支出且并不会由此导致人力资本存量的改变并对经济增长产生太大的影响。

四、模拟与实证

（一）公共支出结构与经济增长的参数模拟

参照 Agènor（2008）采用的低收入发展中国家的参数，根据中国的实际情况，选择了主要模拟参数。公共基础设施和教育服务的产出弹性分别为 $\alpha=0.15$，$\beta=0.45$。个人物质资本的产出弹性为 0.4，劳动生产率相对于医疗投入的弹性 $\varepsilon=0.2$，则总的商品生产相对于医疗投入的弹性为 $\varepsilon\beta=0.09$。其中，Bloom 等（2004）采用发达国家和新兴工业国家的数据估计了预期寿命相对于健康的弹性为 0.11。

表 1　模拟的参数值

参数	校准值
α	0.15
β	0.45
ε	0.2
μ_1	0.2
μ_2	0.1
μ_3	0.2
θ_1	0.35
θ_2	0.2
k	0.25

考虑医疗和教育自身的生产函数，健康相对于教育和基础设施的公共支出弹性分别为 $\theta_1=0.35$ 和 $\theta_2=0.2$。医疗服务相对于医疗公共自身的弹性为 0.45。Leipziger 等（2003）以及 Wagstaff 和 Claeson（2004）提供了 θ_1 的估计值为 0.4，θ_2 为 0.12～0.19。人力资本对教育支出、公共基础设置支出和医疗服务弹性 μ_1、μ_2 和 μ_3 分别为 0.2、0.1 和 0.2。健康对个人效用（福利）的影响 k 为 0.25，这一系数由 Turnovsky（2004）对公共产品消费的效用研究中获得。

采用表 1 的参数值，我们模拟了改变公共支出结构引起的增长路径改变。限于篇幅，仅给出了模拟图 1，该图描述了将部分医疗卫生支出减少，转而增加相同基础设置份额，导致经济增长路径改变。

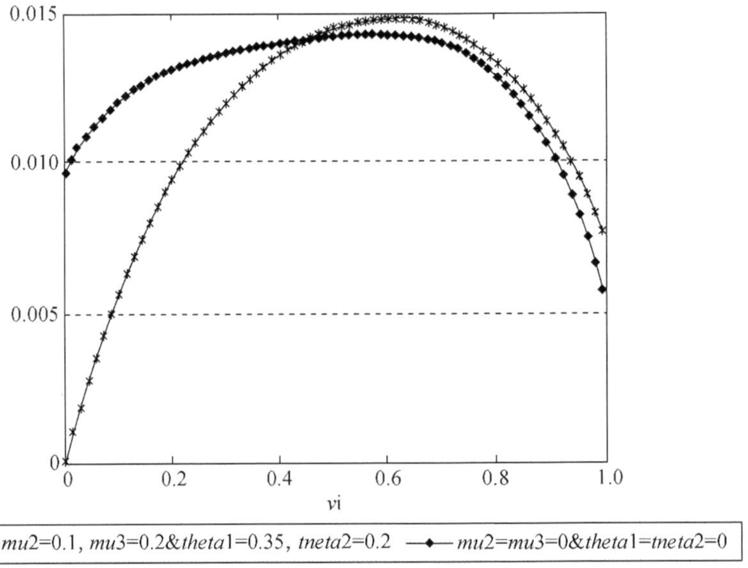

图 1　基础设置份额与经济增长率的动态关系（减少医疗卫生支出，增加基础设置支出）

图 1 模拟了最简单的情况，其中虚线为中医疗卫生导致医疗投入的产出弹性 θ_1，在基础设施上的支出导致医疗卫生改变弹性 θ_2，以及人力资本的生产对于公共设施投入的产出弹性 μ_2 和人力资本积累的医疗投入产出弹性 μ_3，均为 0。由此，可知公共基础设施投资直接成为当期经济产出的一部分，本身并没有通过人力资本的积累影响长期的增长。对比可以发现星状线中基础设施公共支出比例增加带来的增长效应较为明显，而且其达到的增长率极值要超过点状线。

（二）公共支出结构与经济增长的实证分析

结合以上理论，我们考察公共分项支出，通过对人力资本的积累影响，而产生的经济增长效应。基础计量模型采用时间序列分析，其对数形式如下：

$$\ln Y_t = \alpha + \beta_0 K_{t-1} + \beta_1 H_{t-3} + \varepsilon \tag{23}$$

其中，Y_t 是 GDP，K_t 是固定资本存量，均以 1978 年不变价格计算；H_t 是人力资本存量或有效劳动力，参照王小鲁等（2009）的定义，为劳动年龄人口总量（扣除在校学生）乘以他们的受教育年限；α 是常数项；ε 是残差项。这基本上就是卢卡斯模型的原型。人力资本变量 H 取了 3 年滞后项，因初步研究中 $\ln H$ 的 3 年滞后项系数估计值最大，且显著程度最高。这是因为 H 本身只包括正规教育时间的影响，未考虑在工作中边干边学带来的人力资本增加。但在现实中，从学校毕业后的劳动者通常在工作几年积累了一定的实践经验之后，才会有更高的生产率。因此，以其 3 年滞后项作为人力资本存量的最佳代表。而资本存量采用了滞后 1 期的数值。

模型的扩展控制变量参考了王小鲁等（2009）的研究，在政府分项支出上结合了钞小静、任保平（2007）的研究，考虑本文的理论模型，将上式中的人力资本存量替换为政府的分项支出，并结合中国的经济增长过程中的制度变迁、结构变动和技术进步等因素，将以上模型进一步扩展为以下形式：

$$\begin{aligned}\ln Y_t = {} & \alpha + \beta_0 \ln K_{t-1} + \beta_1 \ln G_{E,t} + \beta_2 \ln G_{H,t} + \beta_3 \ln G_{I,t} + \beta_4 Ur_t + \beta_5 c_t \\ & + \beta_6 mk_t + \beta_7 \ln R_{k,t} + \beta_8 FDI_t + \varepsilon \end{aligned} \tag{24}$$

其中，G_E、G_H、G_I 即是上文中采用的政府的教育、医疗和公共基础设施投资。Ur 是城市化率；C_t 是最终消费率；mk 用来代表市场化程度；$R_{k,t}$ 是科技资本存量，根据政府的研究与发展经费支出计算得出；FDI 是外资在总资本存量中的比重；ε 是随机误差项。

为了与上文的推导相一致，并且参照邹恒甫等（1996）的研究，文章中采用公共支出占总财政支出比例作为自变量，这里采用 r_E、r_H 和 r_I 作为相关比例，以及考虑变量时间序列的平稳性，我们也估计了上述方程的差分形式：

$$\begin{aligned}\Delta \ln Y_t = {} & \alpha + \beta_0 \Delta \ln K_{t-1} + \beta_1 r_{E,t} + \beta_2 r_{H,t} + \beta_3 r_{I,t} + \beta_4 Ur_t + \beta_5 c_t \\ & + \beta_6 mk_t + \beta_7 \Delta \ln R_{k,t} + \beta_8 FDI_t + \varepsilon \end{aligned} \tag{25}$$

采用从 1978 ~ 2008 年的全国时间序列数据，部分数据采用了王小鲁等（2009）的方法计算得到。原始数据根据《中国统计年鉴》和《新中国 55 年统计资料汇编》计算得到。其中，教育、医疗和公共基础设施支出分别来自《中国教育经费统计年鉴》、《中国卫生统计年鉴》、《中国财政统计年鉴》。最后，由于分税制变动、教育产业化改革的制度变化，公共支出结构曾发生了明显变动，在回归分析过程中，分别进行分时段的回归，用来检验变量间的稳定关系。

表 2 公共支出结构对经济增长的影响回归结果（1978～2008 年）

变量	模型 1	模型 2	模型 3（t≤1994）	模型 4（t>1994）	模型 5（差分形式）
$\ln K_{t-1}$	0.69895**	0.4255337**	0.4724032**	0.5376898	0.7205271**
$\ln H_{t-3}$	0.60766**				
$\ln EDU$		0.1412679**	0.255795**	0.1735883*	0.1147397*
$\ln HEAL$		0.1059693*	0.0420166**	0.0776222*	0.0631871
$\ln INFR$		0.0145657*	0.0556923*	-0.0030785	-0.0700649
Ur		0.21039	0.145654*	0.187812	0.129201*
c		2.2547*	2.0284*	1.8976*	2.1063
mk		0.3547*	0.3771*	0.3968	0.4248
$\ln R_k$		0.2167*	0.2440*	0.3159*	0.2433*
FDI		1.25656	1.5245	1.6243*	1.6320

注：** 代表 5% 的显著性水平，* 代表 10% 的显著性水平。

从表 2 的回归结果看，总体而言，尽管经过一阶差分以后，时间序列变成平稳序列，差分形式的回归系数在显著性上并不占优。从简单的图形上也可以看出，由于差分以后的教育、医疗支出增长率存在多次正负之间的变动，并不与经济增长率一直相关。因此，对数形式的回归结果更为可信。

其中，教育公共支出对经济的带动作用一直为正，且显著性较高，尤其是分税制改革之前的回归结果更为合理，其中教育支出对经济的贡献为 25% 左右。而分税制之后，由于教育支出和医疗等支出的降低，拉动经济主要是靠物质资本积累，因此 1994 年之后，固定资产积累带动经济的作用更为显著。作为技术创新投资 $\ln R_k$ 系数也一直为正，且 1994 年之后该系数回归值出现了增加，说明科技创新带动经济的作用更为显著。

最值得关注的是基础设施对经济增长的贡献，回归结果显示 1994 年之前这一系数为正，且具有显著性。但 1994 年之后，这一系数出现了符号变化，并且不再显著。与 $\ln K_{t-1}$ 的系数结合起来看，发现 $\ln K_{t-1}$ 的系数是增加的，同时 $\ln EDU$ 和 $\ln HEAL$ 的系数都减少了。这说明基础设施对经济增长的影响路径发生了改变，1994 之后的基础设施主要形成了物质资本存量，而较之 1994 年相比，对人力资本存量的影响反而减少，甚至出现了相反的趋势，因而系数发生了符号反转。

五、结论与研究展望

本文将公共支出结构与人力资本积累相关联，建立了一个公共支出结构内生的经济增长模型。发现为实现经济增长目标公共支出各分项支出存在最优比例，这些比例依赖于人力资本积累对相关投入的弹性，以及产出的人力资本弹性。由于这些弹性本身是动态的，因此，最优公共支出比例也应该是一个动态的调整过程。

我国 1990 年后期采用了公共部门私有化的改革。教育、医疗投入随之减少，而过多地投向基础设施。这无疑对人力资本的积累产生了负面影响，尽管 2006 年以后，医疗、教育公共支出有所增加，但经济转型需要的高素质人力资本在过去的 20 多年间并未形成。这当然也归结于教育、医疗部门改革滞后，这些部门对人力资本的积累贡献有限，即本文提到的教育、医疗的人力资本积累弹性较小。这意味着未来在提高医疗、教育支出的基础上，要考虑对公共部门的微观治理机制改革。

此外，限于篇幅，本文未估计中国各期的最优公共支出比例，相关的估计可采用变参数方法（如状态空间模型）对相关弹性进行估计，进而得到各项公共支出的最优占比。最优支出还取决于公共支出之间投入产出弹性，但同样这种相关关系可能并非稳定结构。所以一般的 VAR 模型可能并不适用，未来可采用时变 VAR 模型对相关关系进行研究，并进而获得公共支出中的分项最优比例，这可以在进一步的研究中获得。

参考文献：

[1] Barro, Robert J. Government Spending in a Simple Model of Endogenous Growth [J]. Journal of Political Economy, 1990, 98 (10): 103 -25.

[2] Wang, Xiaojun, and Kiyoshi Taniguchi. Does Better Nutrition Enhance Economic Growth? Impact of Under Nourishment, in Nutrition [A]. Intake and Economic Growth ed. By Kiyoshi Taniguchi and, Xiaojun Wang Food and Agriculture Organization [C]. Rome, 2003.

[3] McCarthy, F. Desmond, Holger Wolf, and Yi Wu. The Growth Costs of Malaria [D]. Georgetown University, 1999 (9).

[4] Arcand, Jean - Louis. Undernourishment and Economic Growth: The Efficiency Cost of Hunger [D]. University of Clermont - Ferrand, 2001 (10).

［5］ Bloom, David E., David Canning, and Jaypee Sevilla. The Effect of Health on Economic Growth: A Production Function Approach ［J］. World Development, 2004, 32 (2): 1-13.

［6］ Sala-i-Martin, Xavier, Gernot Doppelhofer, and Ronald I. Miller. Determinants of Long Term Growth: A Bayesian Averaging of Classical Estimates (BACE) Approach ［J］. American Economic Review, 2004, 94 (9): 813-835.

［7］ Lorentzen, Peter, John McMillan, and Romain Wacziarg. Death and Development ［J］. Journal of Economic Growth, 2008, 13 (3): 81-124.

［8］ Bhargava, Alok, Dean T. Jamison, Lawrence J. Lau, and Christopher J. Murray. Modeling the Effects of Health on Economic Growth ［J］. Journal of Health Economics, 2001, 20 (5): 423-440.

［9］ Weil, David N. Accounting for the Effect of Health on Economic Growth ［J］. Quarterly Journal of Economics, 2007, 122 (8).

［10］ Bundy, Donald, and others. School Health and Nutrition Programs, in Disease Control Priorities in Developing Countries ［M］. 2nd ed., Oxford University Press. New York, 2005.

［11］ Miguel, Edward, and Michael Kremer. Worms: Identifying Impacts on Education and Health in the Presence of Treatment Externalities ［J］. Econometrica, 2004, 72 (2): 159-217.

［12］ Bloom, David E., and David Canning. Schooling, Health, and Economic Growth: Reconciling the Micro and Macro Evidence ［D］. CDDRL No. 42, Stanford Institute on International Studies, 2005 (2).

［13］ Glewwe, Paul. Why does Mother's Schooling Raise Child Health in Developing Countries? ［J］. Journal of Human Resources, 1999, 34 (3): 124-159

［14］ Summers, Lawrence H. Investing in all the People: Educating Women in Developing Countries ［R］. World Bank, Washington D. C., 1994.

［15］ Smith, Lisa C., and Lawrence Haddad. Explaining Child Malnutrition in Developing Countries: A Cross-Country Analysis ［R］. Research Report No. 111, International Food Policy Research Institute, 2000 (15).

［16］ Brenneman, Adam, and Michel Kerf. Infrastructure and Poverty Linkages: A Literature Review ［R］. World Bank, 2002 (12).

［17］ World Bank. Millennium Development Goals: From Consensus to Momentum, Global Monitoring Report 2005 ［R］. World Bank. Washington D. C., 2005a.

［18］ Levy, Hernan. Rural Roads and Poverty Alleviation in Morocco ［R］.

World Bank，2004（5）.

［19］郭庆旺，吕冰洋，张德勇．财政支出结构与经济增长［J］．经济理论与经济管理，2003（11）：5－12.

［20］孙长清等．长期经济增长与中国财政支出结构优化研究［J］．财经问题研究，2004（12）：62－67.

［21］马栓友．财政政策与经济增长的实证分析［J］．山西财经大学学报，2001（8）：76－79.

［22］郭庆旺，贾俊雪．基础设施投资的经济增长效应［J］．经济理论与经济管理，2006（3）：30－38.

［23］付文林，沈冲荣．中国公共支出的规模与结构及其增长效应［J］．经济科学，2006（1）：20－29.

［24］龚锋，卢洪友．公共支出结构、偏好匹配与财政分权［J］．管理世界，2009（1）：23－31.

［25］金戈，史晋川．多种类型公共支出与经济增长［J］．经济研究，2010（7）：43－56.

［26］Turnovsky，Stephen J.，Walter H. Fisher. Composition of Government Expenditure and its Consequences for Macroeconomic Performance［J］. Journal of Economic Dynamics and Control，1995，19（5）：747－786.

［27］Van Zon，Adriaan，Joan Muysken. Health and Endogenous Growth［J］. Journal of Health Economics，2001，20（3）：169－185.

［28］Agènor，Pierre－Richard. Fiscal Policy and Endogenous Growth with Public Infrastructure［J］. Oxford Economic Papers，2008，60（2）：57－88.

［29］Wagsta，Adam，Mariam Claeson. The Millennium Development Goals for Heath：Rising to the Challenges［R］. World Bank. Washington D. C.，2004.

［30］Turnovsky，Stephen J. The Transitional Dynamics of Fiscal Policy：Long－Run Capital Accumulation and Growth［J］. Journal of Money，Credit and Banking，2004，36（10）：883－910.

［31］王小鲁，樊纲，刘鹏．中国经济增长方式转换和增长可持续性［J］．经济研究，2009（1）：4－16.

［32］钞小静，任保平．中国公共支出结构对经济增长影响的实证分析：1978～2004［J］．经济评论，2007（5）：33－41.

［33］Shantayanan Devarajan，Vinaya Swaroop，and Heng－fu Zou. The Composition of Public Expenditures and Economic Growth［J］. Journal of Monetary Economics，1996，37（4）：313－344.

中国分税制后的财政治理：去 GDP 主义、公众参与和地方财政支出效率

一、引言

改革开放 30 多年来，中国经济快速增长。但增长也伴随着收入差距扩大，环境污染事故频发等日益严重的社会问题，这都降低了经济增长带来的福利改善。这种现象被郑永年等政治学者称之为“发展的 GDP 主义”（王绍光，2007；郑永年，2010），即国家的发展主要以 GDP 增长来衡量，公共政策的制定也以此为依据。经济增长与社会总体福利改善的不一致，部分研究者认为是市场竞争机制所致，收入差距、环境污染与经济增长的关系正处于“库兹涅茨曲线”的上升期（王少平、欧阳志刚，2007）。相反的观点则认为，“库兹涅茨曲线”拐点不会自发到来，政府在公共产品提供上的缺失，是造成现有问题的根源（张军，2007；傅勇，2010）。尤其是 1994 年财政分权以后，地方政府在“GDP 锦标制”下更倾向生产性公共支出，这种治理结构构成了地方政府公共支出行为“GDP 主义”的制度背景（周黎安，2008）。那么，如何在制度设计上，让地方政府更加关注民生福利改善成为急需解决的现实问题。现有的思路一方面是在政府内部的绩效评价中更多地引入民生性指标（马国贤，2008），这种思路被称作“去 GDP 主义”；另一方面是从外部“社会资本”构建出发，推动现代公民社会形成，通过公众参与制约官僚在公共支出选择上的自利行为（蔡定剑，2009）。国外对政府治理结构、公众参与等对财政行为的影响的研究较多。但在国内，现有文献较少从公众参与对政府公共财政选择的影响机制进行研究。本文考察 2003 年的一届政府发展战略转变，以及公众参与公共决策的兴起是否对地方政府公共支出决策产生了影响及影响力度。这不仅有助于理解财政分权以后政府公共支出

行为变化的制度背景，而且为经济改革与政治改革、社会改革的关系提供了实际依据。

本文首先基于公共治理理论，对公众参与和政府公共支出行为的原理以及中国的实践进行梳理，并构建了三个研究假设，进而通过收集省际的互联网数据和报纸媒体数据，验证具有互动和反馈参与功能的互联网发展对地方政府公共支出影响是否强于传统形式，比较了互联网与 NGO 组织对政府支出效率影响的差异，并进一步探讨了不同公众参与形式的互补和替代关系。有别于以往研究，本文的创新工作体现在：采用 Färe 和 Grosskopf（2009）的动态 Malmquist 指数修正了张军、陈诗一（2008）省级财政支出效率方法处理中的公共产品的多期积累问题，发现了政府公共支出在 2003 年的时间断点；采用反事实分析和 PanelTobit 验证了中国公民参与公共支出不同形式的效果差异，具有反馈功能和公民讨论功能的互联网形式促进了公民社会形成，进而影响公共决策的重要作用；考察政府内部绩效评价体系改变与公众参与对地方政府公共支出决策影响的互补作用。这在以往研究中尚不多见。

本文接下来的内容安排如下，第二部分是公众参与公共财政决策理论回顾，并结合中国近年来公众参与领域的发展提出研究假设；第三部分是采用基于 Färe 和 Grosskopf（2009）动态 Malmquist 指数测度和分解了省级地方政府财政支出效率；第四部分采用 PanleTobit 模型估计分析了公众参与影响支出效率作用，对反事实分析和工具变量的引入对公众参与与地方政府公共支出行为之间的因果性进行了验证；第五部分是本文研究结论及政策含义。

二、公众参与式公共财政理论发展与研究假设

（一）财政分权的局限与参与式公共财政理论发展

财政分权理论自身发展最终指向了公众参与。自 Tiebout（1956）的开创性工作后，众多文献强调财政分权后地方政府提供地方性公共产品的信息优势（Bish 和 Ostrom，1973；Ostrom，1997；Inman 和 Rubinfeld，1997；Bardhan，2002）。但分权本身并不足以在根本上解决尼斯坎南（Niskanen，1971，1975，1991）指出的官僚政府的自利行为，强势利益群体与官僚体制阻碍了公共产品和经济权利的均等化。在实践领域，20 世纪 60 年代后，一些国家进行了财政分权体制改革，但伴随全球化和市场导向鼓励公共服务的私营化，改革反而加速了不

平等和贫困群体社会边缘化（Cox，1997，2001；Bardhan，2006）。

新财政分权理论的代表 Weingast（2006）指出，单纯分权不可能成为完美的制度设计，分权后公众参与的作用尤其重要（Osmani，2008；Przeworski，2008）。尽管政府财政行为与政府治理模式的研究由来已久，但直到20世纪八九十年代，新政治经济学才开始普遍关注两者的结合，Persson 和 Tabellini（2003）总结了这一时期选举投票制、政党代理制和不同议会制下政府经济政策和公共产品提供的影响，指出在不同国家间，政治权利分配的差异决定着政府的支出决策和税收行为。此后，Persson、Roland 和 Tabellini（2005）对比例代表选举制和多数选举制下政府消费进行了实证研究，发现不同选举形式导致政府的不同财政政策，比例代表制比之多数选举制政府花费较少。以上研究大多以代议制政府为研究对象，考察公众参与对财政决策影响，较少地考虑公众直接参与的作用。

公共财政领域中对公共直接参与领域的关注，还要归结于现代社会学理论对“社会资本”概念的讨论和拓展。自 Putnam（1993）将“社会资本”理论引入，围绕着“公民间信任”和“社会网络化”形成了系列文献（Wellman，2001；Sabatini，2005；Woolcock，2010；Howard，2011）。其中，Sabatini（2005，2009）采用“邻居交往次数”等微观证据验证“社会资本”在社区层面的形成，并证实社会交往网络对地方政府公共支出行为的影响。不同于 David（2004）、Alexander（2007）对传统媒体（广播、电视）与地方政府公共支出关系的研究，社会网络理论中对公众通过互联网等新媒体参与公众决策格外关注（Shan，2001）。

（二）国内的财政分权理论与公众参与影响财政决策的实践

中国1994年的财政分权实践为财政分权理论增加了新的案例，分权对地方政府发展经济起到了正向激励作用，正是这种正向激励，成为21世纪10多年来中国GDP快速增长的基本制度背景（张军，2007）。但分权同样带来了负面效应，随着经济的转型和发展，地方政府的“多目标”性质就越来越凸显。于是，由分权而导致的地区差距扩大、环境恶化、土地滥用、地方保护主义、宏观调控失灵等开始制衡经济增长。张军（2008）在其研究中进一步指出，增长与分权似乎是个“两难选择”，分权化的权威组织框架里，似乎难以找到两全其美的答案。周黎安和张军（2008）、傅勇（2010）提出并完善了地方政府的“GDP锦标制”模型，说明其在公共支出中更偏好生产性支出，而忽视民生性支出。吴一平（2006）则验证了分权以后的另一负面效应，即分权加剧了腐败案件的发生。这说明分权后地方官员在缺乏监督的情况下更易被特殊利益集团俘获，在公共决策中损害公共福利。综合以上的国内相关研究，其政策含义同样指向了引入更多的公众参与，以保证公共财政决策更偏向于社会总体福利改进。

值得注意的是，在中国的政治治理结构下，对地方政府财政支出行为较直接的影响来自中央政府的发展战略转变。而且，地方官员在公共事务中决策的制度和社会环境并非没有改变。以往研究较多地验证了中国省级地方政府财政支出行为的变化，即确实存在在 1994 年的时间断点，且主因在于“财权上移、事权下移”和“GDP 锦标制”下公共产品供给的恶化。但 2003 年新一届中央政府在中共十六届三中全会上提出了“科学发展观”，并在地方政府考核指标中加入了民生性指标、环境治理指标等。从理论上，中央的战略转变应对地方官员决策行为起到纠正作用。这一效应在现有研究中还缺乏反映。

从财政体制看，分权以后以预算体制为核心的财政治理体系似乎并无变动。但基层的“参与式预算”、“绩效评估”、“信息披露”等新预算机制改革在不断实验中（俞可平，2007）。其中，公众参与地方财政支出决策由于在国外相关理论和实践形式丰富，在国内的改革中也被较早地关注。2003 年的“非典事件”推动了政府信息公开，这一年被称为“公众参与元年”（蔡定剑，2009）。参与式公共财政决策的试点改革也开始于这一年前后，以“参与式预算”为核心的公众参与模式开始在地方政府公共支出决策中试验，上海徐汇区、焦作模式、温岭模式、哈尔滨试点等都取得了很大进展（贾西津，2010）。以上海徐汇区政府为例，公共项目引入民间机构参与审核，预算资金违规信息公开等公众参与预算方式改善了公共支出效益，财政支出结构发生了改变，其重点向社会事业、社会保障和城市建设倾斜，资金使用效率也有极大改善。最近的参与式预算改革则在浙江、江苏的地市中扩大了试点范围。

从国外文献可以发现，公共参与公共决策的基础是公民社会的形成，而公民组成非政府组织构成了对政府决策的影响渠道之一（Plummer，2000）。国内非政府组织和公民社团（Non - governmental and Civicsociety）逐渐成为参与公共产品决策和服务的新力量（高琳，2009；马骏等，2006；蔡定剑，2009）。民间研究机构和其他非政府组织，如天则经济研究所、传知行经济社会研究所、三味书屋、自然之友等，成为政府公共政策的有力影响（俞可平，2007）。这些组织在 2003 年以后数量同样快速增长，按照《中国民间组织报告》中提供的数据，截至 2008 年底，全国共有社会组织 41.4 万个，其中社会团体 23 万个，民办非企业单位 18.2 万个，基金会 1597 个。这些组织对公共财政决策领域的影响有时候更为直接，如吴君亮创办的公共预算网极大地推动了地方政府（广东、福建）预算公开。通过现实观察，可以推测非政府组织同样对地方政府财政支出决策产生了一定影响。同时，2001 ~ 2002 年各省纷纷出台《预算监督管理条例》，就人民代表大会对预算的质询、公众听证机制进行立法探索，也是公众对政府预算决策机制改革要求的反馈（赵雯，2008）。

以上的国外文献对社会网络影响政府决策的相关研究也是关注的重点。在我国同样存在着现实对应，社会网络现代技术形式互联网的盛行（尤其是2002以后WEB2.0的盛行），不同于传统媒体在于其提供了公众参与公共事务的渠道，以较低的成本提供了公众就公共事务的辩论、监督、反馈评价平台。在缺乏代议制传统下，通过网络辩论公民会逐步形成参与公共事务决策的意识和行为规范。

（三）研究的主要假设

根据国外的现有研究及中国的实践，若认定公众参与对政府财政行为发生了影响，接下来的问题是这种影响有多大，近年的公众参与是否确实不同于传统监督反馈机制？公众参与公共决策的前提是“公民社会”的形成，即公众有参与公共事务决策的意识和能力。本文采用互联网作为“社会资本”代理变量，考察对公共支出决策的影响，目的在于强调公开辩论和政府决策反馈机制是公众参与的主要形式，本文的主要假设有以下几种：

H_1：1994年财政分权以后，地方政府财政支出行为在2003年后可能存在改善，中央发展战略的改变、公众参与地方公共决策的加强、地方财政收入共同起到了作用。

H_2：若近年来政府支出效率存在改进，主因可能源于全面的公众参与，不同于传统媒体监督，公众参与发挥作用的关键在于双向信息互动。

H_3：国内非政府组织对于地方公共决策效率具有正向影响，且这种影响与政府的可控资源存在互补关系。

三、地方政府财政支出效率测度

（一）动态 Malmquest 指数测算

非参数有效前沿的数据包络分析方法（DEA）被广泛应用于生产效率的测度（Charnes等，1989；Seifert和Zhu，1998），且近年应用已拓展到服务机构（如医疗、教育、金融）效率的评价（Balaguer，2007；Avkiran，2009）。在国内，政府绩效测度是DEA应用的主要领域之一，如对省级政府财政支出效率、公共卫生支出效率、政府综合效率进行评价等（陈诗一、张军，2008；刘振亚等，2009；王伟同，2009）。但以上应用并没有讨论DEA方法的适用性及敏感性，以至于方法相同，研究结论却差别很大，如张军、陈诗一（2008）与王伟同（2009）的研究比照，前者测算的2005年财政支出效率，上海、北京、江苏的效率得分较高。而后者的结果，北京、上海和江苏的效率得分却很低。

当DEA方法应用到非生产组织（服务机构）时，投入和产出很难定义（Avkiran，2009）①。此外，Cooper（2011）指出，决策单元所处环境因素的异质性容易导致结果错误；负面的投入（如环境污染指标）不能直接进入模型；极值样本的存在容易导致测算失效。对于非货币性投入产出加权权重的选择也会导致结果差异巨大。当投入产出在一连续过程中，每期效率测量采用存量或增量指标也会影响结果。针对多期的投入产出问题，当前期的产出作为下一期的中间品投入时，Färe 和 Grosskopf（2009）则提出了动态 Malmquist 指数。一期的生产函数 $P(x)=\{y: x\}$，x 为投入向量。

定义距离函数：

$$D_0(x, y)=\min\{\lambda: (y/\lambda)\in P(x)\} \tag{1}$$

如果 y 在有效前沿上，则 λ 等于1。Färe（1994）采用四步线性规划的方法，获得 Malmquist 指数为：

$$m_0(y_t, x_t, y_{t+1}, x_{t+1})=\frac{d_o^{t+1}(y_{t+1}, x_{t+1})}{d_o^t(y_t, x_t)}\times\left[\frac{d_o^t(y_{t+1}, x_{t+1})}{d_o^{t+1}(y_{t+1}, x_{t+1})}\times\frac{d_o^t(y_t, x_t)}{d_o^{t+1}(y_t, x_t)}\right]^{1/2} \tag{2}$$

简记为 $M=E\times T$，其中 E（资源配置效率）和 T（技术进步效率）：

$$E=\frac{y_{t+1}/y_r}{y_t/y_p},\ T=\left[\frac{y_{t+1}/y_q}{y_{t+1}/y_r}\times\frac{y_t/y_p}{y_t/y_q}\right]^{1/2}。$$

当生产函数为多期时，$P^\tau(x_i^\tau, y^{\tau-1})$，$\tau=t-1, t, t+1$，生产函数除取决于当期外生投入 x 外，上期产出 y 作为中间产品进入生产函数。此时 $D_0^\tau(x^\tau, y^\tau)$ 通过求解以下优化问题得到：

$$\begin{aligned}&\min/\max\quad \lambda^{t-1}+\lambda^t+\lambda^{t+1}\\&\text{s.t. }\lambda^{t-1}y_f^{t-1}+y_i^{t-1}\in P^{t-1}(x^{t-1}, y_i^{t-2})\\&\lambda^t y_f^t+y_i^t\in P^t(x^t, y_i^{t-1})\\&\lambda^{t+1}y_f^{t+1}+y_i^{t+1}\in P^{t+1}(x^{t+1}, y_i^t)\end{aligned} \tag{3}$$

角标 f 和 i 分别代表最终产品和中间产品。则动态的 Malmquist 指数表示为：

$$\Omega_0(x^t, y_f^t, x^{t+1}, y^{t+1})=\frac{\Delta_o^{t+1}(x^{t+1}, y_f^{t+1})}{\Delta_o^t(x_t, y_f^t)}\times\left[\frac{\Delta_o^t(x^{t+1}, y_f^{t+1})}{\Delta_o^{t+1}(x^{t+1}, y_f^{t+1})}\times\frac{\Delta_o^t(x_t, y_f^t)}{\Delta_o^{t+1}(x_t, y_f^t)}\right]^{1/2} \tag{4}$$

① 如对大学教育的评价，其产出维度就包括经济维度、管理效率维度和教育质量（心理学）维度。

Färe 和 Grosskopf（2009）采用动态 Malmquist 指数测度了 26 个国家 1975 ~ 2002 年的生产效率，其中投资作为中间投入品。下文采用这一方法重新测度省级地方政府的财政支出效率。

（二）省级财政支出效率测度

本文测度财政支出效率主要指标，采用了张军、陈诗一（2008）的体系，但在涉及基础设施指标时，本文增加了人均公路里程数，并采用了 PCA（主成分分析）进行了总指标加权。研究获取的主要数据以省为单位，但实际当中财政支出项目包含了省本级和下级政府的财政支出，这些数据包含了省以下政府的财政支出行为。具体的指标见表 1：

表 1　各省效率得分产出指标的组成

变量类别	具体描述	来源及处理方法
教育指标	高等学校教师/在校生	来自《中国统计年鉴》及分省《统计年鉴》，总体教育指标采用了归一化后的 PCA 加权
	中等学校教师/在校生	
	小学教师/在校生	
医疗指标	医生数/总人口	来自《中国财政年鉴》（1981 ~ 2009）、《新中国 50 年、55 年、60 年统计资料汇编》
	病床数/总人口	
基础设施	铁路里程/总人口	除上述年鉴，部分来自国泰安数据库。农田有效灌溉面积、农村用电量作为衡量农业基础设施的代理指标，将这两个指标与该省（市）的农业人口计算比值。
	公路里程/总人口	
	人均邮电（以货币形式表示）	
	农村人均用电量	
	农地有效灌溉面积	

注：缺失数据采用了不同插值方法，人均邮电数量缺少 1993 年、1994 年、1997 年的数据，采用了指数回归插值。其他一些指标因存在周期性，缺失数据采用了多项式、样条回归等方法（如人均铁路里数）。由于数据在 1994 年出现了趋势断点，在处理 1994 年的部分缺失值时，本文将其归入 1981 ~ 1994 年这一段。

图 1 给出了本文测算的累积 Malmquist 指数效率得分，从中可以看到几方面的变化：①20 世纪 80 年代初期的省（市）财政支出效率保持了很高水平，这可能与当时的公共支出水平和社会公共产品总量有关。换句话说，较少的财政支出提供了较多的公共产品供给。②1994 年至 2003 年左右，各省（市）的财政支出效率呈现了明显下降趋势。这一趋势与张军和陈诗一（2008）的计算结果差异很大。原因在于其计算过程只是考虑了当期个体相对有效前沿的效率得分，不具有时期上的可比性。③2003 年后，各省（市）财政支出效率出现了快速提高。但东、中、西部省份走势有所不同，如山西、内蒙古、贵州、陕西等省份在 2003 年以后

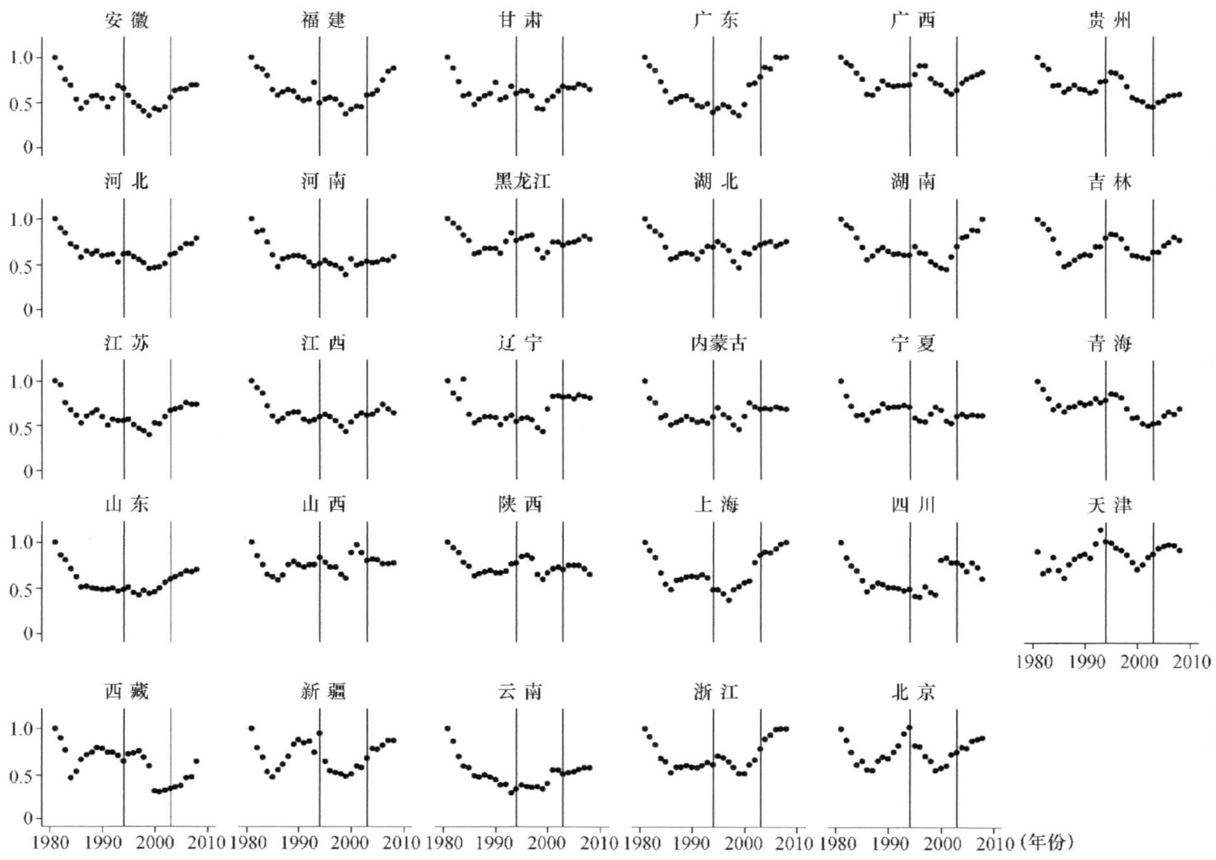

图 1　各省财政支出效率的累积 Malmquist 指数

注：因重庆和海南分别在 1997 年和 1988 年才独立为省（市），所以在计算效率得分时忽略了这两个省份，将 1997 年的各指标在四川省与重庆市之间做了按人口的加权平均。

效率得分持续下降，河南、湖北等省份持平，而东部浙江、山东等省份呈现上升趋势。但中部各省份之间也存在差异，湖南较之河南省的财政支出效率提高得较为明显。这种聚类效应并非完全与经济发展水平相关。

通过图 2 对 Malmquist 指数的分解可以发现，1994 年以后规模效率和技术配置效率（纯技术效率）都出现了下降。但在 2003 年以后，政府在不同公共产品间的合理配置效率（纯技术效率）得到了提高。而技术进步效率在 1994 年后持续上升也是导致 2003 年以后，Malmquist 指数上升的重要原因。财政分权以后地方政府财政支出效率的变化是以往研究争论的焦点。1994 年以后支出效率下降，被主要归结为分税制改革造成的财权上移、事权下移。分权以后地方政府的财政支出占总支出的 60% 左右（张军，2007），财政支出不足使得地方政府只能缩减部分公共支出。而 2003 年左右，财政支出效率的上升是否也与人均支出的提高相关呢？这需要进一步对财政支出效率变动的原因进行考察。

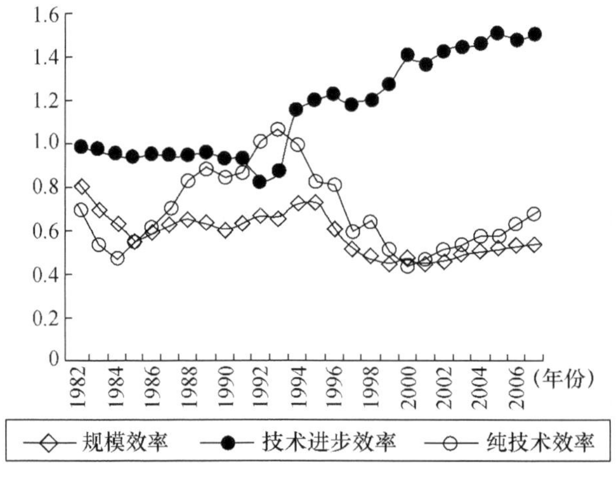

图 2　累积的平均规模效率、技术进步效率、纯技术效率（1982～2008 年）

四、公民参与在地方财政支出效率变化中的作用验证

（一）计量经济模型与变量选择

针对以上提出的假设，为探寻政府财政支出效率在 2003 年发生趋势变化的

原因，采用PanelTobit模型对以上假设进行验证。经过效率得分经验观察，有的年份效率得分接近或超过1。所以设定Tobit模型右截断上限为1，得分低于0.6的省份一般为无效率，因此模型采取双向截断形式①：

$$\begin{cases}\widehat{\delta}_{it}=1,\ if\ \widehat{\delta}_{it}\geqslant 1\\ \widehat{\delta}_{it}=\alpha+\beta^{T}x_{it}+\gamma^{T}y_{it}+\varphi^{T}z_{it}+u_{i}+\varepsilon_{it},\ if\quad 0.6\leqslant\widehat{\delta}_{it}<1\\ \widehat{\delta}_{it}=0,\ if\ \widehat{\delta}_{it}<0.6\end{cases}\tag{5}$$

其中，政府行为变量用x_{it}表示。首先，包括了反映政府GDP赶超努力的财政支出倾向，采用政府的固定资产支出（GovInv）作为代理变量。在工业化初期，为推动落后农业地区实现工业化和城镇化，大规模的基础设施投资是必要的。但缺乏监督的政府大规模刺激计划却很容易导致重复性建设和资源浪费。GDP竞赛也导致地方政府的掠夺性发展，反映在财政收支领域，为招商引资地方政府不惜压低资源合理价格，采用税收不合理减免，作为换取投资的筹码。这也导致了官员与食利阶层的结合。

其次，y_{it}表示公众参与变量，用来反映公众参与在近些年推动政府公共财政决策透明化、效率化的作用。如第三部分所述，相关的变量包括参与主体数量的增加和渠道的拓宽。涉及参与主体变量，本文使用非政府组织（NGO）数量代表民众参与组织数量增加，数据来自《中国民政统计年鉴》。涉及参与渠道变量，1994年之后，中国互联网数量和网民数量以指数形式递增，在1994年后的回归模型中本文采用了网民数量占该省人口比例，作为公众参与渠道的拓展，数据来自中国互联网信息中心公布的《中国互联网络发展统计报告》（1997～2008），这一指标在国外相关研究中已有广泛采用（Wellman，2001；Rodrik，2005；Rothstein，2007；Sabatini，2009；Howard，2011）。此外，媒体产业化以后带来的数量和开放程度的增加，都改变和影响了公共信息和舆论的传播，采用《新中国60年统计资料汇编》中分省报纸出版总印数（万份）与分省人口比值代表这一趋势。

最后，z_{it}代表一定的不可控变量，在现有研究中，认为分权前后对政府支出影响最为重要的因素就是地方财政收入减少。因此，主要控制变量选择了人均预算内收入和预算外收入并用来反映政府的财政能力，尤其对于预算外收入，往往并不与公共支出相联系，而与政府的个人消费和投资相关。如王志刚、龚六堂（2009）研究认为，随着逐步将非税收入纳入预算，东部地区在分权以后非税收入出现降低趋势。在回归以前，并不能确定其对财政效率的影响关系。其他如人口密度（人/平方公里）代表地方财政需要供养的人口及集聚程度，一般而言，

① 张军和陈诗一（2008）文中下限设定为0.63，本文数据效率得分的分布情况选择了截断上、下限。

人口密集有利于公共支出效率的提高；采用贸易开放度，来代表各省的对外开放程度；FDI 表示外资的进入程度。人均预算收入、人均预算外收入、人均政府消费、人均政府管理费用和人均政府投资以及 FDI 和贸易自由度都是非平稳变量。为此，对原始变量进行了一阶差分后计算了增长率。

（二）回归结果及分析

图 3 给出了互联网普及率与政府财政效率之间的分省关系。图形与现实较为一致，在经济发达的省份，如浙江、江苏、上海、山东、天津等省（市），其社会开放程度也较高，公民可以通过互联网了解诸如政府预算之类的信息，进而通过舆论对政府决策形成影响。如在北京仅 2007 年下半年，有 34.3% 的北京网民访问过政府网站。因而，互联网普及率与财政效率呈现明显的正相关趋势。但在西部地区这一关系并不明显，一方面，是互联网本身普及率低，如贵州 2008 年底互联网普及率（网民占人口比例）仅为 11.5%（北京这一比例是 60%，上海这一比例是 59.7%，广东是 48.2%）。另一方面，互联网并不一定直接带来公众参与公共事务和公共决策积极性的提高，公民意识和教育程度都是其制约因素。

针对上文的假设，首先，关注 1994 年和 2003 年前后的时间虚拟变量。1994 年的分权大约带来了 0.05 个效率得分值的下降，而 2003 年虚拟变量带来了效率得分值约 0.1 的提升。2003 年以后，各省的支出效率趋势出现了分化，东部和中部普遍呈现了上升趋势，东部和西部效率的平均值开始缩小，大约为 0.03；而西部省份（包括部分中部省份）在 1994 年之后财政效率短期提高后，却出现了效率得分下降趋势，如甘肃和贵州。中部和西部之间的差距开始增大，平均为 0.18。

其次，针对本章强调的公共参与程度变量（网络普及率、NGO 数量），为验证作用机制，先将人均报纸张数作为替代变量用于 2003 年以后的样本回归，结果发现其影响作用很小。然后，考察网络普及率（标准化值）的作用，发现其每提高 1 单位对政府财政支出效率的影响为使其提高 0.05 左右。NGO 数量的回归系数较小，值得注意的是交叉项存在很大的显著性。这说明非政府组织与公众之间参与的互补作用。

再次，本文考察政府资源或政府追求 GDP 赶超的行为变量，在不同的数据和模型中，回归结果都表现出这些变量与财政效率之间呈现出负相关关系，但将时间限制在 2003 年以后，相关变量的估计系数 P 值出现了显著提高，估计系数也发生了改变，到了 2003 年以后，人均政府投资系数从 -0.0022 变为 -0.085，这意味着分权以后政府加快了为招商引资和提高 GDP 的固定资产投资，而这种行为损害了政府财政提供公共产品的倾向。这种现象在不同区域间存在分化，也

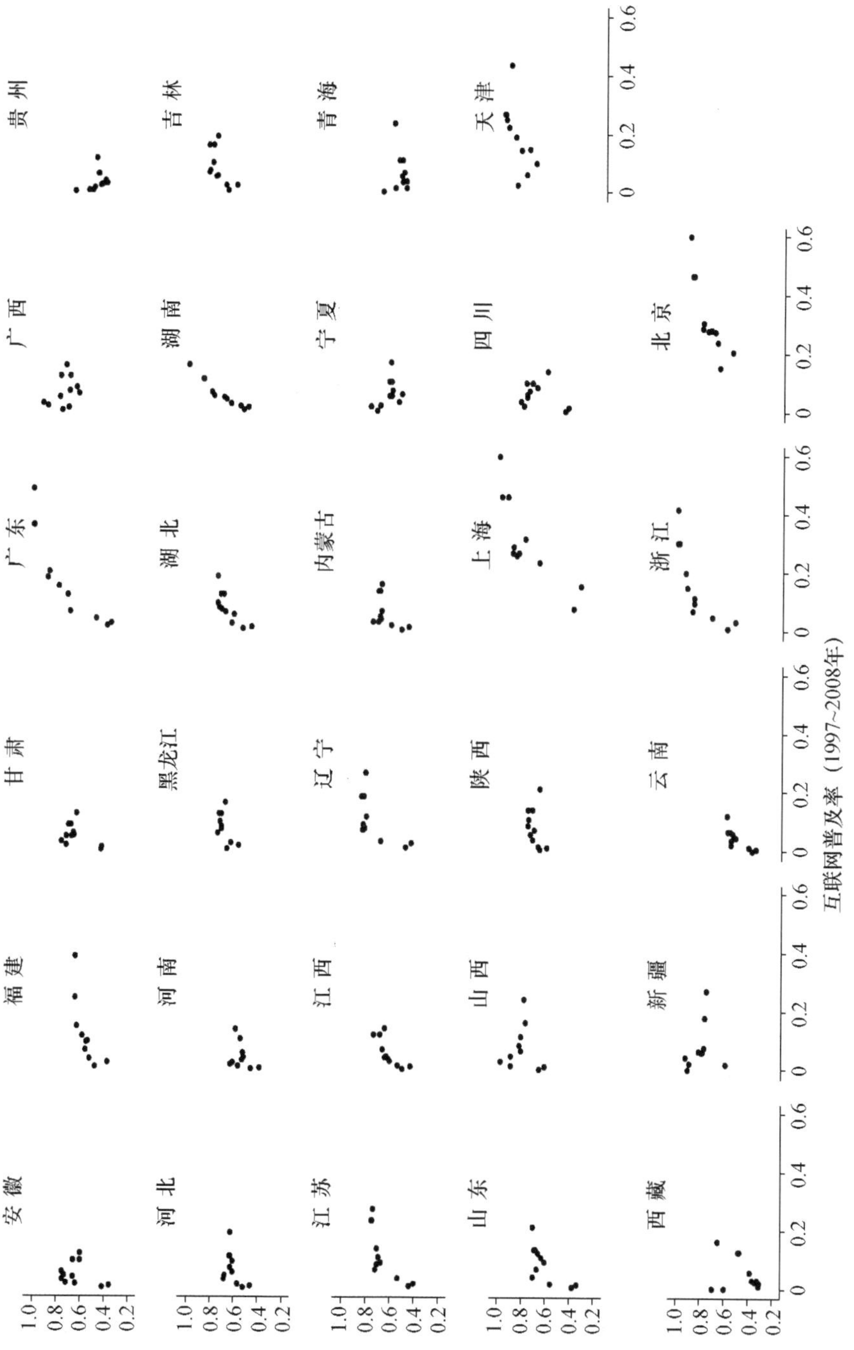

图3　效率得分与网络普及率的散点图

反映出公众参与的作用。一般来说，越是靠近沿海的地区不仅其经济发达，其社会开放程度越高，民众对公共事务的关注程度也越高；越是内地，不仅在经济上落后，同时社会中官僚主义的力量越强大，公共事务中民众参与的程度就越低。即使控制了人均财政收入等变量，仍可以观察到这种效率分化。

最后，关注其他的控制变量。FDI 和外贸开放度对财政效率的影响为正，但并不显著。而人均预算外收入，却表现出明显与财政效率负相关，将样本区间放置于分权后，其系数稳定在 -0.4 左右。而人均预算内财政收入与效率得分之间的关系为正，这与张军的结果不同，支持了平新乔和白洁（2006）的结论。

表 2　PanelTobit 模型的回归结果

	变量	1981 ~ 2008 年		2003 ~ 2008 年		2003 ~ 2008 年	
		系数	P 值	系数	P 值	系数	P 值
	常数项	0.642648	0.041	0.5530228	0.02	0.8074817	0.034
政府行为变量	人均政府投资	-0.002159	0.0106	-0.0641507	0.196	-0.085013	0.019
	人均行政管理费用	-0.123867	0.0633	-0.048803	0.04	-0.13045	0.055
	人均政府消费支出	-0.04527	0.093	-0.05165	0.06	-0.1164796	0.0423
	腐败案件对数值			-0.0422	0.1253	-0.0353439	0.085
公众参与变量	人均拥有报纸张数			0.0048	0.17		
	NGO 数量					0.137502	0.014
	网络普及率					0.05972	0
	NGO × 网络普及率					0.01351	0
其他控制变量	人均预算内财政收入	0.0438469	0.35	0.0103847	0.08	0.02467	0
	外贸依存度	0.082495	0.04	5.77e-09	0.094	4.47e-09	0.111
	人均预算外收入	-0.27104	0.007	-0.4099139	0.07	-0.4633717	0.025
	人口密度	0.000217	0.255	0.000533	0.17	0.00157	0
	FDI			1.17e-07	0.033	5.79e-07	0.046
空间虚拟变量	东部			0.040583	0.0526	0.08110387	0.062
	西部			-0.0807735	0.000	-0.2165455	0.049
时期虚拟变量	T = 1994	-0.059747	0.05				
	T = 2003	0.10557	0.01				
Wald 统计量		169.13		120.52		183.62	
对数似然值		193.31		349.06		345.82	

基于福格尔（1926）的反事实分析思路，本文从回归结果中剔除了网络普及率和 NGO 的影响，得到图 4 的预测值。从图中可以发现，若没有公众参与的影

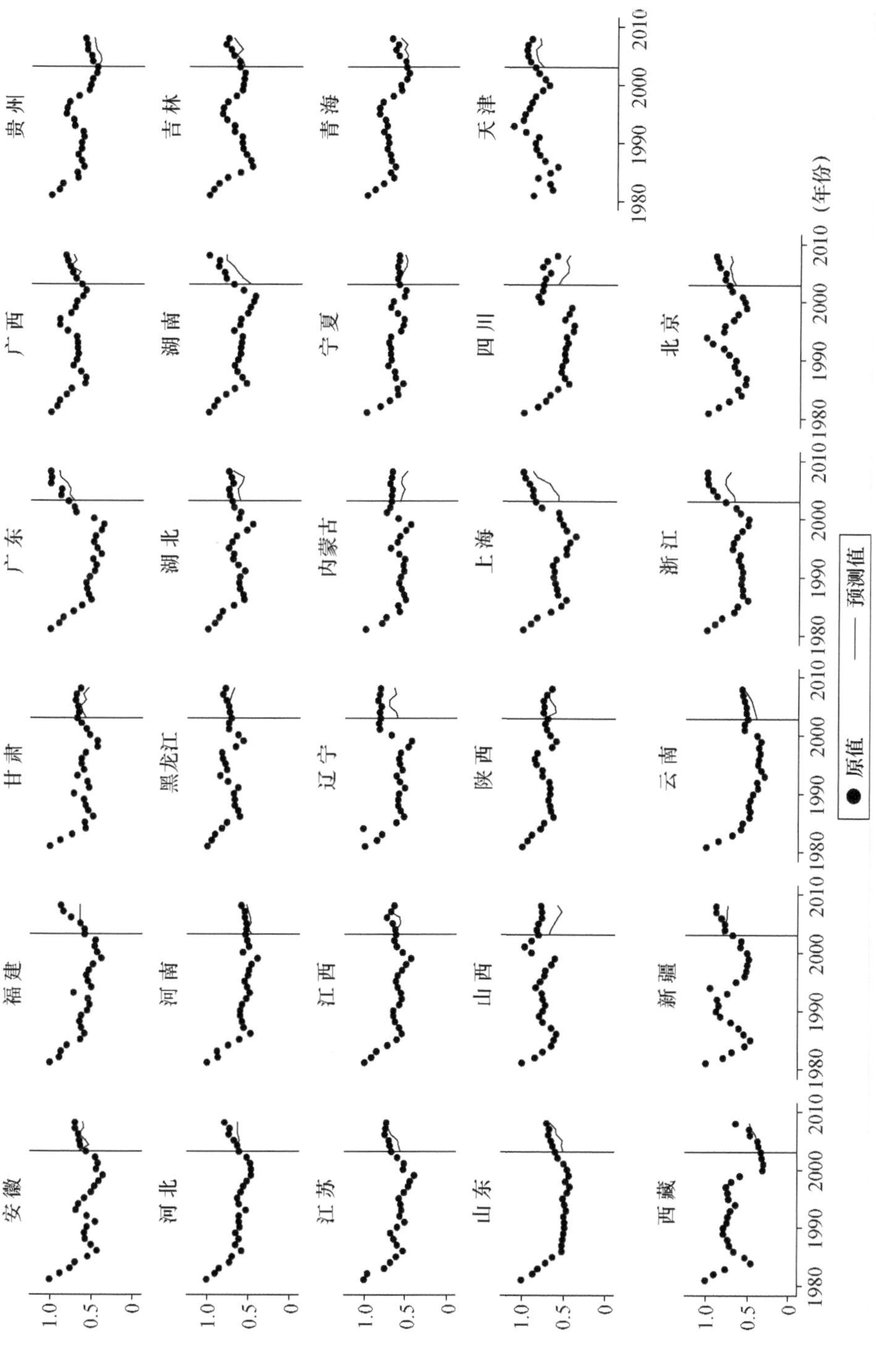

图 4　公众参与影响财政支出效率的反事实分析预测

响，财政支出效率的得分预测值会下降 10%，基本上占据了由时间断点解释的得分差距。当然，在各个省份中有所区别，在互联网发展缓慢的西部省份，这一影响并不太显著。

（三）稳健性检验

以上的 Tobit 回归分析，假定了所有变量都是外生的。虽然控制了人均预算内财政收入等变量，但仍然存在以下可能，即政府支出效率与公众参与变量都受未观测的其他变量影响，而使以上回归的因果关系受到怀疑，如二者都可能受经济增长水平影响。为此，进一步将人均 GDP 作为控制变量放入 2003 年以后的区间内，考察变量的内生性问题。

另外，工具变量估计是解决内生性问题的通常选择（Hansen 等，2006）。为此，考虑使用 15 ~40 岁人口比例作为网络普及率的工具变量，用个体户就业数作为 NGO 的工具变量。选择以上作为工具变量，是因为人口结构一般具有外生性，且按照《中国互联网发展统计报告》，网民年龄主要分布在 15 ~40 岁。《中国统计年鉴》仅有 15 ~65 岁的人口比例，本文按照《中国人口年鉴》的调查信息进行了修正。改革开放带来的经济活动中经营主体的分化，也引起了社会中不同利益群体的产生。其中，很多个体经营者通过 NGO 组织维护权益。由此，选择这一变量作为 NGO 的工具变量。从散点图上看，基本符合工具变量要求，其与被工具变量相关，且与残差项无关（见图 5）。

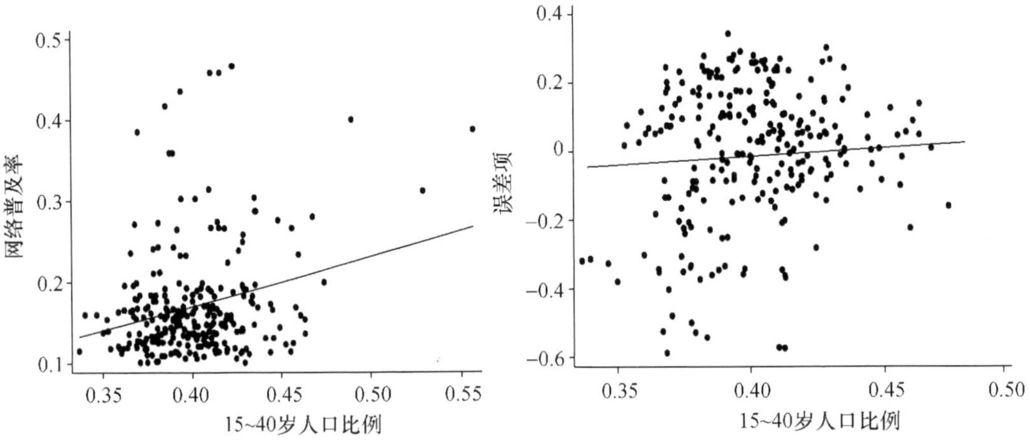

图 5　工具变量、残差相关图

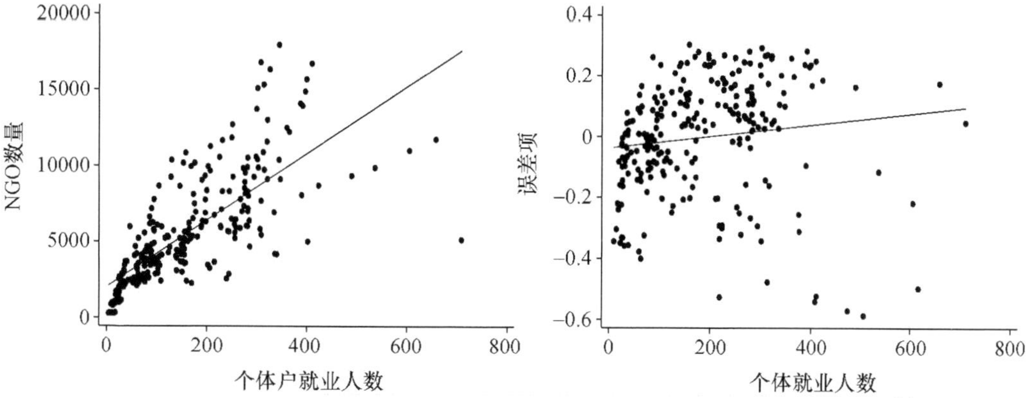

图5　工具变量、残差相关图（续）

表3给出了增加人均GDP控制变量，以及采用工具变量以后的2003年以后的样本数据的回归结果。首先，人均GDP的系数明显为负。将人均GDP引入之后，NGO系数和网络普及率系数都有所提高，说明这些变量与人均GDP之间可能有一定的相关性，但这些变量对效率得分的解释因素不能完全由人均GDP替代。引入工具变量的回归结果发现，政府行为变量的系数都有所提高，显著性普遍降低。而这些由工具变量拟合值代替原有变量之后的系数都有所下移，其显著性水平却没有受到影响。且Wald统计量值说明拟合效果有所提高。说明用网络普及率作为效率得分的差异解释变量有较强的稳健性。

表3　工具变量法估计结果

	变量	增加控制变量的回归结果 2003～2008		引入工具变量的回归结果 2003～2008	
		系数	P值	系数	P值
	常数项	0.9537895	0.000	0.791147	0.098
政府行为变量	人均政府投资	－0.00066	0.064	－0.0233	0.065
	人均行政管理费用	－0.132478	0.012	－0.156	0.074
	人均政府消费支出	－0.03234	0.002	0.164	0.16
	腐败案件对数值	－0.005561	0.142	－0.04324	0.017
公众参与变量	NGO数量	0.00257	0.002	0.000395	0.000
	网络普及率	0.3248	0.045	0.04249	0.000

续表

	变量	增加控制变量的回归结果 2003～2008		引入工具变量的回归结果 2003～2008	
		系数	P 值	系数	P 值
	常数项	0.9537895	0.000	0.791147	0.098
其他控制变量	人均 GDP	-0.11734	0.154	-0.1309	0.019
	人均预算内财政收入	0.0438469	0.35	0.09639	0.077
	外贸依存度	2.46e-08	0.44	2.79e-09	0.23
	人均预算外收入	-0.427791	0.03	-0.448848	0.02
	人口密度	0.0057	0.16	0.0071	0.408
	FDI				
个体效应标准差	0.14872	0		0.0340583	0.062
干扰项标准差	0.05845	0		0.2192	0.028
Wald 统计量	75.54			153.04	
对数似然值	240.93083			263.59	

五、小结

财政分权研究是过去 10 余年间公共财政研究的热点之一，以往研究过多地聚焦于财权上移造成的地方支出降低，忽视了由单一的中央政府公共决策向“多中心”决策形式的转变，带来了公共决策权力的下移。这为公民直接参与地方政府公共决策提供了前提。本文通过动态 Malmquist 指数分解发现 1994～2003 年间地方财政支出效率规模效率下降，技术进步效率上升的现象。而 2003 年以后规模效率、技术效率共同提高。PanelTobit 回归和反事实分析结果验证了：①分权与公众参与存在互补作用，这共同解释了地方政府公共支出效率 2003 年以后的改善。②公民社会（社会资本）的形成是公民渐进的通过公开辩论和公共项目评价完成，以互联网为主要形式的双向信息互动是公众参与的有效形式。③广泛的公民社会的形成是 NGO 等社会组织发挥作用的前提条件，NGO 与公众直接参与对政府财政决策形成互补影响。

从政策含义上看，中共十八届三中全会提出了提升国家治理能力的政府治理方向。而财政治理改革是国家治理能力提升的重要内容。理论上，财政分权是走出了政府效率提高的第一步，在政府预算和公共支出决策过程中更广泛地引入公众监督、参与决策和问责程序将对地方政府提高公共决策效率影响更深（Barhan，2002，2006；傅勇，2010）。实践上，财政分权后的10年间，如“温岭参与式预算”、“焦作参与式预算”、“哈尔滨参与式预算”等改革模式在地方政府中得以实践。除了这些对人大预算决策方式的改革，互联网技术使政府公共采购、三公消费、预算资金挪用的信息不断曝光，形成了重要的舆论监督机制。总结起来，探索财政治理中的公众参与新机制并进行推广是过去渐进式改革的成功经验。在未来的改革方向上，网络等新媒体技术带来的公众参与方式改变值得关注，尤其是新媒体技术带来的更为便捷和多样化的信息互动和反馈形式，更值得公共决策应用。如重大公共支出决策可进行人大代表政府预算质询的网络广播，并最终由公众投票或提出改进意见，实时将公众意愿反馈到政府决策中来。新的技术形式将倒逼预算监督立法制度改进，更利于形成政府、人大预算委员会、公众之间层层问责的机制。

参考文献：

［1］ Balaguer Coll，M. T.，D. Prior，and E. Tortosa – Ausina. On the Determinants of Local Government Performance：A Two – stage Nonparametric Approach［J］. European Economic Review，2007（2）：425 – 451.

［2］ Bardhan，Pradhan. Decentralization of Governance and Development［J］. Journal of Economic Perspectives，2002（4）：185 – 206.

［3］ Bardhan，Pranab and Dilip Mookherjee. Decentralization and Local Governance in Developing Countries – A Comparative Perspective［M］. Cambridge，M. A.：MIT Press，2006.

［4］ Christian Hansen. Victor Chernozhukov. Instrumental Quantile Regression Inference for Structural and Treatment Effect Models［J］. Journal of Econometrics，2006（2）：491 – 525.

［5］ Cox，Gary. Making Votes Count［M］. New York：Cambridge University Press，1997.

［6］ Cox，Gary and Mathew McCubbins. The Institutional Determinants of Economic Policy Outcomes in Haggard and McCubbins Presidents，Parliaments，and Policy［M］. New York：Cambridge University Press，2001.

［7］ A Charnes，W. Cooper. Using Data Envelopment Analysis to Evaluate Efficiency in the Economic Performance of Chinese Cities［J］. Socio – Economic Planning Sciences，1989（8）：1 – 3.

[8] Avkiran N. K. Removing the Impact of Environment with Units – invariant Efficient Frontier Analysis: An Illustrative Case Study with Intertemporal Panel Data [J]. The International Journal Management Science, 2009 (3): 535 – 544.

[9] Robert L. and Vincent Ostrom. Understanding Urban Government: Metropolitan Reform Reconsidered [R]. Washington, D. C.: American Enterprise Institute for Public Policy Research, 1973.

[10] David, Stromberg. Radio's Impact on Public Spending [J]. Quarterly Journal of Economics, 2004 (9): 189 – 221.

[11] Dhavan V. Shan, Nojin Kwak, and R. Lance Holbert. Connecting and Disconnecting with Civic life: Patterns of Internet Use and the Production of Social Capital [J]. Political Communication, 2001 (8): 15 – 27.

[12] Färe R. and Grosskopf S. A Dynamic Malmquist Productivity Index [A]. Handbook of Data Envelopment Analysis [C]. Mimeo, 2009.

[13] Galasso, Emanuela and Martin Ravillon. Decentralized Targeting of an Antipoverty Program [J]. Journal of Public Economics, 2005 (8): 705 – 727.

[14] Janelle Plummer. Municipalities and Community Participation: A Sourcebook for Capacity Building London [M]. Earthscan Publications, 2000.

[15] Khan, M. Adil, and Numayr Chowdhury. Public Accountability, Corruption Control and Service Delivery: Governance Challenges and Options [J]. Asia Pacific Journal for Public Administration, 2008 (4): 23 – 34.

[16] Michael Woolcock. The Rise and Routinization of Social Capital, 1988 – 2008 [J]. Annual Review of Political Science, 2010 (1): 45 – 63.

[17] Orlowski, Alexander P. Television Consumption and Public Participation among 15 – 25 Year Olds [R]. CIRCLE Fact Sheet, 2007.

[18] Osmani, Siddiqur. Participatory Governance: An Overview of Issues and Evidence. In Participatory Governance and the Millennium Development Goals (MDGs) [R]. New York: United Nations, 2008.

[19] Ostrom, V. The Meaning of Democracy and the Vulnerability of Societies: A Response to Tocqueville Challenge [M]. University of Michigan Press, Ann Arbor, 2008.

[20] Persson, Torsten, and Gerard Roland. Constitutional Rules and Fiscal Policy Outcomes [J]. American Economic Review, 2003 (5): 25 – 45.

[21] Persson, Torsten, Gerard Roland, and Guido Tabellini. Electoral Rules and Government Spending in Parliamentary Democracies [J]. Quarterly Journal of Po-

litical Science, 2005 (2): 88 - 155.

[22] Philip Howard and Muzammil Hussain. The Role of Digital Media [J]. Journal of Democracy, 2011 (3): 35 - 48.

[23] Przeworski, Adam. Democracy, Social Inclusion and Development. In Participatory Governance and the Millennium Development Goals (MDGs) [R]. New York: United Nations, 2008.

[24] Putnam, R. D., Leonardi, R. and Nanetti, R. Y. Making Democracy Work [M]. Princeton: Princeton University Press, 1993.

[25] Reinikka, Ritva and Jakob Svensson. Local Capture: Evidence from a Central Government Transfer Program in Uganda [J]. Quarterly Journal of Economics, 2004 (2): 53 - 67.

[26] Robert P. Inman, Rubinfeld. Rethinking Federalism [J]. Journal of Economic Perspectives, 1997 (11): 43 - 64.

[27] Rodrik, Dani, and Romain Wacziarg. Do Democratic Transitions Produce Bad Economic Outcomes? [J]. American Economic Review: Papers and Proceedings, 2005 (9): 50 - 56.

[28] Rothstein, Bo and Dietlind Stolle. The Quality of Government and Social Capital: A Theory of Political Institutions and Generalized Trust [C]. Quality of Government Working Paper Series, 2007.

[29] Sabatini, F. Social Capital as Social Networks: a New Framework for Measurement and an Empirical Analysis of its Determinants and Consequences [J]. Journal of Socio - Economics, 2009 (3): 429 - 442.

[30] Sabatini. F. Social Capital, Public Spending and the Quality of Economic Development [M]. University of Rome La Sapienza, Department of Public Economics, mimeo, 2005.

[31] Solomon Benjamin. Governance, Economic Settings and Poverty in Bangalore [J]. Environment and Urbanization, 2000 (10): 35 - 56.

[32] Tiebout, Charles. A Pure Theory of Local Public Expenditures [J]. Journal of Political Economy, 1956 (6): 416 - 424.

[33] Tim Conley, Christian Hansen, and Peter E. Rossi. Plausibly Exogenous [J]. Review of Economics and Statistics, 2006 (1): 260 - 272.

[34] Wellman. B., Quan - Haase, A. Witte, J., Hampton, K. Does the Internet Increase, Decrease, or Supplement Social Capital?. Social Networks, Participation, and Community Commitment [J]. American Behavioral Scientist, 2001, (3):

437 –456.

［35］William W. Cooper Lawrence Handbook on Data Envelopment Analysis（2 edition）［M］. Springer New York Dordrecht Heidelberg London，2011.

［36］蔡定剑．公众参与：欧洲的制度和经验［M］．北京：法律出版社，2009.

［37］陈汉宣，马骏，包国宪．中国政府绩效评估30年［M］．北京：中央编译出版社，2011.

［38］陈诗一，张军．改革以来中国地方政府财政支出效率变化：1978～2005［J］．中国社会科学，2008（4）.

［39］傅勇．财政分权、政府治理与非经济性公共产品供给［J］．经济研究，2010（1）.

［40］高琳．中国式财政分权、公民组织参与及社会资本［A］//中国经济年会论文集［C］. 2009.

［41］贾西津．中国公民参与——案例与模式［M］．北京：社会科学文献出版社，2008.

［42］刘振亚，唐滔，杨武．省级财政支出效率的DEA评价［J］．经济理论与经济管理，2009（7）.

［43］马国贤．政府预算理论与绩效政策研究［M］．北京：中国财政经济出版社，2008.

［44］马骏，罗万平．公民参与预算：美国地方政府的经验及其借鉴［J］．华中师范大学学报，2006（7）.

［45］平新乔，白洁．中国财政分权和地方公共物品的供给［J］．财贸经济，2006（2）.

［46］王少平，欧阳志刚．我国城乡收入差距的度量及其对经济增长的效应［J］．经济研究，2007（10）.

［47］王绍光．安邦之道——国家转型的目标与途径［M］．上海：三联出版社，2007.

［48］王伟同．中国公共服务效率评价及其影响机制研究——基于中国省级面板数据的分析［A］//中国经济年会论文集［C］. 2009.

［49］王志刚，龚六堂．财政分权和地方政府非税收入：基于省级财政数据［J］．世界经济文汇，2009（5）.

［50］威廉·A. 尼斯坎南．官僚制和公共经济学［M］．王浦劬等译．北京：中国青年出版社，2004.

［51］吴一平．财政分权、腐败与治理［J］．经济学（季刊），2008（3）.

［52］俞可平．中国公民社会研究的若干问题［J］．中共中央党校学报，2007（6）．

［53］张军，高远，傅勇，张弘．中国为什么拥有了良好的基础设施?［J］．经济研究，2007（3）．

［54］张军．分权与增长：中国的故事［J］．经济学（季刊），2007（1）．

［55］赵雯．地方人大预算审查监督简明读本［M］．上海：复旦大学出版社，2008.

［56］郑永年．中国为何要以“制度建设”替代“GDP 主义”［N］．新加坡联合早报，2010－09－16.

［57］周黎安，张军．为增长而竞争：中国增长的政治经济学［M］．上海：上海人民出版社，2008.

［58］周黎安．转型中的地方政府：官员激励与治理［M］．上海：上海人民出版社，2008.

中国政府税收征管能力变迁：改革效果与动因解释

解洪涛[1]　张克[2]

（1 中南财经政法大学财政税务学院；2 清华大学公共管理学院）

一、引言——税收过快增长之谜与理论解释的局限

过去10多年中中国政府的税收出现了快速增长，甚至远超过GDP的增速。在差距最大的2001年，税收增速为21.62%，而对应的名义GDP增速为10.27%，当年的税收增长率相当于GDP增速的2倍。1997～2013年，GDP增速从未超过税收增速，这也就是为什么在不考虑非税收入和社会收入的情况下，政府税收占GDP比例从1996年9.8%到2013年变为18.95%，增长了1倍。

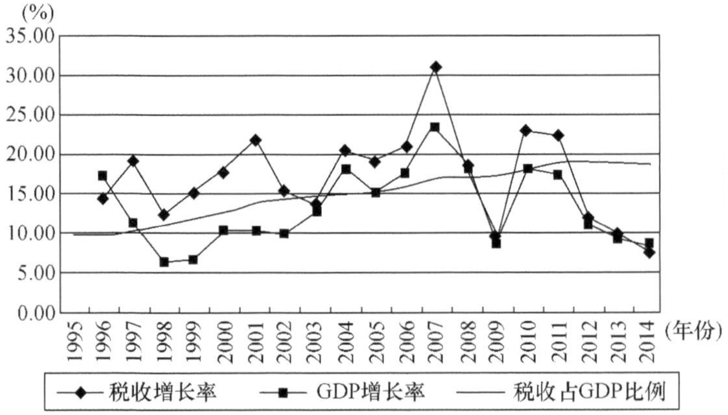

图1　中国政府的税收增长率、GDP增长率与税收占GDP比例（1995～2014年）

从原因上看，税制变动最直接可能导致税收增加。而回顾分税制以来的税制改革，可以看出，政府的主要税制变动基本上是以减税为主要目标。如2006年取消农业税、2008年内外资企业所得税合并，2011年提高个税免征额都是为了实现减税。尽管成品油费改税等对税负增减影响效果不明确、资源税改革增加了税负，周期性的增值税出口退税调整也可能影响宏观税负。但总体来说，减税仍是税制改革的主流。因此，这无法解释税收高速增长。此外，其他对税收高速增长的解释还包括产业结构变动导致的税基变动；工业增加值、企业利润的变化与GDP的偏离，且我国两大主要税种增值税和企业所得税分别基于增加值和企业利润。

一个更一般性的解释来自税务机关内部，从历任局长对当年税收工作的总结中可归纳出“四因素”说，即GDP结构与税收结构差异；税收征管不断加强，税收流失减少；统计口径差距（一个按现价，另一个按可比价）；政策性及特殊因素的影响（如出口退税政策调整）。对于官方的解释，高培勇认为，对于税收收入的持续高速增长，特别是税收收入增长持续高于同期GDP增长，用经济增长、政策调整和加强征管“三因素论”来解释。甚至在此基础上，将“三因素”所带来的支撑税收收入增长效应做相应分解，即经济增长因素占50%，政策调整和加强征管因素各占25%。但随着2004年的税收收入增幅蹿升至5000亿元，“三因素论”的解释已很难令人满意。实际上，对各因素所发挥的作用应该有客观的证据支撑，这需要完整的实证分析。

正如在引言中所提到的，理论界对税收高速增长已有关注，其中代表性研究如吕冰洋和樊勇（2006）、吕冰洋和李峰（2007）、吕冰洋和郭庆旺（2011）对税收快速增长中征管效率作用的实证分析和理论解释，王德祥和李建军（2009）对税收征管效率的测算等都对税收征管的作用加以强调，但这些研究的不足也较为明显。首先，将DEA测算的征管效率得分与税收增长相关联，很难完全剔除其他因素对税收增长的影响。其次，DEA的相对效率得分在处理面板数据时只能作为截面数据处理。最后，DEA效率测度结果极大地依赖于投入产出指标，指标选择不当很可能得出错误结论，如吕冰洋和樊勇（2006）的研究将征管力量和地方经济发展都作为投入变量衡量征管效率值得推敲。此外，吕冰洋和郭庆旺（2011）研究将“加强征管”称为“制度黑箱”，其所采用的DEA技术本身仍是“黑箱”，对于理解征管效率变化的机制并无帮助。尽管吕冰洋和郭庆旺（2011）研究中提到了信息化和征管人员素质的提高对于征管能力的长期变化发挥作用，但并没有全面理解税收征管制度变革所发挥的作用。那么，税收征管制度到底在过去20年中起到了什么作用？

二、中国政府的税收征管制度变迁——信息化与征管流程重组

新中国成立以来直到改革开放初，中国的税收征管制度延续了千百年来“靠人管户”的模式。税收专管员集征、管、查权力于一身，对辖区内的企业和个人纳税户拥有绝对权力而又缺乏制度约束。这种权力的碎片化和个人化，导致中央政府税收汲取能力维持在很低水平。到1988年，税务机关才开始尝试将税款征收、管理、稽查等职能分离。而真正现代化的征管制度变革是在分税制之后。1995年国家税务总局提出了“以纳税申报和优化服务为基础，以计算机网络为依托，集中征收，重点稽查”的税收征管改革模式，这被称为“30字”模式。在今天看来，这一模式的提出不仅在当时极为重要，即便在今天仍可作为指导改革的原则。它第一次提出“要建立纳税人自行申报制度，并规范申报流程、表格、文件”，提出了“税务机关与中介机构相结合的征收模式”，还提出“计算机网络在征管过程中的基础作用，以及人机结合的稽查方式”。这些理念的提出指导了以后若干年的改革进程。为体现改革的权威性，1997年，国务院办公厅又以〔001〕号文，转发国家税务总局关于《深化税收征管改革方案》。这在更高层面上拉开了税收征管改革的大幕。我们将此后20多年的征管改革梳理成了以下的大事件时间表，从中可以看到改革的连续性。

从图2中可以看到，征管改革始终围绕两条主线展开：一是信息化；二是组织变革和流程重组。作为信息化改革的直接推动者之一，许善达（2009）以“金税工程”建设为主线回顾了税收征管信息化的过程。其中，重点强调了信息化促进征管的两个方面：一是增值税“以票控税”的实现；二是综合征管软件的开发促进了征管流程的模块化、分工的明晰化。而同样作为改革的参与者，李林军（2014）在回顾这一过程时认为，尽管在征管绩效上，“以票控税”使征管效率获得了巨大的提升，但对整个税收征管改革的推动，毫无疑问征管流程变革更为重要。特别是当征管流程变革与信息化结合，其改革效果更为明显。正是在CTAIS软件的开发过程中，税收征管工作才被细化梳理为管理服务、税源监控、税务稽查、执法监督等工作流程，并将工作流程与岗位相匹配。在税收管理员岗位工作总结基础上，2005年税务总局颁布了《税收管理员制度（试行）》（国税发〔2005〕40号），作为规范征管人员行为的标志性文件。

从2005年的《税收管理员制度（试行）》文本看，改革过程中，税务机关内

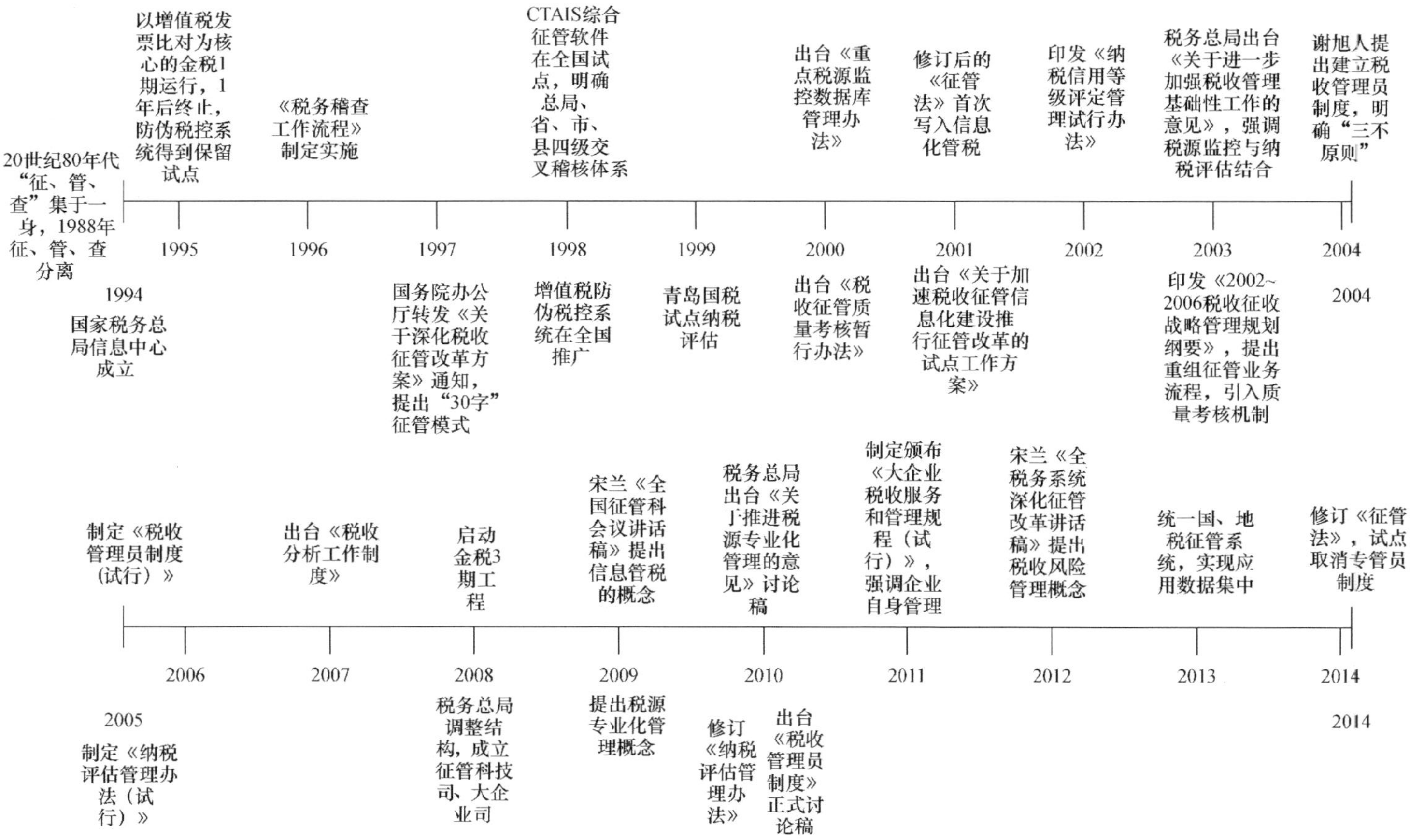

图2　1994～2014年中国税收征管制度变迁的标志性文件和事件

部对“税收征管”理解不断革新，出现了阶段性的新旧矛盾。这一文本在第六条、第七条强调了税收管理员在申报资料核对、税款催缴等方面的传统工作。但在第八条又提出了新的“纳税评估”工作职责，而这一工作职责在当时的《税收征管法》中没有体现，而其却做了详细描述。实际上，纳税评估自1999年在青岛国税试点后，在2001年，国家税务总局在《关于加速税收征管信息化建设推行征管改革的试点工作方案》（国税发〔2001〕137号）中对评估进行了比较系统的界定，即“利用信息化手段对纳税人申报资料的真实性和全面性进行审核并做出纳税遵从的评价”。到2005年，税务总局颁布了《纳税评估管理办法（试行）》（国税发〔2005〕43号），纳税评估进入到各地税务机关的实际操作层面，并且产生了深远影响。在征管体系中，纳税评估不仅作为一个独立的行政职能部门从征管和稽查中分离出来，并且基层的非纳税评估科室的管理员工作也向纳税评估倾斜。

“纳税评估”以及与之相关联的“重点税源管理”信息数据库的建设，在改变传统“专管员管户”的征管模式，向信息管税模式转变中发挥了非常重要的作用。之所以这样说，是因为随着经济的发展，企业数量的快速上升使得专管员管理职能基本无法实现。按照李林军（2009）的估算，到2008年底，全国纳税人就达2157万（法人），有申报明细的个人所得税纳税人大约1.3亿。而全国税收管理员国地税各大约10万，人均管户超过200户，最多的广东和江苏，有的地级市人均管户超过1000户，最多的3500户①。这种局面迫使税务机关需要重新思考税收征管模式的定义，推动信息管税模式的探索。实际上，这种改革并非完全被动展开，在2000年，国家税务总局在四川和广东试点基础上，发布了《重点企业税源监控数据库管理暂行办法》（国税发〔2000〕7号）。此后逐步降低重点税源门槛，建立起了自上而下的全国性的税源监控信息库。并在此基础上，不断丰富数据库的信息，包括由企业的一般财务信息到生产运营信息。并将数据不断进行行业细化，建立针对具体行业的评估指标体系模型，初步建立起了税源的分类分级管理制度。2009年，宋兰在全国税收征管和科技工作会议讲话稿《大力推进信息管税全面提高税收征管和科技工作水平》中，进一步明确了“信息管税”改革的方向，包括在纳税评估中逐步纳入工商、金融、海关等第三方信息，建立了更大范围的信息平台。在税源监控过程中开发新的风险识别模型和方法，提出“健全税源管理体系是‘信息管税’的落脚点”。以上的改革突破了中国千百年来“以人管户”的征税模式。

从管理学的基本理论出发，以上改革的成功在于它通过税收征管的组织变革和流程重组极大地约束了基层征管人员的执法裁量权和贪污的可能。首先，在纵

---

① 根据国家税务总局税收征管与科技发展司司长李林军《关于信息管税的思考》讲话稿中的数字整理。

向上建立起了垂直监督和合作分工体系。省和市成立重点税源管理办公室、纳税评估处等机构。负责辖区内分行业的重点税源监控，一旦被监控企业达到风险预警值，则下发具体的评估任务给县、区税务局，实施流程化的纳税评估。这样的管理模式极大地降低了地方企业依托地方庇护偷逃税款的可能性。其次，在横向上的税务机关内部实现了管理、评估、稽查、审计的分工。专管员不再直接面对企业，而是进行专业评估工作，传统的专管员管理工作集中于办税大厅。这不仅促使专管员的职能向信息管税转变，而且杜绝了企业和专管员的串谋行为。管、评、查的分工也实现了“凡有自由裁量权的职能，就通过交叉执法实现监督”。而取消专管员，实现内部流程再造的改革还在改革中探索。2012 年，江苏地税试点取消专管员制度。2014 年 9 月，天津国税宣布取消税收专管员制度。最后，在稽查之前设立纳税评估程序，极大地改变了纳税人逃税被发现的概率预期，弥补了以往靠稽查形成的有限威慑效果。

另外，本文开始提到了吕冰洋和樊勇（2006）、王德祥和李建军（2009）的这些研究，简单地以大学生人数、计算机数量衡量征管能力的改变，以及以税收的增加作为征管效率提高的标志都失于偏颇。对税收征管能力提高效应的最直接的衡量应该是看税收流失是否减少，而隐性经济（Shadow Economy）是国际上通行的衡量逃税规模的主要指标（Hindriks 和 Myles，2013）。接下来我们分别采用消费储蓄边际倾向恒定假定估算隐性经济，同时也采用 MIMIC（多因素多指标模型）方法估算了近 10 年的隐性经济变化，用来衡量税收征管改革的效应。

三、征管能力变迁对税收流失的影响——基于隐形经济的估算

用隐形经济规模衡量税收流失是实证检验中兴起的最新方法。根据 Buehn 和 Schneider 利用 MIMIC 模型对 162 个国家的地下经济规模进行的测算，发达国家地下经济占其 GDP 的比率为 10% ~15%，发展中国家的这一比重为 30% ~40%。如按下限 10%、上限 40% 来估算，2013 年我国地下经济规模约为 5.7 万亿 ~22 万亿元。如果简单地按照 30% 的综合税负水平估算，由地下经济导致的税收流失约为 1.5 万亿 ~6 万亿元。

1. 基于消费储蓄倾向对 1979 ~2008 年隐形经济的估算

咸春龙（2012）比较了各种税收流失的方法，其中多数采用了对地下经济的估算，进而估算税收的流失。其中主要思路是将 GDP、居民消费、储蓄等数据进行对

比，从而估算 GDP 中未统计到的部分。李金昌、徐蔼婷（2006）同样采用消费和储蓄占 GDP 比例的关系估算了地下经济（隐形经济）的总体规模。假定储蓄和消费的边际倾向恒定，实际当中边际倾向的增加则认为是存在隐形经济所致：

$$\frac{\Delta\ (C+S)_t}{\Delta \mathrm{GDP}_t} = M_{cs,t=0}$$

上式中 C 和 S 分别代表宏观的消费和储蓄，变形后用各期的消费和储蓄的增长之和除以边际倾向，得到估算增长的 GDP。这一估计值超出当年值的部分就被认为是隐形经济所致。虽然这一方法认为边际储蓄倾向与消费倾向长期不变，没有考虑到居民行为的改变。但如以省为研究单位，各省在横向上仍然可比。我们采用他们的方法做了简单估计，其中消费和储蓄数据来自《新中国 55 年统计资料汇编》。从估计结果看，梁朋 2001 年估算的 1994 年分税制后的隐形经济占 GDP 的比例从 18% 下降到 8% 左右。李金昌、徐蔼婷估算的约为 9% ~16%。

图 3 给出了本文的估计结果，由于时间段和基年选择的不同以及各省的差异，我们估算的地下经济规模最高达到了 40% 左右。且大多省份经历了倒 U 形的过程。由于隐性经济同时也意味着对应规模的国民收入形成税收流失。因此，可以判断国内的税收流失规模也经历了一个倒 U 形的过程。多数省份的隐形经济规模在 1995 ~2004 年达到峰值，之后出现回落。这一趋势与图 2 显示的税收征管制度改革启动到产生改革效应的时间段是契合的。因此，这也间接说明了税收征管改革在 1995 年启动后逐渐显现效果。

2. 基于 MIMIC 模型对 2004 ~2013 年隐形经济及税收流失的估算

MIMIC 模型被广泛地应用于地下经济的估算。通过将地下经济表示成潜变量以及形成性指标和测量指标与潜变量之间的关系，对地下经济的估算更有经济意义。一般形成地下经济的主要形成性指标包括：税收负担、政府管制形成的非注册企业生产、非正式就业、居民隐瞒的收入（Schneider，1997，2000，2005）。尽管隐瞒税收动机并非形成隐形经济的唯一原因，但无论是以上何种动机造成的隐形经济，税收流失都是最终的结果。而隐形经济一般与宏观经济增长同步，且表现为社会储蓄超过 GDP 增长。在有些经济体则表现为非正常的失业水平。

Zellner（1970）和 Goldberger（1972）等是最早一批探讨 MIMIC 模型的人，但首次将隐形经济作为不可观测变量并用 MIMIC 进行分析的研究者是 Frey 和 Weck – Hanneman（1984）。在随后的研究中，有越来越多的经济学家们采用 MIMIC 模型研究隐形经济。代表性的研究有：Giles（1999）对新西兰隐形经济规模和税收流失的研究；Alanón 和 Gómez – Antonio（2005）对西班牙隐形经济的研究；Dell’Anno 等（2007）对法国、西班牙和希腊 3 个国家隐形经济的研究；Dell’Anno 和 Solomon（2008）对美国隐形经济的研究。

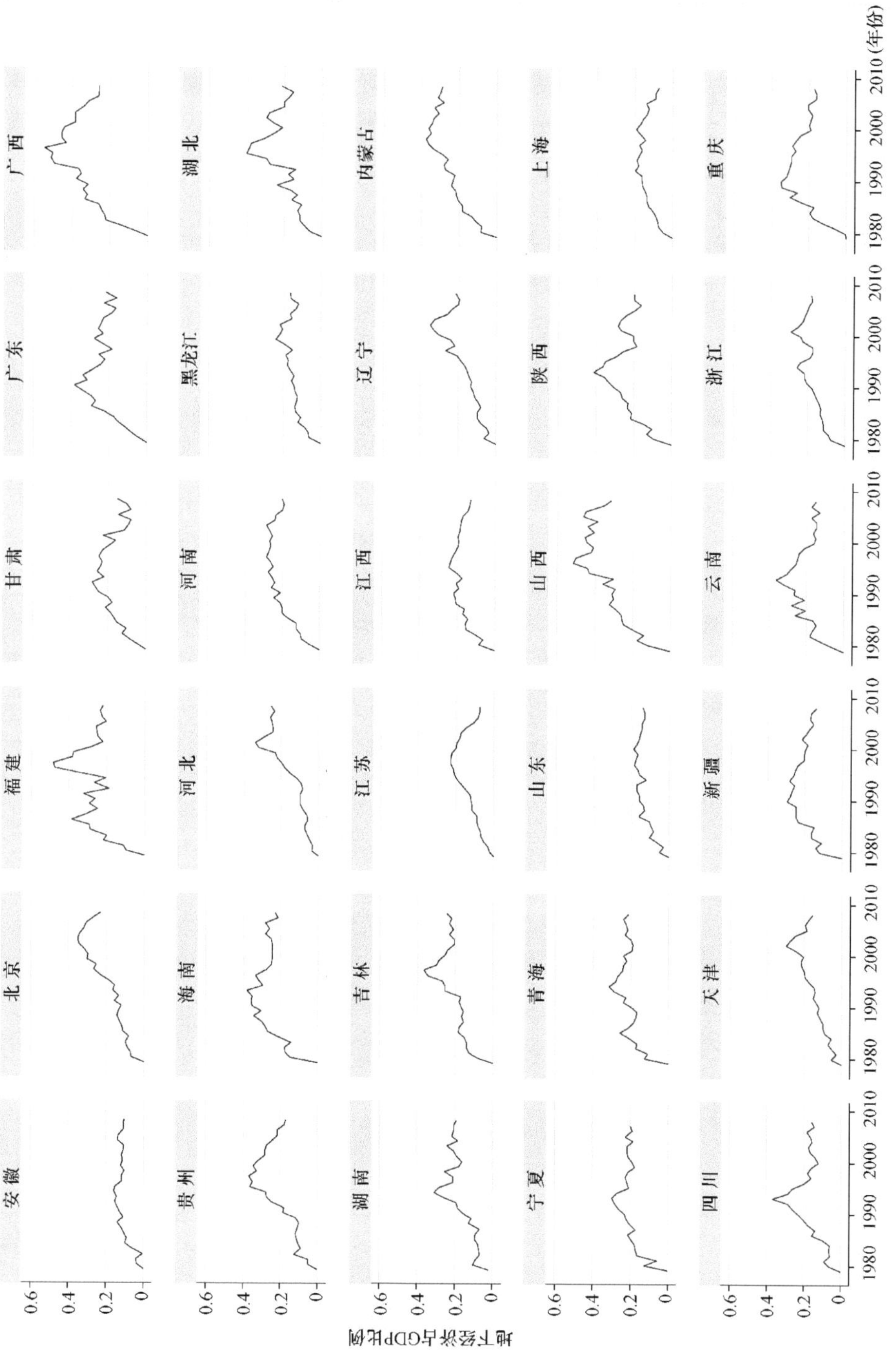

图3 采用固定边际消费和储蓄倾向方法估算的隐形经济

MIMIC 模型由两个部分组成，即结构方程和测量方程。结构方程用于表示潜在变量（也叫未观测变量）与原因变量之间的关系，测量方程用于表示潜在变量与指标变量之间的关系。隐形经济（η）的结构方程和测量方程可以表示为：

结构方程：$\eta=\gamma_1x_1+\gamma_2x_2+\gamma_3x_3+\cdots+\gamma_px_p+\xi$ (1)

测量方程：$y_1=\lambda_1\eta+\varepsilon_1$，$y_2=\lambda_2\eta+\varepsilon_2$，…，$y_q=\lambda_q\eta+\varepsilon_q$ (2)

方程（1）和方程（2）可以表示为如下形式：

$$\eta=\gamma'x+\xi \tag{3}$$

$$y=\lambda\eta+\varepsilon \tag{4}$$

将结构方程（3）代入测量方程（4）可以得到 MIMIC 模型的多元回归方程形式：

$$y=\lambda(\gamma'x+\xi)+\varepsilon=\prod x+\nu \tag{5}$$

$x'=(x_1, x_2, \cdots, x_p)$表示与隐形经济有关的一组可观测外生原因变量，$\gamma'=(\gamma_1, \gamma_2, \gamma_3, \cdots, \gamma_p)$表示结构方程的结构参数，$\xi$ 表示随机扰动项，$y'=(y_1, y_2, \cdots, y_q)$表示一组与隐形经济有关的可观测外生指标变量，$\lambda'=(\lambda_1, \lambda_2, \cdots, \lambda_q)$表示测量方程的结构参数，$\varepsilon'=(\varepsilon_1, \varepsilon_2, \cdots, \varepsilon_q)$指测量误差，$\upsilon'=(\upsilon_1, \upsilon_2, \upsilon_3, \cdots, \upsilon_q)$表示 ε'的标准差。我们假定随机扰动项 ξ 和测量误差 ε 的均值为 0 且相互独立，ε 与 η 之间不相关，即 $E(\xi\varepsilon')=0'$，并定义 $E(\xi^2)=\sigma^2$，$E(\varepsilon\varepsilon')=\Theta^2$，$\Theta$ 表示 υ 的对角矩阵，$\prod=\lambda\gamma'$指系数矩阵，$\nu=\lambda\xi+\varepsilon$ 指扰动向量。

由此我们可以进一步得到协方差矩阵：

$$\hat{\sum}=E(\nu\nu')=\sigma^2\lambda\lambda'+\Theta^2 \tag{6}$$

如果模型设定正确，通过相应软件采用极大释然估计法得到相应系数。

笔者将隐形经济规模即隐形经济总量占 GDP 的比重作为潜在变量，将税负水平、居民收入、政府管制、失业率、自我雇佣率等因素作为隐形经济规模的原因变量，将 GDP 增长率、劳动力参与率和居民储蓄存款占 GDP 的比重作为隐形经济规模的指标变量。税负水平通过直接税占 GDP 的比重以及间接税占 GDP 的比重予以衡量（见图 4）。由于进口环节的增值税、消费税及关税归中央所有，因此各地区间接税为各地区国内增值税、营业税、城市维护建设税和资源税相加所得，直接税则由各地区税收总额与间接税相减后得到，间接税和税收总额数据来自国泰安数据库。居民可支配收入用城镇居民家庭平均每人全年可支配收入与城镇人口的乘积加上农村居民家庭平均每人纯收入与农村人口的乘积得到。城镇居民家庭平均每人全年可支配收入和农村居民家庭平均每人纯收入的数据来自国泰安数据库，城镇人口和农村人口的数据来自《中国统计年鉴》。政府管制通过政府支出占 GDP 的比重以及国有单位就业人数占就业总人数的比重予以衡量，各省份政府支出和 GDP 数据来自国泰安数据库，国有单位就业人数来自《中国劳动统计年鉴》，各省份 2004～2010 年就业人数来自《中国统计年鉴》，2011～2013 年数据根据《中国统计年鉴》和《中国农村统计年鉴》数据推算得出①。城镇登记失业率数据来自《中国统计年鉴》，自我雇佣率本文用个体就业人数占就业总人数的比重予以衡量，个体就业人数来自《中国统计年鉴》。劳动力参与率用各省就业人数占 15～64 岁人口数的比重予以衡量，15～64 岁人口数据根据《中国统计年鉴》相关数据推算得出②。居民储蓄存款数据来自《中国统计年鉴》。

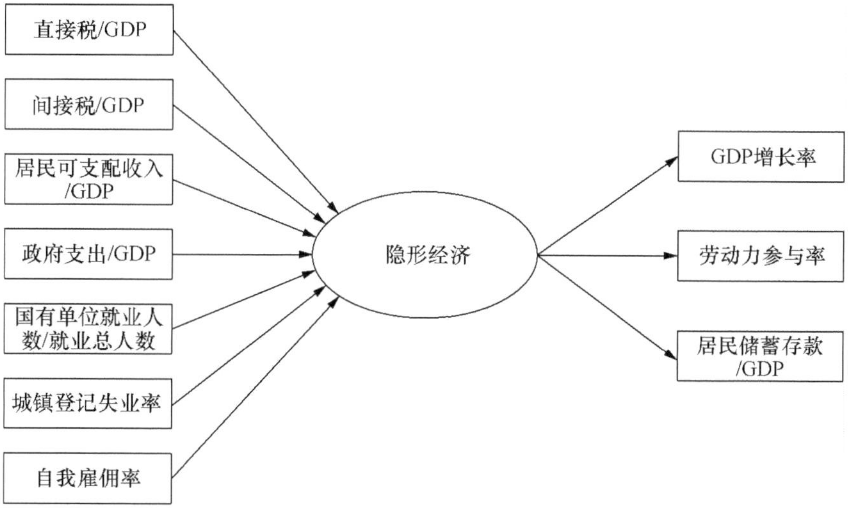

图 4 MIMIC 隐形经济潜变量模型路径

① 《中国统计年鉴》、《中国劳动统计年鉴》及《中国人口与就业统计年鉴》都未公布各省市 2011～2013 年农村就业人口，因此本文采用（各省市农村人口/全国农村人口）*全国农村就业人口计算这 3 个年份的农村就业人口，然后用推算得到的农村就业人口与《中国统计年鉴》公布的各省市城镇就业人口相加得到各省市就业总人口。

② 《中国统计年鉴》及其他相关年鉴未公布各省市经济活动人口数，但公布了 15～64 岁抽样调查数据的人口数，本文中 15～64 岁劳动人口数 =（15～64 岁抽样人口/抽样总人口）*年末总人口，劳动力参与率 = 就业总人数/15～64 岁劳动人口数。

表 1　MIMIC 模型中原因变量和指标变量描述性统计

变量名	变量说明	观测值	均值	标准差	最小值	最大值
D_ taxgdp	直接税/GDP	300	0.0278	0.0154	0.0092	0.0885
I_ taxgdp	间接税/GDP	300	0.0432	0.0143	0.0224	0.0917
disincgdp	居民可支配收入/GDP	300	0.4174	0.0769	0.2495	0.7431
gexpgdp	政府支出/GDP	300	0.1962	0.0864	0.0792	0.6121
pubemp_ lab	国有单位就业人数/就业总人数	300	0.0996	0.0533	0.0018	0.2528
unemprate	城镇登记失业率	300	0.0365	0.0069	0	0.065
selemprate	自我雇佣率	300	0.0935	0.0437	0.0269	0.3495
gdprate	GDP 增长率	300	0.1699	0.0570	0.0059	0.3227
labparrate	劳动力参与率	300	0.7196	0.1279	0.3773	1.0442
currate	居民储蓄存款/GDP	300	0.6988	0.1457	0.3777	1.2106

在 MPlus6 中估计得到的 MIMIC 的估计结果如表 2 所示，分别为选择了 7 个原因指标和 3 个测量指标、7 个原因指标和 2 个测量指标、6 个因素指标和 3 个测量指标、6 个原因指标和 2 个测量指标，以及 5 个原因指标和 3 个测量指标的情况。按照拟合优度的卡方检验值和近似误差均方根（RMSEA）的值，最终选择了具有 5 个原因指标和 3 个测量指标的模型，其估计结果如下式：

$$SE = 0.418 \cdot D\_taxgdp + 0.217 \cdot T\_taxgdp + 0.084 \cdot gexpgdp + 0.191 \cdot unemprate + 0.072 \cdot selemprate \qquad (7)$$

从估计结果可以看到，模型最终保留了直接税占 GDP 比例、间接税占 GDP 比例、政府消费占 GDP 比例、失业率以及自雇佣劳动人数比例这 5 个解释因素变量，且相关回归系数都为正，与理论上的假设保持了一致。

通过上文的数据分析可以发现，中国政府的税收征管改革的确在防止税收流失上发挥了越来越重要的作用。一些省份由隐形经济表示的税收流失总体在 20% ~ 30%，且在最近 10 年出现了下降的趋势，很多省份下降了约一半（见图 5）。

3. 税收征管改革对税收流失影响的实证检验

为验证本文提出的主要观点，即征管流程变革是效率提升、减少税收流失的主要原因，我们进一步构建了实证模型检验这一结论。其中，对于税收征管流程变革，我们选择了纳税评估户数和评估查补税额这两个指标。数据通过查找《中国税务年鉴》中各省总结的纳税征管工作报告，从中搜集到了国、地税的纳税评估户数和评估环节的补缴税额。由于并不是每 1 年度都有相关数据报告，并且在纳税评估的试点改革期间，各省税务机关往往采用突击式评估，年度间数据变动

表 2　MIMIC 模型的估计结果

模型	D_ taxgdp	I_ taxgdp	disincgdp	gexpgdp	pubemp_ lab	unemprate	selemprate	gdprate	labparrate	currate	卡方值（p_ value）	自由度	RMSEA	GFI
MIMIC 7-1-3	0.371** (0.183)	0.224** (0.519)	-0.074*** (0.028)	0.04** (0.020)	-0.013 (0.021)	0.185** (0.083)	0.064 (0.066)	1.000 (0.000)	-1.197 (0.782)	0.763** (3.301)	44.725 (0.040)	14	0.182	0.570
MIMIC 7-1-2	1.101 (1.282)	0.070 (3.807)	0.054 (0.343)	0.100 (0.140)	-1.08*** (0.416)	-0.744 (0.976)	0.094*** (0.231)		-1.000 (0.000)	0.469 (0.721)	43.466 (0.029)	15	0.163	0.680
MIMIC 6-1-2A	1.198 (0.936)	0.436** (1.697)		0.115 (0.075)	-1.047*** (0.302)	-0.627 (0.407)	0.093*** (0.208)		-1.000 (0.000)	0.541* (0.328)	35.288 (0.056)	22	0.197	0.775
MIMIC 6-1-3	0.160 (0.127)	0.942** (0.428)	-0.068** (0.028)		-0.025 (0.022)	0.161** (0.085)	0.042 (0.063)	1.000 (0.000)	-1.208 (0.835)	0.7687** (3.554)	26.536 (0.350)	21	0.109	0.784
MIMIC 6-1-2B	0.489 (0.837)	0.838 (2.587)	0.123 (0.263)		-1.158*** (0.233)	-0.915 (0.738)	0.092*** (0.177)		-1.000 (0.000)	0.354 (0.537)	11.238 (0.780)	22	0.149	0.871
MIMIC 5-1-3	0.418*** (0.157)	0.217*** (0.462)		0.084** (0.019)		0.191** (0.082)	0.072 (0.062)	1.000 (0.000)	-1.000* (0.643)	0.7453*** (2.846)	4.935 (0.840)	21	0.020	0.951

注：这是根据 Mplus 输出的原始结果中最后一组数据整理的方程。

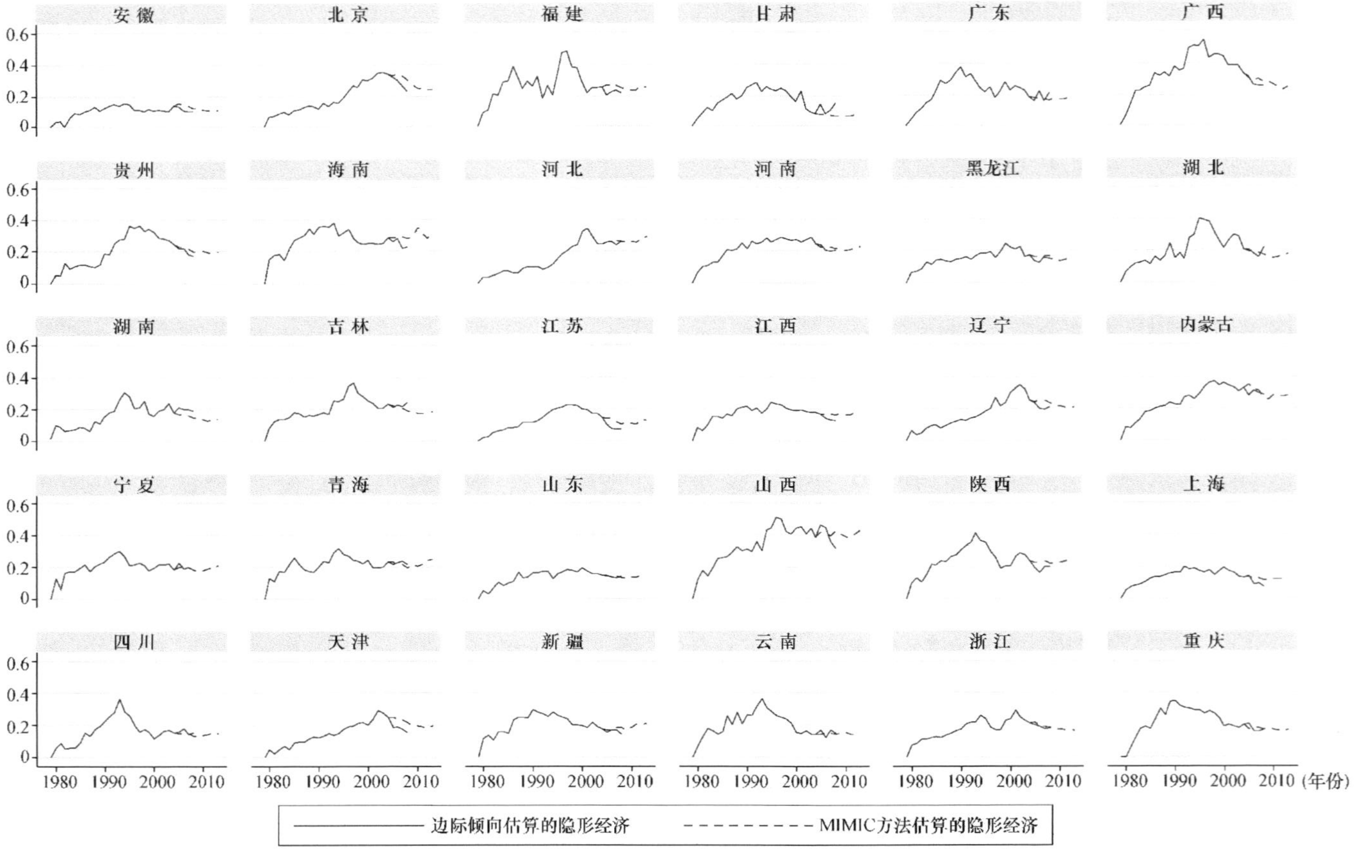

图5　采用 MIMIC 方法估算的隐形经济规模

注：图中虚线部分是采用 MIMIC 方法估算的隐形经济变化，基年值仍采用了边际消费储蓄倾向恒定方法估算的计算值。

较大，最后获得了一个2005～2013年的非平衡面板数据集。其中，从纳税评估户数与隐形经济规模的散点图中可看到简单的线性负相关关系（见图6）。其他控制变量包括稽查总人数、稽查人员中获得专业资格人数比例、人均收入、工业增加值、企业利润水平等。回归结果见（8）式。

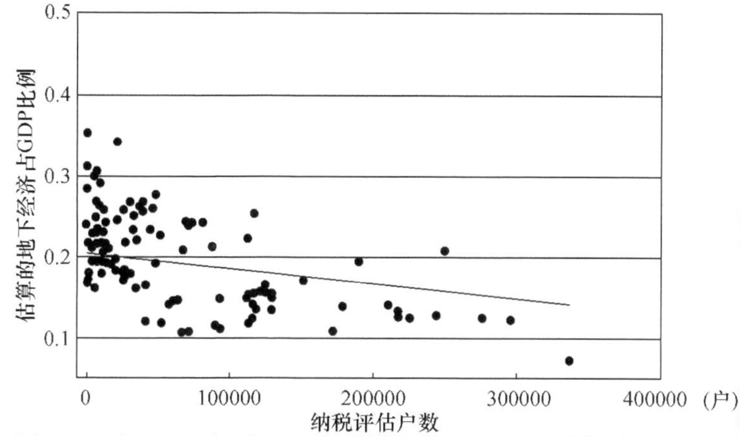

图6　纳税评估户数与隐形经济规模散点图（2005～2013年）

$$SE = 0.092 - 0.051 \cdot ACCESS - 0.095 \cdot TAX\_ACCESS - 0.012 \cdot AUDIT - 0.026 \cdot TAX\_AUDIT + 0.031 \cdot PGDP + 0.735 \cdot PROFIT + 0.00896 \cdot VALUE\_ADD \quad (8)$$

从（8）式中可以看到，地下经济规模随着纳税评估户数和纳税评估补缴税额的增加而减少，相关系数甚至超过了税务稽查户数和查补额度的影响。而控制变量的系数多数为正，主要表现为征税对象规模的扩大，带来的征管难度增加，因此导致了更大规模的税收流失。

四、对税收征管能力变迁的进一步理解——基于基础性国家能力的视角

从上面的分析可以看到，分税制之后开始的一系列征管制度改革是促进政府税收征管能力提升的根本原因，并且减少了税收流失。国家间的横向比较更能使这一结果意义明显。Schneider（2012）继其2003年对162个国家和地区的隐形

经济规模测算后，对这些国家1999～2007年的隐形经济重新进行了测算。由于基年计算隐形经济的方法不同，其计算得到的中国隐形经济规模更低，但最重要的结果是，相比其他发展中国家，中国的隐形经济规模要低得多（见图7）。虽然本文采用不同的基年估计方法，使得估计结果高于Schneider（2012）的估算。但总体而言，这两方面事实并不矛盾，一方面，中国政府的税收征管能力在这期间得到了迅速提升；另一方面，横向比较显示中国的改革效应显著，即政府获得了比其他发展中国家更好的税收征管能力。而接下来的问题是一系列的征管改革何以成为可能？换言之，又是什么推动了改革的持续进行，而最终使中国政府获得了较强的税收征管能力？

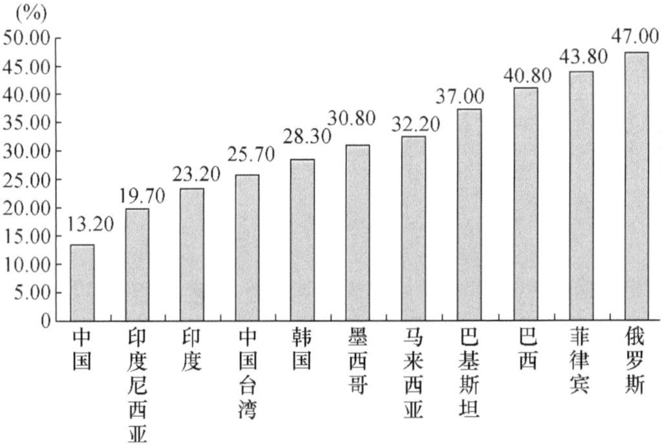

图7　Friedrich估计的各国1999～2007年的隐形经济占GDP比例

资料来源：Friedrich，The Shadow Economy and Work in the Shadow：What Do We（Not）Know?

在经济史和政治经济学领域，尽管很多研究强调了“财政能力”本身在国家发展中的重要性，但很少说明“财政能力”或者“财政汲取能力”取决于什么。黄仁宇（1976）关于明朝政府财政能力的研究最早指出在中国的王朝更替中财政能力的重要性。当中央政府无力控制基层的征税官员，失去对税源“数目字”的掌控，导致税收的大量流失，国家就失去了运作的财力基础。诺斯和温格斯特（North和Weingast，2002）、Acemogle（2003）则在西方的制度发展史基础上，认为西方政府征税能力与民主制度的兴起息息相关。前现代国家过于孱弱的政府无法制定有效的税收制度并在较低腐败成本下保证税款的有力征收，这是造成王朝更替的主要原因之一。在公共经济学领域，Wang，Shen和Zou（2009）同样基于政治经济学的视角，提出区分政府征税能力与征税努力，并采用中国分省的数据，检验了分税制以后，由于税收分成的明确，地方政府为增加税收增加了征税的努力。

对“财政能力”形成最相关的解释来自政治学领域，王绍光（2014）最近将“财政汲取能力”作为8项基础性国家能力提出，并指出各种能力的相互关系。其中与“汲取能力”直接相关的是第4项“认证能力”和第5项“规管能力”。第4项能力实际上是指政府的“信息管理能力”，王绍光以个人所得税的征收为例，说明国家对个人收入信息缺乏监管，使得以家庭为单位的综合征收制度迟迟不能推出。而第5项“规管能力”意味着政府行政执法制度的健全和完善，而其中税收征管制度的完善不仅规范了政府征税人员的行为，而且规范化的流程极大地堵塞了税收执法腐败导致税款流失的漏洞。而这些能力的实现还依赖于政府改革和国家能力建设中广泛地吸纳、整合社会各方力量能力而形成，王绍光将其定义为“吸纳与整合能力”。

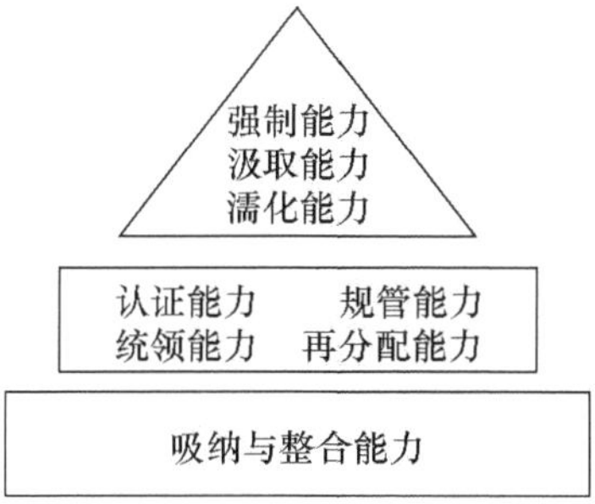

图8　基础性国家能力分类及相互关系

资料来源：根据王绍光《国家治理与基础性国家能力》整理而成。

虽然王绍光强调“吸纳和整合能力”是民主国家的基础，但从其一贯对西方“选主民主”形式的批评来看，这里的“吸纳和整合能力”，可以更广义地理解为包括吸纳、拔擢贤能人才进入决策体系，并且最终成为推动改革的中坚力量。这也就是姚洋（2014）、贝淡宁（2012）所称的“贤能体制”。回到税收征管能力的变迁主题，当我们承认一系列改革成功性的同时，有必要审视这些改革的推动者，以及是怎样的制度环境为改革者提供了空间。

参考文献：

［1］李一花，董旸，罗强．个人所得税税收能力与税收流失的实证研究——以山东省为例［J］．经济评论，2010（2）：1－6.

［2］伍云峰．我国税收流失规模测算［J］．当代财经，2008（5）：20－26.

［3］易行健，杨碧云，易君健．我国逃税规模的测算及其经济影响分析［J］．财经研究，2004，30（1）：31－40.

［4］咸春龙．中国个人所得税流失及其成因研究［M］．中国经济出版社，2012.

［5］刘黎明，刘玲玲．我国个人所得税流失的规模测算［J］．财政研究，2005（4）：26－28.

［6］North，D.，Weingast，B. Constitutions and Commitment：The Evolution of Institutions Governing Public Choice in Seventeenth－century Britain［J］．J. Econ. Hist，1989（49）：803－832.

［7］Acemoglu，D.，Robinson，J. Economic Origins of Dictatorship and Democracy［M］．Cambridge University Press，Cambridge，U. K.，2005.

［8］O'Brien，P. Finance and Taxation. In：Dickinson，H. T.（Ed.）．The Blackwell Companion to 18th Century History［M］．Blackwell，Oxford，2002.

［9］Kiser，E.，Kane，J. Revolution and State Structure：The Bureaucratization of Tax Administration in Early Modern England and France［M］．Am. J. Sociol. 1，2001：183－223.

［10］Qian Wang，Chun－li Shen and Heng－fu Zou. Local Government Tax Effortin China：An Analysisof Provincial Tax Performance［M］．Région et Développement，2009.

［11］Tuan Minh Le，Blanca Moreno－Dodson，NihalBayraktar. Tax Capacity and Tax Effort：Extended Cross－Country Analysis from 1994 to 2009［R］．The World Bank，Policy Research Working Paper，2012.

［12］Simon Johnson，Daron Acemoglu，James Robinson. The Rise of Europe：the Atlantic Trade［J］．Institutional Change and Economic Growth，2003.

［13］诺思，温格斯特．有限政府的政治基础：17～18世纪英格兰的议会和君主债务［A］．德勒巴克·奈主编．新制度经济学前沿［C］．北京：经济科学出版社，2003.

［14］Schneider，F. Empirical Results for the Size of the Shadow Economy of Western European Countries Over Time，Working Paper［J］．Department of Economics，Johannes Kepler University of Linz，Austria，1997.

［15］Schneider，F. and Enste，D. H. Shadow Economies：Size，Causes and Consequences［J］．Journal of Economic Literature，2000（38）：77－114.

［16］Schneider，Friedrich. Shadow Economies around the World：What Do We Really Know?［J］．European Journal of Political Economy，2005（21）：598－642.

［17］ Schneider，Friedrich. The Shadow Economy and Work in the Shadow：What Do We (Not) Know? ［R］ Discussion Paper in Johannes Kepler University of Linz and LZA，2012（3）.

［18］ 徐蔼婷，李金昌．中国未被观测经济规模——基于 MIMIC 模型和经济普查数据的新发现［J］．统计研究，2007（9）.

［19］ 吕冰洋，郭庆旺．中国税收高速增长的源泉：税收能力和税收努力框架下的解释［J］．中国社会科学，2011（2）.

［20］ 高培勇．中国税收持续高速增长之谜［J］．经济研究，2006（12）.

［21］ 吕冰洋，李峰．中国税收超 GDP 增长之谜的实证解释［J］．财贸经济，2007.

［22］ 韩青．我国税收征管模式改革的思路［J］．税务研究，2013（9）.

［23］ 许善达．中国税务信息化回顾与展望［J］．电子政务，2009.

［24］ 李林军．20 年税收征管改革回望［J］．中国税务，2014（1）.

［25］ 李玉梅．专访国家税务总局局长肖捷：税收征管制度的改革与创新［N］．学习时报，2011-08-30.

［26］ 吕冰洋，樊勇．分税制改革以来税收征管效率的进步和省际差别［J］．世界经济，2006（10）.

［27］ Jean Hindriks and Gareth D. Myles.［M］. Intermediate Public Economics，2013.

［28］ 王绍光．国家治理与基础性国家能力［J］．华中科技大学学报（社科版），2014（3）.

国家治理逻辑下的税收制度：历史线索、内在机理及启示[①]

一、引言

在中国60多年的历程中，国家治理问题一直都是最核心、最重要的命题之一。强大的国家治理能力是维系经济、政治、社会稳定的关键，福山认为“软弱无能的国家或失败国家已成为当今世界许多严重问题（从贫困、艾滋病、毒品到恐怖主义）的根源”[②]。随着中共十八届三中全会将推进国家治理体系和治理能力现代化置于未来改革的核心位置，“国家治理”在学术界、政府政策部门的讨论中频繁出现，当下中国如何在现代化转型时期避免陷入“中等收入陷阱”和摆脱福山所说的“失败国家”，关键是要实现治理能力的现代化。周雪光（2014）认为，“国家治理”这一概念是指国家在应对其疆域内民众间或不同领域中各种事务、挑战和危机时稳定重复的举措和过程[③]。有学者针对中共十八届三中全会同时提出了“国家治理”、“政府治理”两个概念，结合当下中国治理模式，认为“国家治理”与“政府治理”之间是公权力系统内部关系的重构，国家构建是包含政府再造在内的立法、行政、司法三大公权体系的重建[④]。由此可见，国家治理的概念纷杂不一，如果通过国家治理概念的某一方面去梳理中国的政治、经济乃至社会结构，会更加扑朔迷离、难以把握。鉴于目前国家治理的

---

① 国家自然科学基金项目“中国财政分配的收入分配效应测度及矫正机制研究”（71573194）。

② Francis Fukuyama. The Imperative of State - Building [J]. Journal of Democracy, 2004, 15 (6): 17 - 31.

③ 周雪光. 中国国家治理及其模式：一个整体性视角 [J]. 学术月刊, 2014 (10).

④ 魏治勋. “善治”视野中的国家治理能力及其现代化 [J]. 法学论坛, 2014 (2).

相关研究大部分从治理的微观角度探讨实现国家治理现代化的路径[①]，找到一个微观视角从宏观角度认识中国国家治理逻辑与制度安排是一个重要的切入点。

本文试图从税收制度的历史脉络去审视国家治理逻辑与制度安排，并以构建现代税制为出发点，为国家治理现代化奠定基石。在展开讨论之前，首先需要理解本文为何选择税制作为解读国家治理的切入点。纵观新中国成立后的政治历程，政府治理机制不断重复一些重大现象：宏观上，中央与地方关系不断进行着重构——中央与地方在集权与放权中轮番交替，政府施政过程反复变换——在常规治理中不断进行着运动型治理整顿。微观上，基层治理中的政令不通、共谋现象以及腐败，使得上访事件层出不穷，地方政府官员一直是中国社会的主要批评对象[②]。国家经济建设经过了从全能国家、计划经济到商品经济、社会主义市场经济等多种形态的沧桑变化，这使得国家治理结构看上去错综复杂、千变万化。周雪光（2011）将中国国家治理凝缩为两条主线：一是中央与地方关系；二是国家与民众关系[③]。我们通过审视新中国的政治历程与经济建设，并以这两条主线为线索，发现税收制度的变化能够揭开国家治理繁杂的面目，勾勒出内在的逻辑结构。

以改革开放后中央与地方关系——放权、集权的变化为例，中央与地方对经济资源掌控强度的转化都是通过税收制度改革达成的。如果我们将税制视为政府常规治理的有效机制，那么政府间税收竞争手段呈现出明显的运动型治理特征，政府税收优惠与规范减免以效率为目的，快速推动经济持续高速增长，但税收竞争的消极效应也对中国经济运行与制度规范产生巨大冲击。中国国土辽阔、文化多元、地区间发展不平衡，使得国家行政模式具有“授权代理”的特点，即周黎安提出的“行政发包制”[④]。在基层治理中，往往表现为“上级点菜，下级买单”，经济激励制度上体现为上级政府层层下派税收任务，结果产生了基层税费负担重与县乡财政困难的双重矛盾。在衡量国家治理的国家与民众关系这一主线上，税收更被视为最好的审视窗口。税收可以支持权利和自由，也可能威胁权利和自由[⑤]。税收制度既可以看作社会经济状况的衡量指标，也可以视为政治制度改良、经济变革、社会结构变化的引发和激励机制[⑥]。

---

① 大部分研究从法治、审计、文化等角度研究构建国家治理现代化体系。

② 郑永年．中国的“行为联邦制”［M］．北京：东方出版社，2013.

③ 周雪光．权威体制与有效治理：当代中国国家治理的制度逻辑［J］．开放时代，2011（10）．

④ 周黎安．行政发包制［J］．社会，2014（6）．

⑤ 霍夫曼，诺伯格．财政危机、自由和代议制政府［J］．储建国译．上海：格致出版社，上海人民出版社，2008.

⑥ 托克维尔将法国大革命的阶级冲突归因于革命前的法国税制，认为英国能够成功避开剧烈革命的原因在于，其税制并未加剧纳税人中的贵族与中产阶级的矛盾。

通过以上例子，我们发现以税制为切入点，寻找国家治理的内在逻辑是恰当的。现有研究中，将税制的历史脉络变迁与国家治理联系起来，并在国家治理现代化基础上提出完善税制的路径选择，并不多见。周雪光（2013）以“黄宗羲定律”现象为切入点，解读其中折射出的中国的治理困难和由此衍生的制度安排①。在中共十八届三中全会提出“财政是国家治理的基础和重要支柱”背景下，研究税制完善的相关文章比较多。其中，高培勇（2015）在系统评估现行税收制度格局功能和作用“漏项”基础上，全面分析了建立现代税收制度的全新思维和操作路线②。本文拟通过税制的历史脉络梳理与总结，解读隐藏其中的国家治理逻辑密码，并研究如何从现代税收制度建立的角度为治理难题找到解决之道。

在以下的讨论中，本文首先借用中国税收历史脉络，提炼出国家治理逻辑中存在的三种现象：“黄宗羲定律”下的王朝周期律，轻税思想、君主集权、征税权力之间的博弈困境，“明税”与“暗税”共存的财政制度安排。接下来，我们探寻这三种现象存在的原因，以“制衡与失衡的税收权力”、“中央与地方的税收博弈”、“名义与实质的税收体系”这三对基本关系揭示隐藏的内在逻辑，推导出现有税制在国家治理体系中面临着一脉相承的困境。最后，提出从税收法定、完善地方税体系与优化税制结构三方面入手，推动税制适应国家治理现代化。

二、税收历史脉络背后的国家治理逻辑

一个国家的财政史是惊心动魄的，从中看到的不仅是经济的发展，而且是社会的结构和公平正义③。查尔斯·亚当斯甚至将王朝兴替、政权更迭归因于税收制度④。在这一部分，我们重新审视中国税收历史脉络变迁，在税收领域找到国家治理逻辑的历史共性。

1. “黄宗羲定律”下的王朝周期律

中国历史的王朝呈现出往复循环的周期性现象，打江山—坐江山—失江山，

---

① 周雪光．从“黄宗羲定律”到帝国的逻辑：中国国家治理逻辑的历史线索［J］．开放时代，2014（4）．

② 高培勇．论完善税收制度的新阶段［J］．经济研究，2015（2）．

③ 温家宝在十一届全国人大一次会议闭幕的记者招待会上答记者问时所说。

④ 查尔斯·亚当斯．善与恶——税收在文明进程中的影响［M］．翟继光译．北京：中国政法大学出版社，2014.

从几十年到二三百年，周而复始。黄炎培先生将其称为“其兴也勃焉，其亡也忽焉”的历史周期律。王朝崩溃的开始，往往是苛捐杂税的加重打破了社会稳定的均衡点，极端的不公导致社会结构的崩溃，经过流血战争，建立新的秩序，整个社会重新构架。中国王朝一直在“低税—王朝兴起—重税—起义爆发”的恶性循环中打转，中国历史繁荣与贫困总是在轻税与重税中交替变更。一般来说，一个王朝在建立几十年后，土地开始逐渐被兼并到皇族与官僚集团手中，可供纳税的土地数量减少，影响国家税收收入。随着农民可耕作土地的流失，大量农民成为流民，影响社会稳定。此时，王朝会出现相应的财税改革，以期缓解社会矛盾与增加税收收入。从短期来看，起到了减轻人民负担和清理整顿吏治的效果，但中长期效果却是与改革初衷相反，甚至是南辕北辙。

黄宗羲在《明夷待访录·田制》中列举了唐初租庸调制到唐朝中期的杨炎两税法改革，延至宋代的王安石免役钱法，以及明朝晚期的张居正一条鞭法改革，历代的并税式改革导致税负越演越烈，最终农民承受“积累莫返之害”①。隋朝和唐初实行租庸调制，租、庸、调分别指土地税（征收谷物）、人头税（征收绢布）和户税（征收麻布）。唐朝中期杨炎进行两税法改革，以资产（即占有土地的多少）作为课税依据，一年征收两次。虽然名义上不再征收户税和人头税，但其实将这两项税并入到土地税中。两税法延续到宋朝，其课税范围和课税对象已远远超过唐朝。明朝嘉靖年间开始实行一条鞭法，将各种名目繁多的徭役、田赋和经常性摊派合并到两税中进行征税。万历九年张居正将一条鞭法推广到全国，民众除了被征收两税与丁口税外，还被摊派劳役和代役租，民众负担越来越重。明朝后期，面对农民起义和后金（清）的崛起，不得不为日渐频繁的战争冲突筹集军费，由于国家财政紧张，明朝廷开始加派“三饷”（辽饷、剿饷、练饷）。辽饷加重了农民负担，致使农民起义运动烽烟四起；为了剿灭起义运动，明朝廷无奈在其实际控制地区再加收剿饷；随着起义风起云涌，实际控制地区减少，税基的缩小使得单个农民承受的税负更重，更多地区爆发起义；为了筹集练兵费用，又需加派练饷。如此恶性循环，终于到达明王朝积重难返的境地，崇祯皇帝再也无力回天，明朝灭亡。

秦晖（2002）将黄宗羲所描述的现象定义为“黄宗羲定律”②。黄宗羲定律实际上是专制王朝的历史怪圈，以赋税为镜，折射出中国皇权专制制度发展演变中的制度性规律。清代的“摊丁入亩”仍然脱离不了黄宗羲定律，可以视为一

---

① 黄宗羲将农民所受之患分为三害：积累莫返之害、有所税非所出之害、有田土无等第之害。积累莫返之害是指，每经过一次财税改革，农民负担加重一次；有所税非所出之害是指，农民卖粮后，需用货币交税，要受中间商人剥削；有田土无等第之害是指，无论田地贫瘠或肥沃，都按统一标准纳税。

② 秦晖．并税式改革与“黄宗羲定律”［J］．农村合作经济经营管理，2002（3）．

条鞭法的延续，丁银随着耕地面积的增加而加重，农民实际上增加了赋税，康熙皇帝“永不加赋”成为一句空话。黄宗羲定律反映了国家治理中的深层次矛盾，税制不仅需要在国家与民众间取得平衡，更是稳定各个阶层的基石。中国王朝的赋税制度安排其实是皇室集团、官僚集团与农民集团博弈的结果，王朝的建立过程就是各方主体的博弈过程。当不同博弈主体通过权衡取舍，自身利益能够维护在良好范围时，王朝社会秩序得以稳定。此时，皇室集团开支用度仍在可控范围内，官僚集团的规模与权力还未膨胀，农民免于饥寒，不用逃亡与反抗。随着皇族宗室人口增加，官僚逐利行为蔓延，国家财政开始出现紧张，并税式改革随之出现，此时赋税制度已经难以维持这三类集团间的微妙平衡。如果王朝正好碰上自然灾害或外敌入侵，税收博弈将会成为对抗程度最高的零和博弈，平衡关系瞬间打破，农民集团被皇室集团和官僚集团课以重税，已经严重影响到农民的基本生存，起义运动的爆发实质是要求重新建立起一种赋税关系。

2. 轻税思想、君主集权、税收权力之间的博弈困境

中国历代学者的税收思想一直重视轻税原则。儒家学说的孔子最早提出了延续2000多年的税收智慧——轻徭薄役，他主张“敛从其薄”，强调惠民，反对重税。薄敛轻税的实质是涵养税源，不能竭泽而渔，《论语》对税源具有深刻理解：“百姓足，君孰与不足；百姓不足，君孰与足。”孟子发展了孔子的税收思想，创造出井田税制度，并提出“民为重、社稷次之、君为轻”——这一学说隐含着国家征税根本目的也是为了人民幸福与福祉的思想，他提出的什一税（税率10%），成为后世统治者制定税率的理想标准。轻税原则一直占据着历朝历代的税收主流思想，更是深刻影响着受儒家文化侵染的文官集团。

轻税思想占据着法理上的正统，税收政策的执行过程中却往往发生偏差。一个优良的低税制度往往经过一两代继任者，就变为一个压榨的重税制度。中国历代王朝建立初期，经历过战争后整个社会民生凋敝，皇帝往往采取轻税政策，随着生产力的恢复，皇位更替，继任者很难保持轻税政策，“无为皇帝”之后往往紧接着就出现“税收暴君”。汉文帝时期的税率为“三十税一”，只征收田地收入的3.3%，文景二帝共同采取“轻徭薄役、与民生息”的政策，创造了“文景之治”。然而经过好大喜功的汉武帝肆意挥霍，文景二帝遗留下来的充裕国库很快就出现了亏空。为此，汉武帝提高税率、增加新税，并创设税收侦查针对日益严重的逃税，垄断盐、铁、酒的生产，进入粮食市场低买高卖，重税制度下汉帝国逐渐走向衰落。幸运的是，在重税剥削还未达到促发起义的临界点时，汉武帝在晚年及时调整了政策，制定低税率、少支出的政策，使得王朝再次出现繁荣。然而并非所有的帝王都如汉武帝般幸运，如果重税制度已经积重难返，起义或者叛乱的爆发系数将会大大增加，皇位很可能被推翻。从奥尔森“流寇”与“坐

寇”的视角来观测①，目光短浅的起义者正如“流寇”——攻占富足地方后就进行掠夺，把繁荣的地区抢穷是一种“公地悲剧”，目光长远的起义者正如“坐寇”——有限掠夺甚至提供公共品（兴修水利、维持社会秩序），最终“坐寇”成为了皇帝，垄断了掠夺权力——获得税收正当性，即使是开明的“坐寇”也只是为了自身长远利益——世世代代拥有征税权力②。

由此，我们发现轻税思想、皇帝、税收权力之间存在着互相交织的博弈困境。轻税思想代表着中国士人间的共识，轻税制度是一种理想的国家治理和征税模式，皇帝不能在制订赋税政策时任意妄为。但是，中国历代帝王无不强化其君权神授，被称为“皇粮国税”的赋税，自然也被披上君权神圣的外衣。中国王朝的君权垄断了税收立法权、税收执法权（依靠帝国治理的代理人——官僚集团）和税收司法权（专制王朝并不存在真正意义上的行政诉讼制度）。由于征税权力被赋予神圣不可抗拒的强制性，缺少相应力量制衡，轻税思想并没能约束皇帝，皇帝很难控制住滥用权力的冲动，横征暴敛自然会发生。

3. “明税”与“暗税”共存的财政制度安排

孟子提出的“什一而税”作为理想仁政的标准，古代帝王在公布名义税率时很少公开超过这一标准。陈支平（1998）回顾秦汉到明清时期的赋税历史，认为政府对于田赋的征收，基本控制在10%税率的范围内③。黄仁宇（2001）研究明朝税收制度的实际运行状况后，发现其税负并非过重，而是过低，以至于无法维持基本公共品的供给④。但是，为何历代王朝仍具有赋税攀升愈演愈烈的趋势呢？洪振快（2014）提出了“亚财政”这一概念，在国家正式财政制度之下，还寄生着一种非正式财政制度，官僚集团利用权力汲取和瓜分社会财富，“亚财政”是一种官僚集团的集体腐败现象⑤。何平（1998）在研究清朝赋税政策与制度时，发现中央政府的财政安排并不能为其和地方各项事务的经常性用度提供充足的财政保证，财政空缺只能谋求财政外的其他手段解决，这被称为“不完全财政”⑥。无论是“亚财政”还是“不完全财政”，其实质都表明中国民众在缴纳正式财政制度下的“明税”外，还要承担额外的“暗税”。中国古代征税官不仅在

① 奥尔森．权力与繁荣［M］．苏长和译．上海：上海人民出版社，2005.

② 蒙古横扫欧亚大陆时，蒙古将军别迭建议元太宗：“屠尽汉人农民，将其良田变为牧地。”——典型的“流寇”思想。耶律楚材建议：“让汉人从事农业，向他们征收赋税，以稳定统治。”耶律楚材提出的这项政策对元太宗与汉人农民皆有利，但是农民与统治者的利益矛盾并未从根本解决。

③ 陈支平．中国社会经济史学理论的重新思考［J］．中国社会经济史研究，1998（1）．

④ 黄仁宇．十六世纪明代中国之财政税收［M］．北京：三联书店，2001.

⑤ 洪振快．亚财政——制度性腐败与中国历史弈局［M］．北京：中信出版社，2014.

⑥ 何平．清代赋税政策研究：1644～1840年［M］．北京：中国社会科学出版社，1998.

既定税额上另加若干名目，还千方百计地在征收过程中牟利①。正是由于“暗税”的不断滋长，造成了民众的实际税负越来越重。名义税率不高，并不能使农民受惠，只是鼓励了大小地主加重剥削以及官僚乡里额外征收②。

存在“暗税”的政策并非是王朝强令制止的，帝国的最高统治者或者中央政府私下默许地方政府、下属官员陋规摊派。以康熙皇帝对耗羡的态度为例，可以看出最高统治者对暗税的默许。耗羡包括熔铸赋银和运送漕粮过程中的折耗，是地方官员在征税外以补亏为名多征的附加税，从唐代开始出现，明清时已成为地方官吏维系生存的基本来源。耗羡并未纳入明税，而是作为一种暗税由地方政府自行决定，收入亦归地方享有。康熙六十一年，陕西督抚奏请耗羡加征以弥补地方亏空。康熙皇帝将耗羡视为地方私事，并不愿承担加税的恶名，但默许地方以非正式的方式隐秘行事③。暗税名目繁多、规模庞大，其影响和危害都极大，不仅会引发官民冲突，甚至会引发国际政治冲突。第一次鸦片战争后，英国全权公使在《南京条约》签订后的一条照会中，将鸦片战争的起因归结于英国人对粤海关陋规体制的不满④。虽然以此作为发动侵略战争的借口在逻辑上站不住脚，但由此可见粤海关陋规加剧了中英冲突。

为何明税之下还存在着暗税制度？这一现象可以有以下三种解释：一是自上而下的压力，中央政府没有为地方政府提供正常的行政费用，地方政府需要维持政府功能运转和官吏的生计，还要面对中央政府下达的军费供给等任务，不得不驱使地方官吏采取半公开的方式向下汲取资源。二是税收统一性与灵活性的矛盾，中国历代王朝疆域辽阔、文化多元，限于技术手段与地区特点复杂，中央政府在各地完全统一赋税征收方式是相当困难的，地方政府既面临中央政府下达指令的任意变化，又需应付本地客观环境的不断改变，暗税形式其实赋予了地方政府因地制宜的应变能力。三是专制体制下官僚集团追逐私利的本质，官吏追求福利最大化的要求驱使其在法定福利外寻求“隐性福利”，向民众征收“赋外之赋”、“税外之税”，基层官吏催逼盘剥得来的银两并非全为其所得，还以“规礼”、“规费”的名义在官僚集团中的各个阶层间进行流动和再分配，整个官僚集团存在着一种“分肥法则”（皇帝也可视为暗税制度的获益者，其奢靡消费很多是通过高官送礼——进贡方式获得的）。单单某一种解释并不能完全阐述暗税的产生，隐藏在明税之下的暗税制度的出现可以解释为这三种因素相互作用，共同培育了产生暗税制度的土壤。

---

① 费正清，赖肖尔．中国：传统与变革［M］．陈仲丹等译．江苏：江苏人民出版社，1992.

② 黄仁宇．万历十五年［M］．北京：中华书局，2006.

③ 孟森．清史讲义［M］．长沙：岳麓书社，2010.

④ 佐佐木正哉编．鸦片战争的研究（资料篇）［M］．东京：近代中国资料委员会，1964.

三、税制在国家治理逻辑中的内在机理：三对关系

“黄宗羲定律”为王朝的周期性更替提供了税收解释视角，为何历代王朝总是会出现黄宗羲定律现象？轻税思想、君主集权、税收权力之间的困境为何无法解决？出现“明税”与“暗税”共存的财政制度安排的本质是什么？我们以三对关系——“制衡与失衡”、“中央与地方”、“名义与实质”来概括税收在国家治理中的困难与挑战。然而，一个国家现存的治理制度、模式并不是孤立产生的，其模式发展往往与历史演变有着深刻关系，具有明显的路径依赖性（Levi，1988）①。三种现象表现出的国家治理能力衰退的本质矛盾仍然在中国现代理财治国模式中存在。我们通过三对关系揭示税制在国家治理逻辑中的内在机理，从而探究现有税制在国家治理体系中面临着的困境。

1. 制衡与失衡的税收权力：治理规范的难题

“黄宗羲定律”背后显示出专制体制下，国家机器增加赋税的随意性。从皇帝、官僚集团与民众的关系切入，皇帝拥有绝对的税收权力，官僚集团作为皇帝统治国家的代理人，享有实际的征税权力，民众未能享受任何税收方面的权力，完全沦为被征税的对象。民众无法对皇帝和官僚集团的税收权力进行制约，在皇帝与官僚集团之间，税收权力也存在着制约失衡。一是官僚集团很难阻止皇帝的加税命令，甚至皇帝可以抛开现有的征税制度，直接汲取社会资源②。二是国家的规模导致了漫长的行政链条，使得信息不对称性加剧、交易成本上升，皇帝也难以阻止官僚集团从实际征税权力中获得额外收益。税收权力缺少制衡，使得“杂税丛生—并税式改革—杂税丛生”在历史上重复出现。

中国历代王朝大多数都未能避免“低税—王朝兴起—重税—起义爆发”的恶性循环。英国通过《大宪章》，第一次对君主税权有了制约，“良税—国家兴起—恶税—国家毁灭”的循环波动找到了摆脱方向。《大宪章》标志着协商征税原则的确立，税收不应只为私人服务，还要维护大众的利益。为了保护《大宪章》取得的成果，议会逐渐产生，国王与议会间关于税收的争论与交易最终导致了代议制政府的产生。1674 年，英国议会下议院通过了《遏制非法征税法案》，规定未经议会投票表决，国王不得征收任何赋税或王室特别津贴。1688 年，旨在限制王权的“光荣革命”爆发，最终《权利法案》（1689）明确未经议会同意

① Levi, Margaret. Of Rule and Revenue [M]. Berkeley, Ca.: University of California Press, 1988.

② 万历皇帝甚至抛开现有征税体制，派出太监作为“矿税使者”，将矿税缴入皇帝内库。

不能征税，“王室财政”与“国家财政”相分离——1782 年通过的《埃德蒙·伯克改革议案》使得议会能够控制王室俸禄。英国初步对税收权力有了制衡机制，随后启蒙运动传播了税收契约思想。霍布斯的《利维坦》（1651）、洛克的《政府论》（1690）、孟德斯鸠的《论法的精神》（1748）、卢梭的《社会契约论》（1762）、斯密的《国富论》（1776）以及潘恩的《人的权利》（1791）对为何限制税收权力以及如何限制税收权力做出了解释[①]。

中国目前的税权制衡仅仅是税权内部权力间的单向制衡——税收立法权与税收司法权对税收行政权的制约，缺少外部权力制衡，由此不能形成有效的制约机制。税收立法权由全国人大及其委员会、国务院、财政部和国家税务总局共享。税收立法权的横向分权模式使得国家行政机关出台的税收法律法规远远多于国家权力机关的税收立法数量，致使税收立法权不能对税收行政权产生制衡作用。由于地方司法机关运行在人事与财力上都依赖于地方政府，所以税收司法权在制约税收行政权的过程中困难重重。

2. 中央与地方的税收博弈：治理体系的困境

黄宗羲所描述的并税式改革，表现了中央政府与地方政府之间资源分配关系的再调整，中央政府强化收入集权。两税法改革的一条背景是安史之乱后，地方实际权力依靠战争扩大，常常截留中央税收。一条鞭法也具有类似的实施背景，地方杂税派生，官吏横征暴敛。两税法与一条鞭法都增强了中央政府汲取资源的能力，加重了向上集权的趋向。并税式改革的循环表明，中央与地方关系总是出现“上收—下放”的周期性波动，在集权与放权的两难间不断摇摆，这体现了大国治理体系的困境。中国历代王朝大多数时期面临着外敌与自然灾害的威胁，需要中央在资源分配上一元化统理，而地方差异性又需要因地制宜，且在面对中央与地方的集权与分权关系中维持着微妙平衡，稍有不慎则可能王朝分崩离析。当中央政府将资源大幅度向上集中时，削弱了地方政府解决实际问题的能力，压缩地方政府的灵活性，地方政府在政策施行时会产生变通之法，国家难以实现有效治理。面对集权的矛盾，中央政府不得不调整政策，通过下放资源来调动地方政府的积极性，增强地方政府有效治理的能力。但如果地方政府在资源分配上享有过多的灵活性，这种灵活性就有可能演变为地方对中央的偏离甚至对抗，地方

① 霍布斯将政府比作名为“利维坦”的怪兽，为了获得怪兽保护，必须有所牺牲——税收，无节制的税收对纳税人的伤害正如怪兽在保护人民的同时也会侵害人民。洛克与卢梭强调国家主权与政府权力真正属于人民，政府征税与公民纳税是一种权利和义务的相互交换，由此发展出政府收税是为了公共利益和集体需求的现代税收思想。孟德斯鸠认为，税收是每位国民从其财产中让渡出来的一部分，税收数额的确定需要考虑国家需求与国民需求，为了避免过度税收的问题，需要法治而非人治，由此发展出税收法定思想。斯密在“看不见的手”与“守夜人政府”中提出了税收的四个原则，今天仍然是人们判断良税与恶税的重要标准。潘恩认为税收产生了专制，重税是对自由的严重破坏。

官吏巧立名目、滥收税费甚至会引起民众的反抗，削弱国家治理基础。

新中国成立后，中央与地方的收入分配关系同样在集权与放权中打转。20世纪50年代初期，国民经济百废待兴，中央政府将全国财政收入全部置于直接管理之下，最大限度地利用有限财力，着重用于恢复国民经济。过分集中的财政体制逐步显现出弊端，限制了地方政府扩大收入与发展经济的积极性，中央政府逐步意识到需要施行一些放权措施。在财权下放的同时，计划管理权与基本建设审批权也予以下放，结果导致“大跃进”愈演愈烈——地方重复建设、盲目生产、高指标、浮夸风。在3年自然灾害时期，中央恢复了对国民经济的统一管理。然而1965年国民经济全面好转后，中央政府企图打破苏联模式的中央计划经济体制，将财权分散到地方。

改革开放后，中央在经济上给予地方更大的自主权，财政包干体制打破了高度集权的统收统支财政体制，从“减税放权让利”切入，降低中央政府收入份额，扩大地方政府支配份额。地方政府获得更多的经济资源，使得中央政府的宏观调控与行政管理能力被削弱，中央政府需要依靠地方政府维持运转，中央与地方收入关系一直处于对收入基数的讨价还价博弈中。1994年的分税制改革将经济资源再次向上集中，通过划分中央税、地方税与共享税，中央在财力上获得集权，加强了中央政府宏观调控能力。但是，分税制改革也使得地方政府财权与事权不匹配，基层治理能力受到限制。为了应对这一困境，地方政府普遍通过土地财政、隐性与显性政府债务融资等手段解决，暂时缓解了财政困难，但恶化了国民收入分配，加剧了财政金融风险，为社会危机埋下隐患。

3. 名义与实质的税制体系：治理机制的转换

“明税”与“暗税”并存，体现了国家治理机制在名义制度与实质制度间摇摆的矛盾。正式的税收制度代表着名义上的征税机制，轻徭薄役既是儒家思想对仁君施政的要求，也是君王获取民众支持的策略需要，因此，名义上的税收制度并不会公布正式的高税率。在名义的税制下，还潜藏着实质的税收制度，这种非正式的税收机制既是为了获取能够维持王朝运转的基本资源，也是官僚与皇室集团瓜分社会财富的腐败工具。正式与非正式的税收机制是国家治理困境在财税领域的表现，国家依靠这种双重制度交替治理，暗税正是政治机制中“潜规则”的一种①，实际存在却秘而不宣。

名义与实质相矛盾的治理机制仍然延续至当代中国，从20世纪90年的税费改革可见一斑。1990年前后，大办乡镇企业的政策推动着基层政府引资建厂，基层政府的费用增加，向农民征收的税费开始增长。1994年分税制改革后，地

① 吴思．潜规则［M］．上海：复旦大学出版社，2009.

方政府的财政压力增大，通过层层下派税收指标来化解压力，使得基层政府承受了最为沉重的负担。一些镇党委书记因未能完成税收任务而被免职，在这种压力下，地方政府与干部普遍采取了非常规的手段——拉税、买税、垫税①。2000 年的税费改革，并费入税，降低了农民负担，但县乡财政仍然困难。面对办公经费紧张与基层人员工资缺口，还有自上而下的税收任务，基层政府不得不编制虚假预算，通过加大向下攫取力度来应对财政困难与税收任务②。

中国现有税制中，“暗税”并不单单指未纳入正式财税体制的税收，我们以税收负担去衡量，发现“明税”与“暗税”的税收安排本质是税负不公。税负不公首先体现为税负归宿不公平，民众并不了解自己所承担的税负。中国税制结构以间接税为主，间接税收入在全部税收收入中超过 70%，间接税收入与直接税收入之比大致为 70∶30。间接税是以商品价格为渠道进行筹集，具有较好的筹集收入功能，也具有明显的累退性，容易转嫁给消费者负担，对纳税人而言类似是“暗税”，广大中低收入群体承担了与其收入水平、财产水平和消费水平并不对称的商品服务税。企业间的税负不公来源于地区差异性税收政策，现行税收征管机制主要以企业为征税对象，企业所缴纳的税收占税收总额的 90% 左右。地方政府在税收竞争压力下，可能会滥用税收优惠政策，制造税收洼地来招商引资，通过所得税优惠保护本地企业，由此造成地方间恶性竞争与纳税不公平。此外，政企关系也会影响企业税收行为，不同的企业产权性质和高管政治关联会产生不一样的税收激进活动，由于税收激进活动游走于“合理避税”与“违法偷逃税”之间，其实属于国家治理下非正式的税收制度。

四、结论和启示：国家治理逻辑下的当代税制完善路径

本文以中国历史并税式改革、税收思想和税收制度安排为线索，解读了其背后的国家治理逻辑。税收制度在国家治理中主要表现为以下三种困境：一是“黄宗羲定律”所描述的赋税越并越多、愈演愈烈现象，可谓历代王朝反复更替的根本性原因；二是轻税思想、君主集权、征税权力三者间的博弈困境，轻税思想被皇帝、官吏、士人共同认可，但由于专制体制下皇帝具有绝对的征税权力，名义

① 田毅，赵旭．他乡之税：一个乡镇的三十年，一个国家的“隐秘”财政史［M］．北京：中信出版社，2008.

② 陈锡文编．中国县乡财政与农民增收问题研究［M］．太原：山西经济出版社，2003.

上的轻税制度逐渐演化为实际上的重税制度；三是“明税”与“暗税”共存的财政制度安排，民众不仅要按官方公布的税率缴纳赋税，还要承担官吏在征税时加征的税收，这种“暗税”既可能是从上到下帝国默认的制度安排，也可能是官吏分肥的陋规。

为何历朝历代的税收制度均会表现出这三种困境？我们总结为国家治理下税收制度在三对关系上的矛盾，并讨论了三对关系上税收制度在当代社会的表现以及所面临的新的困境。第一种关系是税收权力的制衡与失衡，皇帝与官僚集团的税收权力缺少制约，造成王朝中后期官吏横征暴敛、民众实际赋税越来越重的现象，并税式改革只是资源的向上汲取，并不能起到减税作用。第二种关系是税制在中央与地方关系上表现为集权与放权间的周期性波动，中央政府加强资源的集中强度，会降低地方政府的治理能力，地方官吏会另辟蹊径筹集收入，但是如果地方政府获得超过限度的资源，中央政府的权威将被削弱，地方甚至会演变为对抗中央。第三种关系是名义的正式税收制度与实质的非正式税收制度，这两种机制相辅相成，通过交替治之，实现王朝的暂时稳定，一旦平衡被打破，国家治理基石将会产生震荡，危机随之而起。

在当下，税权的制约问题仍然存在，地方在财政压力下出现了各种筹集收入的乱象，“暗税”的实质表现为税负不公。出路何在？我们从国家治理下税收制度的三种矛盾关系入手，提出完善税制的措施，以使税制能够服务于中共十八届三中全会提出的“推进国家治理体系和治理能力现代化”的总目标。

第一，以税收法治化解决治理规范的难题。世界各主要国家的税制变迁，总体上都是税收法治现代化的过程①。各国普遍遵循税收法定原则，不仅构建了与现代市场经济相适应的现代税制，也实现了税收法治现代化。中国在加快税收法治化建设的过程中，首先需要在宪法中确立税收法定原则，稳步推进完善宪法中的税收条款，解决税收下位法抵触上位法、法律法规抵触宪法的问题，筑牢税收法定原则的宪法基础。加强税收基本法规的减少，制定税收基本法，完善各类税收的实体法和程序法。税收立法权回归全国人大及其常委会，逐步弱化乃至取消授权立法的现象，将现象较为成熟的实体性税收行政法规上升到法律层次，国家行政部门只能根据税收法律制度实施细则。在清理规范各地多种税收优惠政策的基础上，以税收法律法规统一税收优惠政策。同时，严格执行税收法律法规，促使税务机关依法行政。

第二，通过健全地方税体系，解决治理体系的困境——中央与地方在集权、放权间的波动。中共十八大和十八届三中全会明确提出“构建地方税体系”和

① 张守文．税制变迁与税收法治现代化［J］．中国社会科学，2015（2）．

“完善税收制度，以及建立事权和支出责任相适应的制度，并充分发挥中央、地方两个积极性”的要求。地方税体系的重构会影响公共财政框架、收入分配格局，进而影响政府职能和经济发展，可谓牵一发而动全身。通过扩大增值税分成收入来解决地方财政收入吃紧是饮鸩止渴的办法，分税制遗留的问题将会持续下去，地方税体系的建立将没有基石。可行的办法是先解决地方主体税种的问题，再解决地方小税种的配套方式，才能为地方税体系的完善和税制改革目标的推动打下坚实基础，并且对中央与省级政府以及省以下政府间职能关系的稳定起到重要作用。

第三，通过完善税制结构，解决税负不公问题。提高直接税的比重，有利于体现税制的量能负担原则；优化间接税种，有利于优化资源配置。首先，以个人所得税和财产税改革为切入点，提高直接税比重。建立综合与分类相结合的个人所得税制，从分类计征逐步过渡到对所有征税项目统一的综合计征方式，做到“广覆盖”和对中低收入群体的“低税率或者零税率”，摸索以家庭为征收单位的方法。财产税改革的关键是开征房地产税和遗产赠与税。从短期改革看，整合房产税和城镇土地使用税作为房地产税；从长期改革观测，还需把土地增值税并入房地产税。遗产赠与税对财富分配与收入代际流动产生直接效用，需要对征税对象、计税方式、税率设计达成共识，减少开征阻力。其次，以增值税、消费税与资源税改革为载体，优化间接税种。继续全面深化“营改增”，推动产业结构调整与经济发展方式的转变，将增值税逐步覆盖全部服务业，在增值税链条在产业间完整形成后，适当简化税率。改革消费税，将高耗能、高污染及部分高档消费品纳入征收范围，并提高相应的税率，将成为生活必需品的税率调出或降低税率。最后，根据“宽税基、低税率”的思路改革资源税，稳定推进其他品目资源税从价计征改革，逐步将水流、林场、草场纳入征收范围，达到促进资源合理利用与生态环境保护的作用。

中国地方政府的财政健康度评价及解释：基于省际负债与收支信息

一、分税制与地方政府土地财政风险

分税制实施18多年来，地方政府抱怨直接财政收入越分越少，事权与财权不匹配，其间，中央占的比重越来越大，从以前提取20.6%，到现在已经提高到50%的比例。1994年的分税制改革后，财权过分集中在中央政府，地方的财权和事权不对称，地方不得不另辟财源，土地财政应运而生。这个分析看上去有道理，但并不准确，地方财政赤字的主要原因是支出增长过快，特别是金融危机期间，执行拉动内需的政策，各地无不大干快上，地铁、公路、机场等基础设施投资猛增。支出超过收入，地方政府只好用卖地收入和土地抵押贷款弥补不足。

用土地作为抵押，获得银行贷款，这是土地财政的重要组成部分。地价不仅影响卖地收入，而且在很大程度上决定了地方政府债务融资的规模。官方数字表明，截至2015年年底，全国共有各类地方政府融资平台8000多个，贷款余额8万多亿，相当于中央和地方政府1年的财政预算总收入。土地改革的核心矛盾在于征地改革，征地制度难以破除的原因在于地方政府对土地财政的依赖。所谓土地财政依赖症，即是指地方卖地收入占到了地方可支配财政收入的一半以上，甚至更多。很不幸运，目前全国绝大部分城市都患上了土地财政依赖症。

分税制之后，中国经济增长的核心动力是土地开发和城市扩张，这是学术界的基本共识。但对于分税制与土地开发之间的关系，虽然有大量的案例研究，两者之间的数量联系却缺乏实证的解释。实际上，分税制在中央集中地方收入的同时，对地方也有大量的税收返还，同时对中西部地区也建立起规模庞大的转移支付体系。有研究表明，这个转移支付体系的结构性问题导致了分税制所产生的地方财政的“饥饿效应”并没有得到有效缓解，所以中央与地方、政府与企业的关系在分税制后都出现了巨大的变化。这种变化导致地方政府全面以土地征用、开发和出让作为新的支持地方财政和经济增长的主要来源。孙秀林、周飞舟（2013）使用全国的省级面板数据证明了这二者之间的稳定关系。

现代政府提供公共产品的职能已被公共经济学和行政管理理论多方讨论。政府相关公共服务职能要求政府筹措足够财力。当政府在某一财政期间无法筹措到足够财力以应付基本的公共服务职能以及偿还债务时，政府的财政危机就会爆发。现实的诸多案例都证明了政府财政行为的短视是危机发生的根本原因，无论是2009年开始的欧洲债务危机、加州政府的破产，还是2013年美国底特律政府破产都显示出政府作为财务主体应关注长期的财务健康状况。虽然这些财政危机形成的具体原因多样，既有在支出方面政府公共支出、养老福利政策失误之处，也包括经济衰落导致的不可预测的政府财源下降。但总体而言，政府和公众缺乏在一个可持续的财政框架下考虑财政收支政策，最终导致了累积的危机发生，给经济造成破坏性冲击。

具体到中国而言，尽管现有的财政预算体系中禁止地方政府赤字预算和发行债务。但在地方官员GDP竞赛的制度背景下，地方政府通过成立投融资平台（国有投资公司）举债或担保举债，推动城市化进程和招商引资（周黎安，2007；傅勇，2010）。按照审计署2013年8月的数据，截至2013年6月，地方政府的负债总额超过20万亿，其中主要集中在市、县级政府。地方债所衍生出的后果，一是地方政府继续依靠土地财政，推高地价，进一步将债务分摊到居民和企业的生产和生活成本上；二是如果集中爆发则有可能导致中央政府被迫采用通胀手段。无论是哪一种后果，对中国经济的健康增长都会造成巨大威胁。

地方潜在负债引发的财政风险归根到底是政府治理上存在制度缺陷。中共十八届三中全会中提出尽快建立中央和地方政府的资产负债表，并定期披露地方政府的资产、负债信息，这无疑是对地方政府依靠负债推动发展行为的制度纠正。2013年成为学术界深入研究国家资产负债表的真正元年（李扬等，2013；马骏等，2013；曹远征等，2012）。上海、江西等省级政府在2013年也积极探索地方资产负债表的编制。但单纯的资产负债表由于没有与地方政府的财政收支信息结合起来，所以无法反映偿债能力的信息。因此，在理论上需要将地方政府的资产负债信息与收支信息结合起来，建立类似于公司财务分析的指标体系（如杜邦财务分析体系），是充分利用政府资产负债表信息的进一步需要深化的工作。为此，本文借鉴了美国县市管理协会（ICMA）的财政信息建设体系（FTMS，2003），结合了审计署2013年公布的各省地方债务审计数据，及各省近年的基金预算收入、土地出让收入、国有资源有偿使用收入等信息对省际间的财政健康度进行了评价。

二、地方政府财政健康测度的文献回顾

财政健康度有不同维度的定义，本质上财政健康意味着政府有足够财力提供一般公共服务和应付当前及未来的债务。其与政府的财政收入、累计的净资产、发行的融资债券和净现金流都存在关系。财政健康与一般的政府财政绩效研究有着差别，首先它比财政绩效含义更宽泛，一般的财政绩效只从收支角度考察；其次它包含了政府短期财务与长期财务的视角；此外它还包括影响财政收支需求变化的经济因素，如人口结构及公众对公共品的需求。

对财政健康度的度量一直被理论界和实务领域所重视。一些美国的州政府和地方县、市政府通过了地方法案对财政健康度进行测度（如佛罗里达州和密歇根州）。美国府际关系研究会（Advisory Commissionon Intergovernmental Relations，1973）最早提出了检验市政财政健康度的指标体系。其中涵盖了六方面的财政压力测度：①政府运营资金的收支平衡；②预期未来若干年支出超过收入的持续性；③当前运营负债超过政府资产程度；④本财年末累计的短期负债；⑤近年财产税（地方税）下降的趋势；⑥政府拥有资产的预期估值缩水比率。此后，有一系列研究围绕着这一问题展开，包括 Dommel 和 Nathan（1978）、美国国会预算办公室（1978）、美国财政部市政财务办公室（1978）、国际县市管理协会（ICMA，1994，2003）、Brown（1993）、Klohaetal（2005）、Wangetal（2007）及 Groves（1981，2003）等研究都从不同侧面使用不同变量，或对最早的指标体系加以修正对地方政府的财政健康度进行了测度。

其中，美国政府会计标准委员会（GASB，1999）发布了 34 号准则修订了以往美国政府的财务报告体系，要求政府提供全面的资产、负债和收支报告，这为全面评价政府财政状况提供了制度基础。34 号准则首先强调了对实物资产和折旧信息及长期负债的报告，这使得在评价政府的财政状况时，能将长期的资产和负债进行全面考虑。同时，34 号准则要求更详尽地披露收支信息，这也为评价公共支出的支付能力方面提供了便利。从 2003 年开始，美国各州开始按照 34 号公告披露详尽的政府资产负债和收支信息。

美国市县管理研究会（International City/County Management Association，2003）提供了一套财政趋势检测体系（FTMS），涵盖了四方面的内容：①短期债

务偿还能力；②财年内一般预算公共支付能力；③长期债务偿还能力；④未来一般预算公共服务支付能力。相关的指标也为政府会计标准委员会（Government Accounting Standards Board）所采纳用于评价政府的偿债能力和公共服务支付能力，但其中并未将财政可控因素和外部经济环境因素加以区分。这一指标体系后来成为了美国地方政府评价财政健康度的参考范本。

Klohaetal（2005）结合经济环境变化等因素对财政健康度进行了测度，并讨论了财政风险管理的重点。研究使用了包括一般预算支持、资产负债比、税收变动率、人口变动等9个指标。其评价样本结果强调一般预算赤字可以通过财政管理优化改进，但税收的下降可能由经济环境因素变动所致，并非财政管理能力所能改变。与ICMA指标体系比较而言，Klohaetal（2005）在设计指标体系时认为，如果舍弃经济环境变量，则意味着评价体系更多关注了地方财政决策在当期预算平衡的努力，而忽视了考虑未来经济环境变化后，当期财政决策对未来财政压力的反应。

类似地，Hendrick（2004）从预算口径角度对财政健康度指标进行了分类：①外部经济环境状况；②预算外收支“松弛”状况；③一般预算平衡状况。其中，预算外收支状况包括测度基金预算平衡，投资性支出占财政支出比例，国有企业利润上缴占财政收入比例等。这三方面都涉及了资金的需求与收入差额的比较。这与Ladd和Yinger（1989）定义的“财政需求与资金筹集差额”的指标类似。一般而言，资金需求被定义为提供稳定公共服务的政府支出需求，收入被定义为税收的稳定性收入。但由于财政状况的周期性变动，以上测度在单一时点上完成，往往忽略了未来经济环境发生变化导致的收入能力和支出需求两方面的变化。Maher和Nollenberger（2009）、Sohletal（2009）、Levine等（2012）同样使用了类似的评估体系进行政府财政状况的测度。

美国俄亥俄州政府审计局（The Ohio Auditor of State's Office，2012）从财政健康指标反映未来财政趋势的角度出发，设计了旨在识别地方政府财政困境早期迹象的指标体系。该体系由16项指标组成，涵盖了政府性一般预算和政府性基金收支状况。分别为：流动性净资产与政府一般支出比；一般预算资金平衡率；流动性净资产价值变动额与一般预算支出比；一般预算资金平衡变动率；一般预算收入与全额收入比；一般预算税收收入缩减率；一般预算盈余比例；政府一般预算收入与净支出比；政府间转移支付收入与一般预算收入比；当地家庭财产估值（与地方财产税有关）；债务支出与一般预算收入及基金收入比；流动性净资产与政府性一般公共服务支出比；扣除专项的预算收入与一般公共服务支出比；现金（短期投资）与一般公共服务支出比；总负债及净资产值与一般预算支出比；预决算收支差额。俄亥俄州审计局验证了16项指标识别地方政府财政压力的有效性，要求次级地方政府按照 GAAP 准则上报财务报表，由此可预先判别次级地方政府的财政困境。

国内关于政府财政健康度的研究相对较少，刘军民（2007）提出了一个地方政府健康度的评价体系，涵盖了地方财力、地方财政管理能力和运行机制。在财政管理体制下设置了收入与支出匹配能力的子指标。总体而言，这一指标体系将财政管理体系与管理结果放在了一起，缺乏统一的逻辑框架，且很多指标缺乏计算的可操作性。李建军、谢欣（2011）主要从公共服务需求增长与财力匹配的角度度量了湖北省各县（市）的财政健康度，但缺乏对负债的考虑。此外，地方债问题成为近几年的焦点问题，李扬等（2013）和曹远征等（2012）分别结合中央政府资产负债表的编制，就直接显性负债、直接隐性负债、间接显性负债、间接隐性负债估算提出了框架。其理论涉及了债务的期限结构及人口结构变动导致的养老金缺口负债等。但类似研究都缺乏对偿债能力的度量。

综合国内外的研究，可以发现地方政府财政健康度的评价不能仅考虑收支信息，必须包含地方政府的资产信息和负债信息。从长远来看，包含政府资产负债表信息的财政状况的评估方法，将逐步成为我国宏观经济分析的基本方法之一（李扬，2012）。同时，财政健康度的评价还需包括社会经济变动趋势，以反映政府的未来财政支付能力（Wangetal，2007）。接下来，本文借鉴了 ICMA（2003）、Wangetal（2007）的评价体系构建我国地方政府的财政健康度评价指标，在指标选择上兼顾了全面性和可操作性。第四部分是对某些指标含义的直观解释。在第四部分，采用这一体系对我国省际间的财政健康度进行评价。对当前省际间的财政健康度差异原因进行了初步解释。最后，提出了治理建议。

三、中国地方政府财政健康度指标体系构建

（一）中国地方政府财政健康度评价指标选择

不同于李建军和谢欣（2011）相关湖北省地方政府财政指标的选择，本文主要参考 ICMA 地方政府财务健康评价指标体系的构建，同时吸收 Brown（1993）、Honadle 等（2004）、Wang 等（2007）、Justice 等（2012）等研究者的方法，并参考了审计署公布的中国地方政府负债状况的报告数据，建构一套全面性的综合指标来衡量中国地方政府的财务健全性。地方政府财政健康状况可从多维角度考

察，ICMA（Nollenberger，2003）从短期债务偿付能力、预算一般公共支出支付能力、长期债务偿还能力及长期公共服务支付能力四方面评估地方政府的财政健康度。其中，短期偿债能力衡量地方政府支付短期债务的能力；预算支付能力衡量地方政府是否有足够收入以支付一般性公共支出，不致发生财政赤字的能力；长债偿债能力衡量地方政府清偿长期借款与债务的能力；长期公共服务支付能力衡量地方政府维持目前所提供之公共服务水平的能力（Wang 等，2007）。

表 1　财政健康度评价指标体系

指　标	计算公式	指标说明	权重
财政健康度指数	短期偿债能力 *（2/10）+ 预算行政支付能力 *（1/10）+ 长期偿债能力 *（4/10）+ 长期公共服务支付能力 *（3/10）		
（一）短期偿债能力	流动性比率 *（3/10）+ 土地出让收入短期债务比（5/10）+ 其他基金收益短期债务比 *（2/10）	指标越大说明偿还保障能力越强	2/10
（二）长期偿债能力	3 年土地和采矿权出让收入长期债务比 *（4/10）+ 3 年地方国有企业利润长期债务比 *（2/10）+ 3 年地方税收入与长期债务比 *（2/10）+ 行政事业资产长期债务比 *（2/10）	指标大越说明偿付能力强	3/10
（三）预算行政开支支付能力	税收收入与财政支出比 *（5/10）+ 非税收入与财政支出比 *（4/10）+ 转移支付与财政支出比 *（3/10）+ 一般公共服务支出占财政总支出比 *（−1/10）+ 公共安全支出占财政支出比 *（−1/10）	指标越大说明支付能力越强	2/10
（四）长期公共服务支付能力	人均教、科、文、卫支出比 *（3/10）+ 社保收入与社保支出比 *（3/10）+ 人均城乡基础设施支出比 *（2/10）+ 人均节能环保支出比 *（2/10）	指标越大说明偿付能力越强	3/10

省际地方政府（包含省本级，还涵盖县市）的财政健康度指数如下：

财政健康度综合指数 = 短期偿债能力 *（2/10）+ 预算行政开支支付能力 *（2/10）+ 长期偿债能力 *（3/10）+ 长期公共服务支付能力 *（3/10）　（1）

子指标一衡量了短期偿债能力，其具体表述如下：

短期偿债能力 = 流动性比率 *（3/10）+ 土地出让收入短期债务比 *（5/10）+ 其他基金收入短期债务比 *（2/10）　（2）

其中，流动性比率、土地出让收入短期债务比、其他基金收入短期债务比三项次级指标，分别将期末财政存款、当年政府性基金中的土地出让收入、政府性基金中扣除土地出让收入的其他收入与年内到期债务相比。其中，财政存款数据来自《中国金融年鉴》、土地出让收入和政府性基金收入数据来自“各省（市、自治区）2012 年全省及本级政府性基金预算收入预计执行情况表”。短期债务数据来自“2013 年各省（市、自治区）政府性债务审计结果”。

子指标二为长期偿债能力，具体表述如下：

长债偿债能力 = 3 年土地出让收入与长期债务比 *（4/10）+ 3 年地方国有企业利润与长期债务比 *（2/10）+ 3 年内地方税收与长期债务比 *（2/10）+ 年末行政事业资产存量与长期债务比 *（2/10） （3）

其中，3 年的土地出让收入来自《中国国土资源年鉴》中国有土地出让宗数与当地土地价格乘积，这与通过基金预算获得数据口径大致相同，但由于部分年份基金预算数据缺失，所以这里用此方法代替；地方国有企业利润数据来自《中国会计年鉴》，之所以选择这一指标，是因为现有国有企业利润已按 5% 上缴财政，部分学者也提出可以用这部分收入偿还债务；地方税收债务比主要反映地方财源对长期债务的偿还保障比；最后，行政事业性资产数据反映当前政府累积的主要资产，其中部分可以用以还债，由于《中国会计年鉴》中仅有行政事业资产总额，我们用分地区的国有单位就业人数比例做了省际间的折算，假定各省的资产与就业数正相关，就业人数数据来自《中国人口与就业统计年鉴（2012）》。

子指标三衡量了预算行政开支支付能力，具体表述如下：

预算行政开支支付能力 = 税收收入与财政支出比 *（5/10）+ 非税收入与财政支出比 *（4/10）+ 转移支付与财政支出比 *（3/10）+ 一般公共服务支出占财政总支出比 *（ -1/10）+ 公共安全支出占财政支出比 *（ -1/10） （4）

预算支付能力主要用于评价地方政府一般预算内不同渠道获得的资金用于应付支出的能力。最后两个次级指标主要用于评价政府和社会公共安全基本行政开支的保障度，一般政府运行成本越高，必然挤占其他支出份额，因此这两个指标权重为负。以上数据主要来源于《中国财政年鉴（2012）》。

子指标四为长期公共服务支付能力，具体表述如下：

长期公共服务支付能力 = 人均教科文卫支出 *（3/10）+ 老龄人口人均社保基金支出 *（3/10）+ 人均基础设施支出比 *（2/10）+ 人均节能环保支出比 *（2/10） （5）

长期公共服务支付能力的度量，主要反映未来一段时期内政府预期的公共服务支出和财力匹配程度。政府在公共服务上的支出会因为人口结构和居民对公共品需求的改变而改变，因此这一指标是作为预警指标而设计。其中支出绝对数量的预测可简单采用 ARMA 时间序列预测，而老龄人口数据需要已普查数据为依据构建分省的人口生命表。本文按照中国的 5 年规划周期，使用和预测了 2017 年底的人口数据，旨在反映中期的财政健康度，其中财政收支数据来自《中国财政年鉴》（1996 ~ 2012），老龄人口数据预测采用了《中国人口年鉴》（1996 ~ 2012）。

（二）财政健康度指标标准化及权重确定

综合以上，本文以 16 项财政指标衡量地方政府的 4 方面支付和偿债能力，再依照不同权重加总成财政健康度指数。各项指数的计算方式如下：将每一项指标原始数值进行正态分布的标准化处理，即原始子指标数值与该指标均值的差与标准取比值。然后，我们将标准化的得分值映射在 0 ~ 10，即极大值分数为 10，极小值为 0。其余值采用内插法折算为 0 ~ 10。分指标值采用相关权重加权。

分指标的权重与总指标权重在计算总指标时极为重要，并影响最终计算结果。现有决策理论中已积累了 AHP（层次分析法）、人工神经网络等方法。但相关方法也各自有其局限性，如 AHP 方法在确定指标权重时，也需依据专家意见对指标重要性进行排序。人工神经网络需要大样本对网络进行训练，这在本文中难以实现。本文作为相关领域的尝试性研究，对权重依据实际重要性进行了简单赋权，例如由于现有地方政府大多依靠土地出让收益偿还债务，因此相应指标赋予了较大权重。而公共服务的权重含义在于公共品对居民的重要性，其权重本身应反映社会总体偏好，本文均采用专家打分法进行了简化。未来的相关研究可采用 AHP 方法验证计算结果对计算方法的敏感性。

四、省际间财政健康度评价指标含义

本文的指标体系反映了地方政府财源的流入与支出情况，其中地方债务和行政事业资产等项目被首次纳入了分析框架。但单从以上排名得分中较难直观理解省际间的差异，为说明得分差异的背后原因，以下结合省际间负债水平、公共服务水平、行政运行成本具体数据说明评价结果的实际意义。

（一）地方负债水平、偿债能力与地方财政健康度分析

现有的大量研究都已指出地方政府负债存在的巨大风险，但各地方的负债的产生又有其制度背景和社会发展背景（巴曙松，2011）。按照审计署2014年公布的地方债审计数据，在政府负有偿还义务的负债中，土地收储、市政建设和交通运输的投资合计占负债总额的比例在各省都超过了50%，北京、天津、上海等地区超过了80%，广东、辽宁和吉林等省份超过了70%。这些数字显示出，中国地方政府通过负债支撑城市化进程。这种选择尽管可归因为地方官员的GDP竞争行为，但不可否认这仍是中国社会快速城市化解决资金困境的现实选择。虽然政府在公共基础设施建设领域向私人投资开放等金融创新领域可以部分缓解压力，但大规模的财政资金投入在未来10余年中不会放缓。

正如很难用简单的杠杆率去评价企业负债经营的优劣一样，单纯地去评价政府负债规模的大小并无太大意义。如果某一地区的负债能够促进未来的长久繁荣，这种财政政策仍是可取的。并且，良好的城市化推动工业化进而带来的税收增加，也为未来偿债奠定了基础。这意味着政府负债运营有合理性。但从新古典经济学的动态均衡模型出发，一般性的结论都支持最优政府支出在代际间的平稳性。换言之，在未来不可预测的情况下，并假设当代人的单位消费效用不应超过后代时，公共政策的价值取向并不支持高负债的积极财政政策。当理论很难获得明确结论时，对中国地方负债问题本身的关注也许更为重要。当前最紧要的问题，一是能否确定各地负债的风险承受规模，即与一定偿还能力所匹配的规模，一旦这一规模确定则可约束一届政府的最大负债；二是明确偿还渠道并将隐性负债显性化，即通过建立规范的地方债券市场，让全社会参与分担风险，同时逐步将融资平台负债证券化。并在未来预算体系中明确偿债基金和准备金的框架。

本文的研究恰是针对了前一问题，从目前地方政府的还债渠道入手，反映与负债匹配的偿还能力。当前地方政府财政收支框架体系中并未建立完善的还债渠道，现实中的做法一方面是举新债还旧债，另一方面是用资源性收益用以偿债，主要是国有土地出让收入以及部分的探矿权、采矿权返还给地方收入。其他还有超收的非税收入，如地方性的国有资源（资产）有偿使用收入。图1给出了用以计算短期偿债指标之一的财政性存款与年度债务的匹配情况，其中财政性存款代表行政掌握的短期财力。若假设按1∶1匹配的话，落在45度下的省份代表负债与偿还能力失衡，距离45度线越远，则意味着短期偿债风险越大。从图1中反映出，江苏省短期偿债风险最大。其他省份如重庆、河北和广西等虽然短期负债总量不大，但都存在偿债风险。在45度线之上的省份，短期偿债能力最强的是广东、上海和山东等省份。进一步分析，山西、陕西、内蒙古、新疆和黑龙江等

省份虽然也表现出短期较好的偿债能力。但从财政性存款构成情况来看，这些省份的财政性存款中有大量的自然资源性收益（如与煤炭相关的地方基金收入），因此这些省份的偿债能力是建立在国有自然资源储量基础上的。从长期看，资源性收益用以偿债在代际间分配可能产生不公，且很难持续。

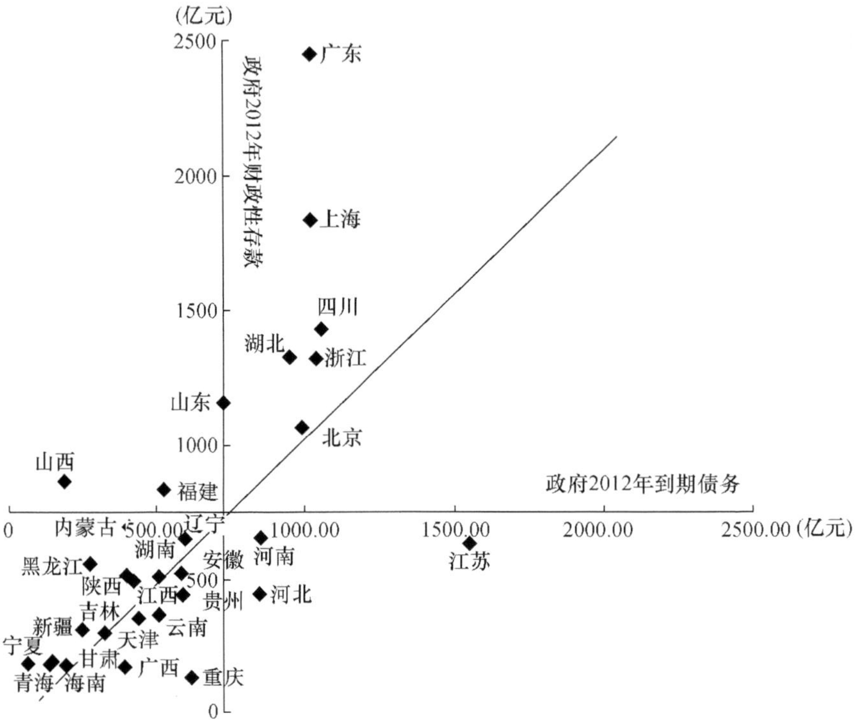

图 1　财政存款用以短期债务偿付匹配程度

图 2 给出了以土地出让收入偿还短期债务的匹配情况。尽管各省的“政府性基金管理办法”中并未明确土地出让收入用以还债，但大多数地方政府依靠卖地还债已成常态。以山东为例，按照山东省审计厅审计结果，地方政府还债约有 40% 依靠出让土地①。对比图 1 和图 2 可以发现，若依靠土地还债，江苏省的偿债能力将会大幅好转。湖北和贵州等省份却出现了情况恶化，原因可能在于当年的土地出让收入不理想。这实际也反映出所有地方政府需要正视的困难，即土地市场的波动性，以及国有土地资源的有限性。大量依赖卖地还债，虽然短期内不会出现困难，但长期看同样不具有持续性。

① 见新华网载《地方政府还债近四成靠卖地》。

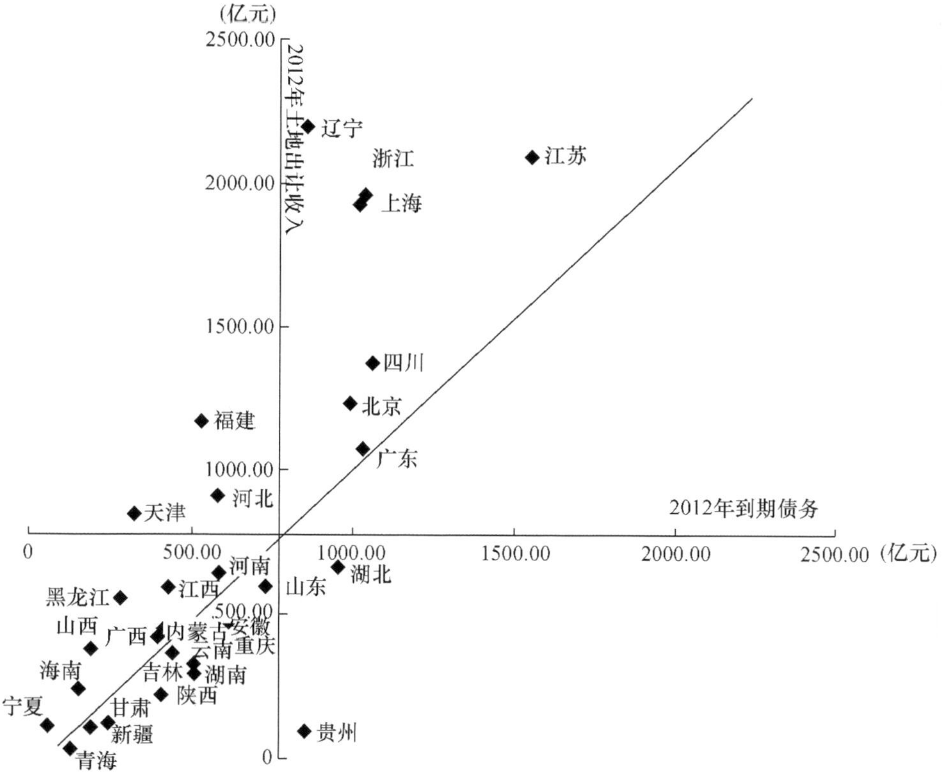

图 2　国有土地出让收入用以短期债务偿还匹配程度

图 3 给出了 3 年的地方税收与长期债务的匹配程度，根据李嘉图等价定理，地方政府在当期可以举旧债还新债，但这意味着居民未来承受更多的税负。如果未来经济增长乏力，则未来一代的财政风险爆发可能演变为经济危机。这显示出过去 10 年地方政府官员在有意无意间扮演着“击鼓传花”的角色。地方税收增长可能是长期债务偿还的最后保障。现实当中，一些县级政府也确实用营业税偿还了部分债务利息。图 3 是本文长期偿债能力主要指标的反映。从图中可以发现，在经济增长较好的省份，依靠税收有较为充足的偿债能力。天津由于本身负债较低，且税收总量较高，因此具有最好的长期偿债能力表现。而四川、湖南、湖北是近年中西部地区经济增长和城市化较快的省份，尤其增长滞后于财政支出，这些省份的长期偿债能力不容乐观。

此外，本文的长期偿债能力中还包含了地方行政事业资产的估算，并用以与长期债务匹配。这主要是从近年地方政府非税收入快速增长的现实考虑。一些省份如湖南、山东 2010 年左右相继出台《国有资源资产有偿使用收入管理办法》。

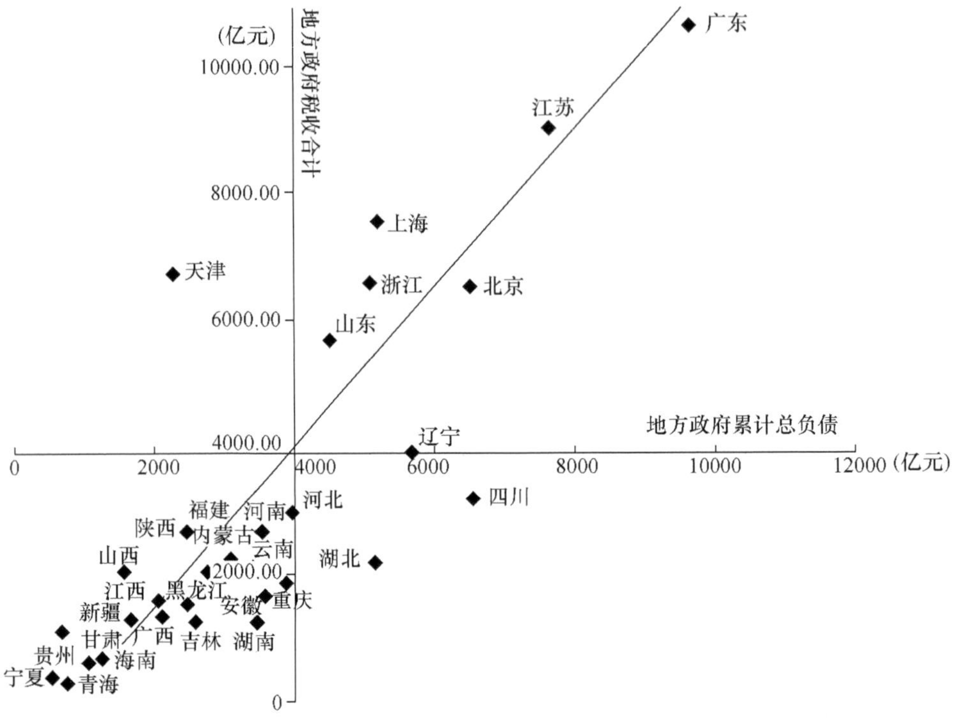

图 3　长期税收与长期债务的匹配情况

按照湖南长沙市的非税局的调研，政策出台以后，相应的非税收入有了快速增长，且对于充实地方财源，以及偿还负债起到了一定作用。限于篇幅，其他测度指标含义就不一一列出。

（二）公共服务水平与地方财政健康度分析

政府财政健康度的另一个评价维度，即是政府财力能否足额支出预算支出项目。这其中既包括用于保障国家行政体制运行的一般公共服务支出，也包括用于公共产品的教育、医疗和环保支出。此外，在我国虽然社保预算与一般预算并行，但社保基金的最终缺口仍需政府“兜底”。因此，本文的指标构建中也考虑了社保预算的平衡情况。为评价政府的未来公共服务支付能力，本文作了远期预测，以 2020 年为时间节点，预测了对应的社保收入和老龄人口，图 4 显示了其匹配情况。同时，在长期公共服务的支付能力上，我们均采用了简单的 ARMA 方法用历史数据预测了 2020 年的收支数据，并匹配了相应的人口数据。

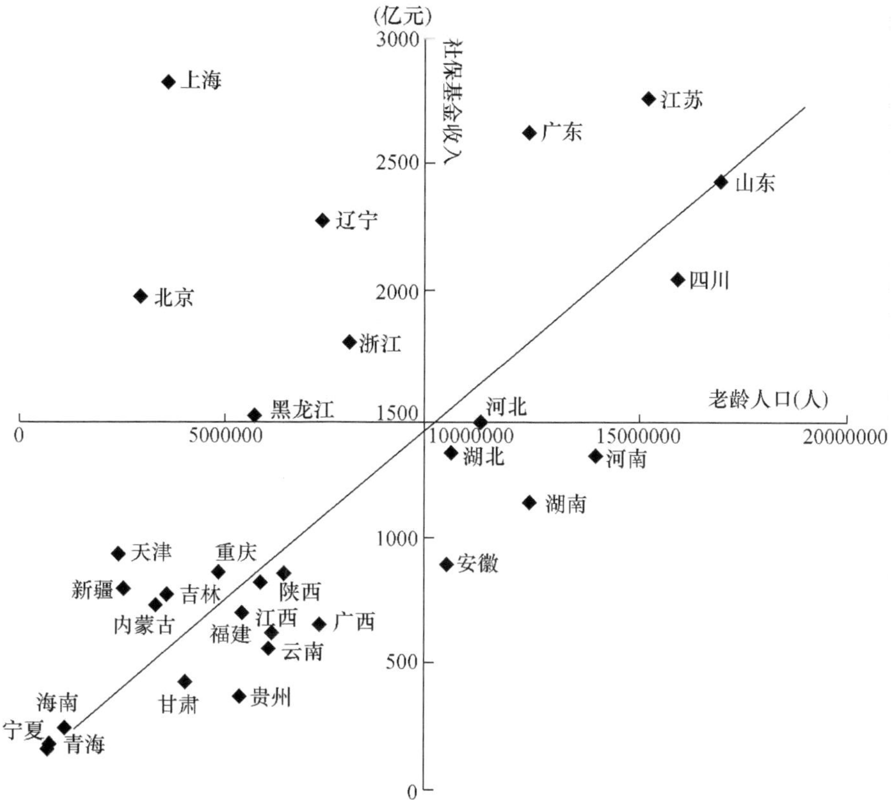

图 4　2020 年社保基金预测收入与老龄人口增长匹配情况

五、中国省际间的财政健康度评价结果

（一）地方政府短期、长期偿债能力测度

表 2 给出了地方短期偿债能力的评价结果，通过排名可以发现偿债能力与地区的经济发展水平有一定的相关性。但一些中部省份如湖南、湖北、安徽其经济发展水平与负债水平并不相符，其短期偿债风险较大，这样的结果是与相关省份快速的城市化建设和基础设施投资相关联的。相应的，江苏等省份虽然经济发展速度较快，但与其巨大的负债水平相比，在短期偿债上仍具有风险。

表 2　短期偿付能力得分

排序	省份	得分	排序	省份	得分
1	上海市	8.91	16	河南省	3.24
2	山东省	6.82	17	江苏省	3.12
3	福建省	5.92	18	广西壮族自治区	2.64
4	辽宁省	5.84	19	陕西省	2.54
5	广东省	5.82	20	湖南省	2.42
6	天津市	5.81	21	安徽省	2.37
7	山西省	5.11	22	吉林省	2.32
8	浙江省	5.07	23	甘肃省	2.12
9	海南省	4.35	24	新疆维吾尔自治区	2.09
10	河北省	4.00	25	湖北省	2.09
11	内蒙古自治区	3.93	26	云南省	1.93
12	黑龙江省	3.88	27	青海省	1.87
13	江西省	3.61	28	宁夏回族自治区	1.81
14	四川省	3.59	29	重庆市	1.71
15	北京市	3.30	30	贵州省	0.60

注：数据来源于《中国财政年鉴2012》、《中国金融年鉴2012》、2012年各省（市、自治区）全省及本级政府性基金预算收入预计执行情况表和2013年各省（市、自治区）政府性债务审计结果，剔除了西藏自治区的相关数据。

表3是长期偿债能力的评测结果，天津具有良好的经济发展速度，同时保持了低负债，这是其获得高得分的依据。而山西的偿债能力建立在其资源性收益之上，当资源性收益不可持续时，其长期偿债风险有可能加大。湖北、重庆、四川等中西部省份在长期偿债能力上依然排名较后。值得关注的是，中国绝大多数省份的长期偿债能力得分均较低。这意味着地方债风险是普遍的。在城市化速度和基础设施投资速度无法压缩的情况下，当前一届政府应警惕负债规模的继续膨胀。

表 3　长期偿付能力得分

排序	省份	得分	排序	省份	得分
1	天津市	9.03	16	辽宁省	1.46
2	山西省	4.14	17	海南省	1.43
3	福建省	3.35	18	河北省	1.41
4	上海市	3.29	19	广东省	1.39

续表

排序	省份	得分	排序	省份	得分
5	山东省	3.07	20	重庆市	1.25
6	浙江省	3.06	21	贵州省	1.23
7	北京市	2.73	22	新疆维吾尔自治区	1.20
8	安徽省	2.58	23	云南省	1.11
9	陕西省	2.26	24	四川省	1.05
10	江苏省	2.04	25	湖南省	0.98
11	河南省	2.03	26	宁夏回族自治区	0.98
12	黑龙江省	2.01	27	吉林省	0.80
13	广西壮族自治区	2.01	28	湖北省	0.75
14	江西省	2.00	29	内蒙古自治区	0.74
15	甘肃省	1.66	30	青海省	0.65

注：数据来源于《中国财政年鉴2012》、《中国税务年鉴2012》、《中国人口和就业统计年鉴2012》、《中国会计年鉴2012》、《中国国土资源统计年鉴2012》，剔除了西藏自治区的相关数据。

（二）地方政府短期预算与长期公共服务支付能力测度

一般预算支付能力评价得分基本上是与经济发展水平一致的。但并非人均公共支出大就得分高。指标设计中还考虑了政府一般预算收入结构的合理性和支出中行政事业成本的比例。因此，综合起来看，天津市的政府收入结构更合理，且一般行政支出占总支出比重较低。北京市的得分排名并非最高，也是由于以上的原因。

表4　一般预算支付能力得分

排序	省份	得分	排序	省份	得分
1	天津市	6.97	16	浙江省	3.63
2	江苏省	5.44	17	广西壮族自治区	3.56
3	上海市	5.24	18	湖北省	3.56
4	重庆市	5.22	19	贵州省	3.54
5	山东省	5.04	20	江西省	3.42
6	陕西省	4.79	21	四川省	3.38
7	北京市	4.65	22	吉林省	3.35
8	广东省	4.52	23	云南省	3.34
9	辽宁省	4.50	24	河南省	3.30

续表

排序	省份	得分	排序	省份	得分
10	福建省	4.21	25	黑龙江省	3.23
11	安徽省	3.91	26	新疆维吾尔自治区	3.11
12	山西省	3.83	27	宁夏回族自治区	3.04
13	内蒙古自治区	3.80	28	海南省	2.85
14	河北省	3.79	29	甘肃省	2.83
15	湖南省	3.77	30	青海省	1.96

注：数据来源于《中国财政年鉴2012》、《中国统计年鉴2012》，剔除了西藏自治区的相关数据。

长期服务主要涉及未来的公共服务支出水平与居民需求及人口结构的匹配性。从得分情况看，两极分化现象较为严重。一方面，经济发达省份和资源性省份在长期公共服务上具有优势，但广东可能由于有大量的人口流入，所以其公共服务支出保障能力并不乐观。另一方面，有很大一部分省份的公共服务财力保障能力很低，这既来自社保支出的压力，也反映出这些省份在环保、医疗、文化教育方面仍有较多历史欠账。这阻碍了这些省份未来提高公共服务水平的能力。

表5　长期公共服务支付能力得分

排序	省份	得分	排序	省份	得分
1	北京市	8.62	16	山西省	1.64
2	福建省	7.63	17	浙江省	1.62
3	上海市	7.03	18	甘肃省	1.52
4	天津市	5.70	19	云南省	1.13
5	内蒙古自治区	4.39	20	贵州省	1.01
6	江苏省	4.28	21	青海省	0.93
7	新疆维吾尔自治区	3.63	22	四川省	0.82
8	重庆市	3.06	23	山东省	0.75
9	吉林省	2.88	24	湖北省	0.70
10	辽宁省	2.52	25	河北省	0.65
11	海南省	2.38	26	安徽省	0.64
12	宁夏回族自治区	2.20	27	江西省	0.62
13	黑龙江省	2.17	28	湖南省	0.54
14	陕西省	2.09	29	广西壮族自治区	0.47
15	广东省	1.65	30	河南省	0.11

注：数据来源于《中国财政年鉴2012》、《中国人力资源与社会保障年鉴2012》，剔除了西藏自治区的相关数据。

（三）财政健康度之综合测度

表6是最后的综合评价得分，其含义已不像单一项的评价明确。但也预示了中国当前地方政府推动经济发展遭遇的普遍困境。城市化和工业化是当前中国经济发展的主线，发展经济学理论都明确了政府推动基础设施建设的重要性。然而，超越发展阶段的盲目投资也会导致财力枯竭和高负债。合理控制负债水平，有序推动城市化和工业化节奏，政府从直接投资者向投资引导者转变，需要大量的制度创新。得分实际反映了该省域内地方政府发展的财政风险及财政可持续性的偏好。由此，提高地方财政治理能力是未来改革的方向。

表6　省际政府财政健康度评价得分

排序	省份	得分	排序	省份	得分
1	天津市	5.59	16	江西省	2.40
2	上海市	4.88	17	河南省	2.40
3	广东省	4.78	18	陕西省	2.39
4	浙江省	4.56	19	贵州省	2.37
5	山西省	4.37	20	四川省	2.37
6	福建省	3.95	21	广西壮族自治区	2.18
7	江苏省	3.65	22	内蒙古自治区	2.14
8	海南省	3.26	23	云南省	2.12
9	北京市	3.22	24	湖北省	2.00
10	山东省	3.19	25	甘肃省	1.99
11	宁夏回族自治区	3.01	26	重庆市	1.86
12	辽宁省	2.94	27	湖南省	1.76
13	安徽省	2.74	28	新疆维吾尔自治区	1.71
14	黑龙江省	2.52	29	吉林省	1.54
15	河北省	2.42	30	青海省	1.29

六、政策建议及研究展望

美国等西方国家的历史经验表明，在地方政府资产负债信息和财政收支信息基础上建立财政健康指标体系，是提高政府财政风险防控能力，约束官员策略性行为，保证财政可持续性的有效方式（张光，2008）。2013 年我国地方政府已尝试编制资产负债表，但地方性的国有资源（资产）产权改革不到位，相关收益预算管理空缺使得收入流失的同时，也造成了统计信息的缺失。未来既需要自上而下建立地方政府的资源负债信息披露框架，也需要将基层的信息汇总建立以省为责任中心的地方资产负债信息数据库。

约束地方政府财政风险的制度建设还在于地方人大财政监督权。地方隐性负债的累积风险主要是通过事业单位和地方融资平台形成的，未来可尽快推动相关机构的职能分离。对政府具有偿还和担保责任的债务进行证券化处理，建立规范的地方债务市场，以降低风险。但债券良好的发行机制依然需要地方治理机制的形成，依托地方人大建立财政风险预防机制，对于地方官员推动的“负债城市化”战略予以约束，形成事前的评议否决机制，在制度上控制地方负债风险尤其重要。

地方政府在公共服务上的财力差异是地方发展差距的显现，城市化进程本身带来的人口空间转移会导致公共产品供给在地域、城乡间的重新调整。这也意味着地方政府间转移支付将是一个长期动态的过程。人口老龄化带来的地方人口结构的变化，则意味着基金预算、社保预算应尽快建立中长期滚动预算机制。

本文研究了省际间的财政健康度，实际上主要的地方债务风险和公共支出困境并非集中在省本级，而是较多地集中在市、县级。中国的县域经济由于自然资源禀赋的不同而差异巨大，由此导致的财政状况也是千差万别。在市、县级建立统一的财政健康度分析框架将有助于控制风险和为转移支付提供依据，下一步结合市（县）财政特征建立相关的评价体系将更有意义。

参考文献：

[1] Brown, K. W. The 10 – point Test of Financial Condition: Toward an Easy – to – Use Assessment Tool for Smaller Cities [J]. Government Finance Review, 1993, 9 (6): 21 –26.

[2] Charles H. L. Organizational Decline and Cutback Management [J]. Public Administration, 1978, 4 (38): 316 –325.

[3] Dommel, P. R., Nathan, R. P. Measuring Community Distress in the United States. Paper Presented at the Seminar on Measuring Local Government Expenditure Needs, December, Denmark, 1978.

[4] GASB. Statement of the Governmental Accounting Standards Board No. 34:

Basic Financial Statements and Management' s Discussion and Analysis for State and Local Governments [M] . Norwalk, C. T. : GASB Press, 1999.

[5] Groves, S. M. , Godsey, W. M. , and Shulman, M. A. Financial Indicators for Local Government [J] . Public Budgeting and Finance, 1981, 1 (2): 42 -60.

[6] Groves, S. M. , Valente, M. G. , & Schulman, M. Evaluation Financial Condition: A Handbook for Local Government [M] . Washington D. C. : International City/County Management Association Press, 2003.

[7] Honadle, B. W. , Costa, J. M. , & Cigler, B. A. Fiscal Health for Local Governments [M] . An Introduction to Concepts, Practical Analysis, and Strategies, New York: Elsevier, 2004.

[8] Hendrick. R. Assessing and Measuring the Fiscal Health of Local Government: Focus on Chicago Suburban Municipalities [J] . Urban Affairs, 2004, 1 (40): 78 -114.

[9] Justice, J. B. , & Scorsone, E. A. Measuring and Predicting Local Government Fiscal Stress: Theory and Practice [J] . In Levine, H. , Justice, J. B. , & E. A. Scorsone (ed) . Handbook of Local Government Fiscal Health, Burlington, Mass. : Jones & Bartlett, 2012.

[10] Kloha, P. , Weissert, C. S. , & Kleine, R. Developing and Testing a Composite Model to Predict Local Fiscal Distress [J] . Public Administration Review, 2005, 3 (65): 313 -323.

[11] Ladd, H. F. , Yinger, J. America's Ailing Cities: Fiscal Health and the Design of Urban Policy [M] . Baltimore: Johns Hopkins University Press, 1989.

[12] Maher, C. S. , Nollenberger, K. Revisiting Kenneth Brown' s '10 - Point Test' [J] . Government Finance Review, 2009, 25 (5): 61 -66.

[13] Sohl, S. , Peddle, M. T. , Thurmaier, K, Wood, C. H. , & Kuhn, G. Measuring the Financial Position of Municipalities: Numbers Do Not Speak for Themselves [J] . Public Budgeting & Finance, 2009, 29 (3): 74 -96.

[14] Wang. X. , Dennis L. , Sen Y. T. Measuring Financial Condition: A Study of U. S. States [J] . Public Budgeting & Finance, 2007 (27): 1 -21.

[15] 巴曙松．防范与化解地方债风险的途径 [J] ．中国对外贸易，2011 (9)：24 -27.

[16] 曹远征，钟红，廖淑萍，叶蓁．重塑国家资产负债能力 [J] ．财经，2012 (15)：11 -18.

[17] 傅勇．财政分权、政府治理与非经济性公共物品供给 [J] ．经济研

究，2010（8）：4－17.

［18］李建军，谢欣．地方财政健康与财政分权——基于湖北省县级数据的实证研究［J］．当代财经，2011（7）：33－42.

［19］李扬，张晓晶，常欣．中国国家资产负债表（2013）——理论方法与风险评估［M］．北京：中国社会科学出版社，2013.

［20］刘军民．我国地方财政健康程度的评价分析与改进思路［J］．华中师范大学学报（人文社会科学版），2007（3）：10－16.

［21］马骏等．中国国家资产负债表研究［M］．北京：社会科学文献出版社，2013.

［22］苗文龙．“后危机”时代我国商业银行地方政府融资平台贷款风险及防控对策［J］．中国经济问题，2011（7）：60－66.

［23］袁国龙．从“欧猪五国”到“新重债七国”——再论欧洲主权债务危机治理［J］．中国经济问题，2014（3）：59－66.

［24］张光．美国进步时代的政府会计改革［J］．公共管理研究，2008（5）：44－64.

［25］周黎安．中国地方官员的晋升锦标赛模式研究［J］．经济研究，2007（7）：36－50.

PEFA 政府财政管理能力评价体系及在中国地方政府的应用构想[①]

一、引言

中共十八届三中全会提出:“全面深化改革的总目标是完善和发展中国特色社会主义制度，推进国家治理体系和治理能力现代化……”，并同时开宗明义地提出“财政是国家治理的基础和重要支柱”。围绕着“构建现代化财政治理体系”这一命题，众多财政学者在过去的两年中提出了财政治理改革的新思路(叶青，2014；高培勇，2014；刘尚希，2014；卢洪友，2014；吕冰洋，2014；朱启贵，2014)。当此之时，深入探讨“财政治理”的内涵，明确政府财政治理能力建设的维度，有较大的现实和理论意义。基于此，本文详细介绍了世界银行的 PEFA 政府财政管理评价体系，对比了国内相关研究，结合中国财政管理实际提出了未来这一体系在国内应用的设计构想建议。

二、PEFA 政府财政管理能力理论基础、发展及影响

Fukuyama（2007）重新将治理定义为“政府制定、实施规则及提供服务的能力”，并提出“政府能力测度”的构想。而以政府的财政活动实际上居于政府各种活动的核心。因此，Hou（侯一麟，2008）提出了政府“财政治理能力”的

① 本文受国家社科重大项目“地方政府性债务管理和风险防范研究”（12&ZD047），财政部、教育部高校共建项目“公共资源出让收益共享制度研究”的资助。

概念。而以政府财政行为合规性为核心的预算法定程序建设，是财政治理现代化改革的重中之重（叶青，2014；刘尚希，2014；卢红友，2014；王雍君，2014）。从公共管理的视角看，财政分权使得地方政府在提供公共服务中角色日益重要。Shah（2005，2006）、Robin 和 Shah（2009）提出，地方治理应从“响应式治理”（Responsive Governance）向“责任型治理”（Accountable Governance）转变。此后，Ivanyna 和 Shah（2010）提出了细化的“责任型政府治理”的标准，其中与财政治理相关的内容包括：地方政府应通过公民知情权法规；通过互联网公布政府预算提案和年度绩效报告；公开预算的执行信息和公众（第三方）评估信息；政府公共项目的淘汰程序；保障公民对公共项目提出意见、选择供应商的权利；提供可读的预算绩效公民读本；大型公共项目的强制性公决（50%以上的公民参与）；在公开的市民会议上进行预算、公共合同和绩效报告的辩论程序；建立提供政府服务平衡记分卡和绩效反馈的公众评议协会组织；官员公共决策失误问责及解雇条款；对纳税人提供完善的税收诉讼程序等。以上指标，也被认为是 21 世纪“以公众为核心的地方治理”评价的核心（Moore，2004；Shah，2007）。以上的公共治理理论和财政理论为政府财政管理能力评价提供了多方视角。

真正推动财政治理评价体系应用于各国财政治理实践的是世界银行的 PEFA（Public Expenditure and Financial Accountability）计划，2001 年由 7 个国际财政研究机构发起成立。其致力于评价政府的公共支出、政府采购和财政责任，发展出了一套公共财政管理（治理）PFM（Public Financial Management Performance Measure Framework）绩效评价体系，且推动了各国政府的财政治理改革（World Bank，2011）。该评价体系在 130 个国家、70 余个地方政府应用中不断修正，并于 2013 年提出了“次中央实体”（省级政府和地方政府）的评价体系应用指南（PEFA Secretariat，2013）。这一框架借鉴了管理学的 PDCA 循环并提出了 4 阶段的预算循环，同时吸收了财政治理理论研究的最新成果，提出了公共财政治理的 6 个关键维度：①预算信用；②全面性和透明度；③政策目标遵从程度；④可预算性和预算执行控制；⑤会计记录和政府财政报告；⑥外部监督和审计（PEFA Secretariat，2011）。相应的 31 个细分指标极大响应了理论发展。

PEFA 评价体系已应用于英国、法国、印度、巴基斯坦、新西兰、巴西以及非洲一些国家地方政府的财政治理能力评价。但 Charles（2012）指出，这一体系在应用于地方政府时面临诸多挑战。主要是由于各国分权体制的差异性，导致难以界定次中央实体的边界，以及确定其应有的财政法规制定和执行责任，也因此导致国家间次中央政府的评价结果难以比较。相对而言，中央政府层面的评价结果更容易在国际间比较（Tobias 等，2012）。这也说明 PEFA 次中央实体的评价框架需要根据各国实际情况加以修正。本文介绍了 PEFA 框架下政府财政管理能力评价体系中指标的详细构成与测度方法。在此基础上，依据中国的财政管理体系，提出了构建我国地方政府财政管理能力测度的指标体系构想。

三、PEFA 对政府财政管理能力的评价指标体系框架

PEFA 的财政管理能力评价体系是围绕政府预算循环展开的，其目标是发现财政管理中的制度短板，提出政府财政管理的改进方案。这些改革是与政府的全面能力建设相联系的。其中也包括政府领导权力的再分配，公共资源所有权等深层改革。最终目的都是推动“负责型”政府的建立。

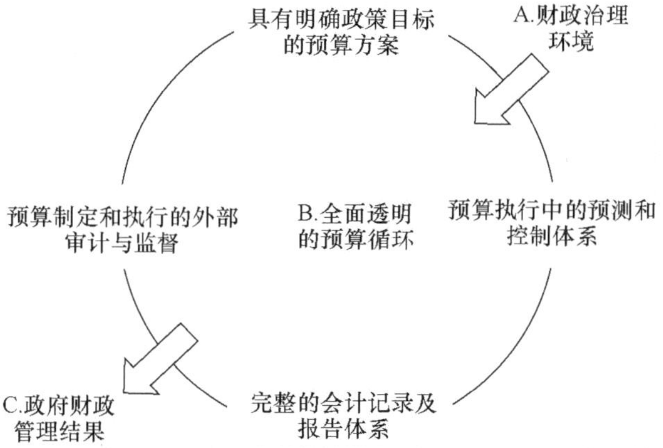

图 1　PEFA 政府财政管理能力评价的全过程

PEFA 框架下的“公共财政管理”评价指标在各国的实践中被证实抓住了政府财政管理的核心要素。对象指向的中央政府包含了中央政府的各部门，其中也包含了行政机构关联的公共部门和公共企业。指标体系关注了预算中的收支信息，同时也关注了影响政府财政状况的资产和负债信息（如指标 PI－7、PI－9、PI－26）。尤其关注了政府预算的预测性和执行力度，这影响了政府的中长期财政健康状况。

（一）对预算管理直接结果的评价

PEFA 对政府财政管理能力的第一方面的评价维度针对了政府预算信守程度

(Budget Credibility)。在我国，预算“超收超支”问题直到近年来才引起关注(高培勇，2008；马蔡琛，2009；孙玉栋、吴哲方，2012)。相关文献均指出，财政增收的官员考核机制使得税收征管机制扭曲，形成了逐年提高税收任务的“棘轮效应”。超收的财政收入往往缺乏监管，被随意挪用。加之追求年内平衡，也刺激了政府突击花钱行为。因此，应形成对我国地方政府的预算“超收超支”行为的评价及约束机制。即政府的收支是否与最初预算批准的数额一致。从中还能发现各项支出与最初批准数值的差异，以及政府累计 3 年内的预算遵从程度的变化。表 1 体现了 PEFA 体系中对决算与预算偏离的控制构想，前 3 个指标都指向了预决算收支的差异。最后一个子指标衡量了累积的债务，这一指标更多地应理解为政府对负债的管理是否遵循了预算原则。

表 1　对预算管理结果（PFM - Out - Turns）评价：政府预算的信守程度

指标序号	指标具体内容	指标测度方法
PI - 1	政府实际支出总额与批准的预算支出偏离	按照 3 年内偏离是否超过 5%、10%、15% 及以上分为 A、B、C、D 4 个等级
PI - 2	政府分项支出与批准的预算支持偏离	按照各项支出偏离预算的平均值是否超过 5%、10%、15% 及以上分为 A、B、C、D 4 个等级
PI - 3	政府收入总额与预算批准的收入偏离	实际收入总额在预算的［97%，106%］、［94%，112%］、［92%，116%］及以外对应 A、B、C、D 4 个等级
PI - 4	政府支出的累积支付欠款①	累积欠款存量在年度支出的 2% 以内；在 2% ~10%，并预计未来 2 年削减 25%；在 2% ~10%，但未来缩减少于 25%；超过 10%。分为 A、B、C、D 4 个等级。

（二）对预算运行过程中信息公开程度的评价

对信息公开和预算全面性的评价贯穿于预算循环的始终。其中对全面性的跟踪评价，在于反映政府职能与财政的匹配和变化。让公众了解政府财政收支匹配的各项政府公共服务职能。相关预算体系的变化，也应紧密与政府活动变化相协调。

① 指在公共政府采购合同允许下政府拖欠支付的款项。

表 2 对预算信息披露的评价：预算的全面性和透明度

指标序号	指标具体内容	指标测度方法
PI－5	政府预算科目的细化程度	预算的编制和执行使用了 GFS（政府财政统计核算体系）/COFOG（联合国政府功能分类）标准，并应用于次中央级政府部门的职能分类；使用了至少 10 个以上的 COFOG 分类；仅使用了 GFS 分类；基于自己的分类。按照以上分为 4 个等级
PI－6	政府预算文本中包含信息的全面程度	PEFA 评价体系列出了 9 方面需要披露的信息，按照信息披露涉及 9 方面中的 7～9 方面、5～6 方面、3～4 方面，少于 2 方面分为 4 个等级①
PI－7	未报告的政府运行活动比例	未报告的预算项目占整个支出的 1%之内、1%～5%、5%～10%、10%以上，按此分为 4 个等级
PI－8	政府间财政关系的透明度	
PI－8（i）	次中央政府间财政资源配置的目标及透明度	按照来自中央转移支付中至少有 90%、50%、10%～50%、低于 10%有明确的分配原则和信息披露，按此分为 4 个等级
PI－8（ii）	次中央政府获得转移支付资金分配信息的及时性	按照中央的转移支付资金的详细信息传递给次中央政府的时间在开始详细预算编制之前、在结束预算提案之前、在本年财政年度开始之前、在预算最终通过后，按此分为 A、B、C、D 4 个等级
PI－8（iii）	按照部门分类的财政数据的整合程度	中央政府可以在财政年度 10 个月内收集 90%、18 个月内收集 75%、24 个月内收集 60%、24 个月内收集不到 60%的地方政府财政数据进行整合披露报告，按此分为 A、B、C、D 4 个等级
PI－9	对来自政府相关实体的财政风险披露	主要的政府延伸机构 AGA（Autonomous Government Agencies）和公共企业（Public Enterprises，包括国有银行）至少每 6 个月/每年/向政府提交包含审计信息的财务报告，全部/一部分重要的地方政府负债头寸风险受到监控。按此分为 A、B、C、D 4 个等级
PI－10	公众获取预算信息的便捷程度	按照政府向公众披露财务信息是否满足 6 条标准，分为 A、B、C、D 4 个等级②

① PEFA 要求预算包含的 9 方面信息包括：对宏观经济的预测目标，涵盖经济增长率、通胀和利率控制水平；按照 GFS 的国际标准定义的财政赤字；赤字性融资水平；债务累积存量；财政资产；前一年度的预算执行结果；当前年度预算的不同版本；按照 GFS/CONFOG 分类的预算数据总结；对具有新政策含义的预算项目（预算变动）的意义进行解释。

② 公众获取政府信息便捷程度 6 方面的标准：一是当预算文本提交给立法机构后，公众通过合适的渠道可以获取全部信息；二是年度预算执行报告完成后，公众在一个月内可通过合适渠道获得报告；三是年度财政报告编制后，公众在 6 个月内可获得全文；四是外部审计报告：所有的报告在 6 个月内完成向公众公布；五是合同授予：10 万以上的政府合同授予信息每季度向社会公布；六是主要公共服务部门（医院或学校）的资产和资源情况应每年向社会公开。

（三）对预算循环的评价：预算的目标、执行、记录、控制、监督

对整个预算循环过程的评价涉及四个方面：一是政府预算是否与政府公共政策目标一致；二是预算实施是不是有正规的程序和可预见到的审议制度，以及在整个预算过程中是否有严格的控制体系；三是充分的会计记录和信息报告制度，以适应对预算的控制、管理和报告目标；四是独立于行政体系的外部监督和审计机制。相关的具体评价指标见表3～表6。

其中，表3对预算政策目标实现程度的评价，是从政府财政功能入手，评价财政收支与政府的公共政策目标的一致性。这样的评价指标对于我国地方政府值得借鉴。我国的5年期政府规划长期与实际的预算执行脱节。各地的政府规划编制过程尽管耗费巨大的人力物力，而一旦编制结束，往往对以后逐年的政府收支行为没有任何约束力。这也导致政府预算缺乏中长期目标，朝令夕改，浪费财政资金的投资项目比比皆是。

表3　预算的政策目标实现评价

指标序号	指标具体内容	指标测度方法
PI－11	年度预算过程的有序性	
PI－11（i）	对预算执行日程的清晰规定	按照是否存在清晰的预算日程安排并严格遵守，以及是否有充足的时间完成预算的多轮修订（至少6周）分为A、B、C、D 4个等级
PI－11（ii）	对于预算的准备过程有明确的指导文件	按照是否有全面清晰的预算编制流程发给预算编制的各政府部门，并反映有议会关于各部门预算的事先审批最高限额，分为A、B、C、D 4个等级
PI－11（iii）	预算及时提交立法机构进行审批	按照近3年立法机构是否能在财年开始前完成预算的审批、修订程序分为A、B、C、D 4个等级
PI－12	中长期的财政政策规划、支出政策目标和预算的对应	
PI－12（i）	多年的财政预测和长期的资源配置目标	至少有3年的财政状况预测，准备有滚动预算编制方案，并将预测数字与预算上限联系，按此分为A、B、C、D 4个等级
PI－12（ii）	债务规模和结构的可持续性分析	按照是否对国内外债务进行年度分析或二年、三年分析分为A、B、C、D 4个等级
PI－12（iii）	部门规划的存在及其与中长期预算的一致性	部门规划中的政府支出占据了预算总体规划的75%以上、25～75%、25%以下分为A、B、C、D 4个等级
PI－12（iv）	投资预算与中长期预算支出估计的一致性	政府预算中的投资支出是否与中长期经济、财政预测估计数值一致，按此分为A、B、C、D 4个等级

表 4 中将预算的执行和法定分解为政府与纳税人的权利义务关系、政府财政的风险控制和财政运行中信息透明与监控机构的独立职能。我国学者对相关研究已有所涉及，如蒋洪（2009～2012）编制的地方政府财政透明度报告，对地方政府的信息公开进行了全面评价。但涉及税收法定及执法过程中的程序公正则少有研究涉及，类似的指标提出对于我国的地方税收征管能力的评价值得借鉴。

表 4　预算执行的法定性和执行的控制力度

指标序号	指标具体内容	指标测度方法
PI－13	纳税人责任与义务的清晰界定	
PI－13（i）	清晰、全面的纳税人义务规定	税收实体立法对各税种有清晰的界定，并通过征管法明确征税机构的职权，按此分为 A、B、C、D 4 个等级
PI－13（ii）	纳税人可以便捷地获知纳税义务和征税程序	纳税人能够便捷地获得应交税款的信息并熟悉缴税程序，税务机关能对纳税人的纳税意识和纳税义务进行培训，按此分为 A、B、C、D 4 个等级
PI－13（iii）	征税争议处置机制的存在	税收争议处置程序透明，并通过独立的司法机构解决纳税人与税收行政机构的争议，该机构能够对争议进行公正、迅速的处置，按此分为 A、B、C、D 4 个等级
PI－14	纳税人登记管理和纳税评估的有效性	
PI－14（i）	纳税人登记管理体系的控制力	按照纳税人信息是否全面登记在数据库系统中，并且与相关的政府登记系统和财政部门管理系统互联分为 A、B、C、D 4 个等级
PI－14（ii）	对于不进行全面纳税登记和申报的惩罚有效性	按照是否对纳税不遵从行为进行全面惩罚、对延迟纳税设置高的罚款，并在税收征管中严格遵循法律，一视同仁分为 A、B、C、D 4 个等级
PI－14（iii）	对税务审计体系进行长远规划并设置监控体系	建立全面的税务审计和渎职调查体系，并对税收征管进行定期全面的审计报告和改进规划，并设定税收征管风险评价标准，在主要税种征收中要求进行自我评估，按此分为 A、B、C、D 4 个等级
PI－15	税款征收的有效性	存在三个评价维度，①按照当年已收税款占全部纳税义务的 90%、75～90%、60～75%、60% 以下；②征收税收是否直接进去财政账户；③纳税评估税额、征收税额、应收税额和交付财政税额及时对照协调。按比分为 A、B、C、D 4 个等级
PI－16	承诺的财政支出对应的资金能够筹集	存在三个评价维度：现金流的预测和监控、各行政部门能够获取预计可用财政资金的门槛信息、预算调整的频繁程度和透明度。按照预测的财政现金流是否每月更新、按照预算进度 MDA 能够规划保证资金使用；1 年内对预算的较大调整只发生 1～2 次，按此分为 A、B、C、D 4 个等级

续表

指标序号	指标具体内容	指标测度方法
PI－17	对预算平衡的记录和管理	
PI－17（i）	债务数据记录和报告的质量	按照国内外债务数据是否被按照月度、季度、每年或不存在完全记录、及时更新并与基层机构对比，全面的统计报告是否每季度、每年、偶尔制定分为A、B、C、D 4个等级
PI－17（ii）	政府现金流平衡的准确把握程度	按照所有的现金流是否每天、每周、每月计算并确认，或不完整确认分为A、B、C、D 4个等级
PI－17（iii）	合同贷款和担保保险的管理体系	全部中央政府的贷款和担保责任由透明的标准和财务目标控制，且有明确的政府实体负责，按此分为A、B、C、D 4个等级。
PI－18	政府行政人员工资费用的控制	包括4方面的评价维度：公职人员的信息和工资开支是否被统一管理、对人员信息变动和薪酬信息变动能做出及时调整、有内部控制体系用于人员的职位和薪酬调整、存在针对薪酬的专门审计机制以控制舞弊和贪腐，按照满足以上标准的多少分为A、B、C、D 4个等级
PI－19	政府采购中的透明度、充分竞争、合乎经济效益及可控性	
PI－19（i）	政府采购的透明度	按照政府采购法规中是否有全面的透明度规定，从6方面进行评价，分为A、B、C、D 4个等级*
PI－19（ii）	使用竞争性的采购方式	按照采购合约以非公开竞争途径达成占整个政府采购的比例未全部、80%、60%、60%以下，分为A、B、C、D 4个等级
PI－19（iii）	社会有机会获取全面、有效和及时的采购信息	关键性的采购信息要素被公开达到90%、75%、50%及以下分为A、B、C、D 4个等级*
PI－19（iv）	独立的行政机构应对采购中的申诉和复议	相关机构是否由经验丰富、熟悉采购法规的成员组成，其自身不涉及任何采购交易和合约授予过程、没有收取采购各方的咨询费用、其解决争议的过程完全公开、有权要求推辞采购进程、有明确的时间框架发布最后的争议处置结果、处置结果对各方有约束力，按以上标准分为A、B、C、D 4个等级
PI－20	非行政费用支出的监控体系有效性	存在3个维度：有效的支出控制、全面的内控规章和程序、对规则的处置和记录申诉机制，按以上标准分为A、B、C、D 4个等级

* ①政府采购的职能分工体系清晰建立；②社会公众和企业能便捷地获取采购信息；③将采购法应用于所有使用政府资金的采购行为；④明确满足竞争性的各种采购方式；⑤向社会披露包括采购计划、竞标机会、合同授予方式、解决纠纷和投诉的途径等信息；⑥提供独立的政府行政评议机构处理采购中的投诉、复议。

续表

指标序号	指标具体内容	指标测度方法
PI－21	内部审计的有效性	存在3个评价维度：内部审计机制的范围与质量、审计报告的频率与涵盖范围、管理层对审计报告发现问题的反馈程度。按照全部、主要或小部分的政府实体存在审计机制；按照审计报告是否完整，以及是否涵盖所有实体的审计结果；按照政府机构管理者是否及时全面地对审计结果做出反馈分为A、B、C、D 4个等级

表5反映了政府会计的信息完整性及政府财务报告的质量。关于前者，近年政府会计改革中明晰经济功能类账户，将以收付实现为主的会计制度向权责发生制转变，以反映中长期的政府资产、债务状况。这些改革都有利于反映政府财政的全貌。但涉及财务信息的披露，直到2013年左右，李扬（2012）、曹远征等（2013）才开始尝试编制政府的资产负债表。至于地方政府在相关方面的实践还远远滞后。如果采用PEFA框架中提出的政府财政报告质量的评价标准，对于完善监督地方政府编制信息完备的资产负债和财务报告有很大的促进作用。

表5　政府会计记录和财务报告质量

指标序号	指标具体内容	指标测度方法
PI－22	会计记录的一致性、规范性和及时性	
PI－22（i）	与银行账户的一致性	按照银行账户与财政账户每月是否在总额和明细账户额上一致分为A、B、C、D 4个等级
PI－22（ii）	账户一致性规范、清理临时账户和过期账户	按照协调并清理临时账户或过期账户是否每季度一次，很少，有一些有账户平衡问题分为A、B、C、D 4个等级
PI－23	服务部门获取的资源信息能够及时反映在会计记录中	存在例行的数据收集或账户整理体系提供可靠的公共服务部门（如学校和医院）资源和现金流动的全面信息，编写年度或每3年的报告，按照以上标准分为A、B、C、D 4个等级
PI－24	年度预算执行报告的质量和及时性	存在三个评价维度：预算执行覆盖的范围和执行的细节披露、预算执行报告提交的及时性，报告信息的质量。具体按照报告提供的执行数据是否可与预算数据对比，支出项目是否涵盖预算项目和实际支出增加项目；报告是否按季度或更频繁提供分为A、B、C、D 4个等级
PI－25	年度财政报告的质量和及时性	存在3个评价维度：财政报告的完整性、及时性和会计标准的使用。按照是否有明确的政府财务状况（收支和资产、负债）信息被报告，以及是否在财年结束6个月内提交报告和是否使用IPSAS（国际公共部门会计标准）类似的会计准则标准分为A、B、C、D 4个等级

表 6 是关于政府财政运行的审计监督机制评价，其中核心的维度是审计的独立性。这在我国的审计研究中被称为由“行政型审计”向“立法型审计”的改革。从 PEFA 的评价指标看，特别强调了立法机构审计程序的独立、完整和强力的问责机制。这些对我国的财政审计制度改革也提供了借鉴。

表 6　预算的外部监督和审计的评价

指标序号	指标具体内容	指标测度方法
PI－26	外部审计的范围、特点和定期追踪	按照审计范围和力度、审计报告提交立法机构的及时性、审计结论与证据的充分性三个维度进行评价。按照是否所有政府部门的收支、资产负债信息都被审计，有全面的绩效审计的体系并严格执行，审计报告是否在财年结束 4 个月内提交，是否有清晰的审计证据分为 A、B、C、D 4 个等级
PI－27	年度预算的立法机构监督	按照立法监督的范围、立法监督是否建立全面的程序并被尊崇，是否有充足的实践允许立法机构对预算进行反馈，是否未经立法机构事前同意对预算进行修订三个维度进行评价
PI－28	对已接受立法监督预算的外部审计报告	按照立法结构对外部预算审计报告的处置及时程度、立法机构对外部审计报告中关键审计意见的接受程度、立法机构对审计报告建议发起预算重新修订的程度三个维度进行评价。按照立法机构是否在 3 个月内对审计报告审议、对来自审计部门人员意见进行听证、有证据显示立法机构发起预算重新修订行动分为 A、B、C、D 4 个等级

四、PEFA 框架在中国地方财政管理能力评价的设想及建议

PEFA 同时也提出了地方政府的财政管理能力评价体系，但各国的法律制度存在巨大差异，特别是各国在财政分权程度上差异巨大。因此，对地方政府的财政管理能力进行评价首先要弄清地方政府运行的法律制度环境和各级政府的关系，尤其是关于转移支付、收支安排、政府间借款和公共服务的责任划分。其中关于地方政府结构、次中央政府的责任机制、次中央政府的预算体系、次中央政府的财政体系和次中央政府的制度（政治、行政和财政）结构是对 PFM 评价的前提。对于 PEFA 政府财政管理能力在中国地方政府的使用，应该将以下问题解决并融入到体系中。

第一，对于次中央政府的结构，应关注高层级的政府法规定义了怎么样的下一次政府结构；有多少行政机构存在，其平均的管辖权限范围多大；最近的主要政府间财政关系结构变化立法文件是什么；与相同层级的政府相比，被评价的政府财政管理能力是否受管辖人口、经济规模、财政资源影响。对于次中央政府的事权责任，应关注地方行政机构最重要的公共服务职能和公共支出目标是什么；什么是保证政府履行支出责任的机制（这些机制由宪法或其他法律定义）。

第二，对于次中央政府的预算体系，应主要关注在何种程度上中央（或高层级）法规对本级地方政府预算循环进行规范；次中央政府财政管理过程的主要特征是什么（例如，政府是否在财政部、人民银行拥有自身独特的账户）；在最近年份一般性的地方政府预算支出分类是否按照政府经济功能进行了划分；次中央政府是否有自己的预算审批程序（经地方议会或立法机构），如果没有原因何在；次中央政府是否有管理自己的财政专户及按照自身设立的财政法规；次中央政府是否有权利采购自己需要的商品和公共基础设施，高层级政府对本级政府在采购中的限制权限是怎样的。

第三，对于次中央政府的财政体系，应关注近年来政府收入数据的有效性，政府财政收入的主要构成是什么；什么是中央或高层政府赋予地方政府的主要收入来源。哪个税种和非税收入是地方政府最重要的收入来源；最主要的影响次中央政府财政状况的转移支付是什么，转移支付的总体规模是由什么所决定的；转移支付依据什么进行，是否附有额外条件；次中央政府是否被允许借款，其具体机制是什么，哪一级法规约束地方政府的借款行为。

第四，对于次中央政府的治理（政治和行政权力配置）结构，应关注次中央政府是否有直接选举机制产生地方议会，地方议会是否具有批准和监控地方财政的实际权力；地方的行政领导是否能独立任命行政官员，对整个行政体系具有控制力；主要的行政官员、财政主管官员、内部审计官员和其他地方主要财政官员是由议会任命、行政主官任命还是采用社会聘任制。

参考文献：

［1］孙玉栋，吴哲方．我国预算执行中超收超支的形成机制及治理［J］．南京审计学院学报，2012（7）．

［2］马蔡琛．中国政府预算超收资金的形成机理与治理对策［J］．财贸经济，2009（4）．

［3］高培勇．关注预决算偏离度［J］．涉外税务，2008（2）．

［4］Shah，Anwar and Sana Shah. The New Vision of Local Governance and the Evolving Roles of Local Government［R］．In Local Governance in Developing Countries ed. Washington, D. C.: World Bank, 2006.

[5] Yilin Hou. Budgeting for Fiscal Stability over the Business Cycle: A Countercyclical Fiscal Policy and the Multiyear Perspective on Budgeting [J]. Public Administration Review, 2006, 66 (5): 730 - 741.

[6] PEFA Secretariat. Supplementary Guidelines for the Application of the PEFA Framework to Sub - National Governments [R]. World Bank, 2013, 2 (1).

[7] 弗朗西斯·福山 (Fukuyama). 什么是治理 [M]. 刘燕，闫健 译. 载于俞可平. 中国治理评论，2013 (2).

[8] 叶青. 国家财政治理现代化的必由之路 [A]. 人民论坛·学术前言，2014 (4).

[9] 卢红友. 从建立现代财政制度入手——国家治理体系和治理能力的现代化 [J]. 地方财政研究，2014 (1).

[10] 刘尚希. 基于国家治理的财政改革新思维 [J]. 地方财政研究，2014 (1).

[11] 常丽. 新公共治理、政府绩效评价与我国政府财务报告制度的改进 [J]. 会计研究，2008 (4).

[12] 张琦. 公共受托责任、政府会计边界与政府财务报告的理论定位 [J]. 会计研究，2007 (12).

[13] 林慕华，马骏. 中国地方人民代表大会预算监督研究 [J]. 中国社会科学，2012 (6).

公共部门的微观治理

——中国医疗行业的鲍莫尔“成本病”与“以药养医”

解洪涛[1] 陈利伟[2] 庄佳强[1]

（1. 中南财经政法大学 财政税务学院 武汉 430074；
2. 厦门大学 经济学院 厦门 361005）

一、引言

近年来，全社会医疗成本呈现过快增长态势。尤其在2006年医改后，按照《中国卫生统计年鉴》公布的数据，全国卫生总费用从9843亿元上涨至2012年的28914亿元，短短7年间上升至原来的3倍，占GDP比重从4.7%上升至5.57%。这种快速上升有政府支出增加的原因，也有医疗覆盖面扩大引致的家庭支出增长的原因。但不可否认的是，医疗服务价格的上涨、信息不对称导致的“被迫医疗”仍是普遍现象，“有病不医、因病致贫、医患关系紧张”等问题从未脱离社会关注的焦点。实际上，过快的医疗成本上升在一定程度上吞噬了医疗改革所带来的社会福利增加。观察数据可以发现，政府支出增加并未降低家庭人均支出。以2006年左右启动的“新农合”改革为例，政府希望提高医疗社保水平来降低家庭医疗成本负担，但改革后的家庭调查显示个人医疗负担并未降低。从图1看到，城镇居民家庭人均医疗支出占家庭消费的比例，2002～2011年虽有所下降，但一直保持在7%左右，而农村从2005年的6.6%增加到2011年的8.37%。自2002年以来，政府人均医疗卫生支出逐年增长，但自2007年以后，增速有所放缓。由此可见，随着政府医疗卫生支出的增加，城镇与农村居民医疗支出并未下降，反而负担有所加重。探究其主要原因则是长期以来医院创收机制并未得到根本解决，且随着政府投入增加，医院创收的基础和动力越大。同时，信息不对称导致的过度医疗、过度用药和过度检查的问题更加明显，这直接导致医疗卫生费用不断上升①。从图2可以看出，自2003年以来，我国医疗行业人均工资增长率大大超过了人均产出增长率和人均设备投入增长率。这表明我国医疗成本的增长在一定程度上是由医疗行业自身人力成本过快增长所导致。

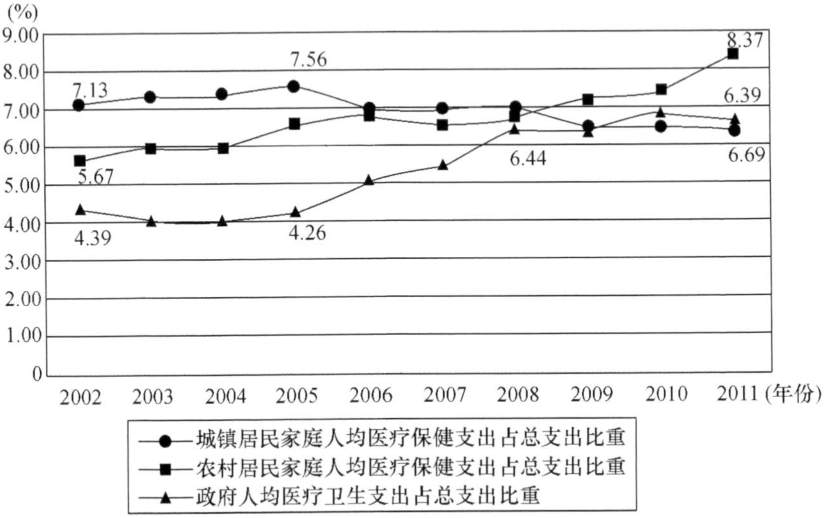

图1　2002~2011年我国家庭与政府人均医疗

资料来源：《中国统计年鉴》（2003~2012）。

对于以上增长情况，国内多数研究认为家庭医疗支出的增长是由于政府支出增加，尤其是保险覆盖率提高起到了激励作用（刘国恩、唐艳、刘立藏，2009；封进、李珍珍，2009；封进、刘芳、陈沁，2010；黄枫、甘犁，2010；许玲丽、龚关、王红梅，2011；许玲丽、龚关、周亚虹，2012；刘素坤、王岭，2013）。即人均医疗支出（尤其是农村家庭人均医疗支出）增长是被抑制的家庭医疗需求得到释放。然而，由于当前城乡家庭医疗支出差距巨大，若以城市标准统一医疗标准计算，整个社会医疗支出占GDP比重将不是5%左右而是15%以上，将远超过发达国家的平均水平（李玲，2011）。这意味着“看病贵”在我国并不仅是由于以往政府医疗成本分担份额过低所致，确实存在医疗行业的高成本问题。从卫生经济学文献和国外的实际情况看，过快的医疗费用增长对社会经济发展存在很大负面影响。首先，医疗卫生费用过快增长会推动社会整体人力资源成本上升，

① 李玲．应控制医疗卫生费用过快增长［N］．中国医药报，2011-05-13.

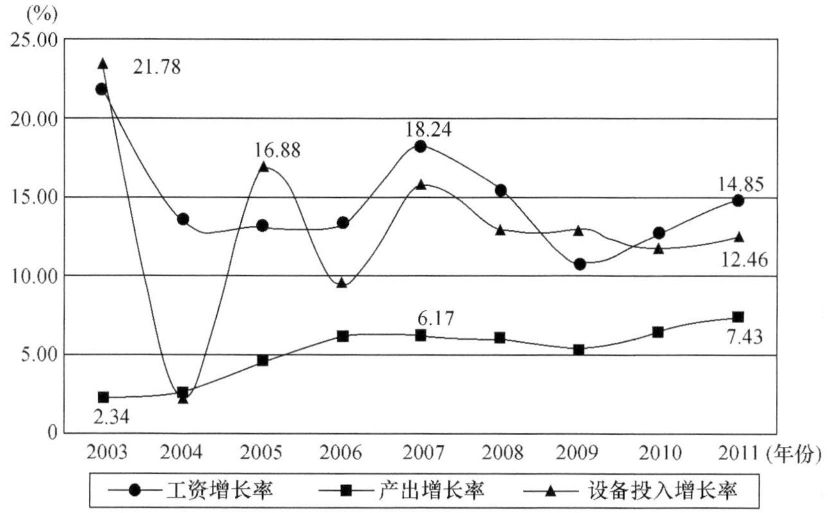

图2　2003~2011年我国医疗行业人均工资、人均产出及人均设备投入增长率①

资料来源：《中国卫生统计年鉴》(2003~2012)。

最终影响经济发展。其次，如果成本增长是由于药物过度使用造成的，则不仅浪费资源，更损害劳动力的长期健康发展，这种损害在长期内将表现为一代乃至几代劳动力的慢性病患病机理改变。最后，医疗支出的不正常增长，还会挤占医疗机构和地方政府的公共卫生和疾病预防资源。因此，在推进医疗体制改革的同时，国内的卫生经济学研究应关注当前医疗成本不合理增长对医疗总成本上升的影响。

为厘清医疗成本过快增长的真实原因，本文结合Baumol（1967）提出的服务业"成本病"理论、Hartwig（2008，2011）和Colombier（2010）的实证研究方法，以及中国医疗行业的治理现状，解释了中国社会医疗成本过快增长的"成本病"原因，采用实证研究给出了各因素对成本上升的影响。本文的创新之处包括：构造了"鲍莫尔成本病变量"，验证了其对医疗成本过快增长的因果关系；分解了人力资本过快增长对整体医疗成本上升的贡献率；验证了"过度用药"等"以药养医"现象的存在，并分解了其对医疗成本快速上升的影响。接下来，第二部分是关于社会医疗成本研究文献的回顾，并结合实际提出了本文的研究假设。第三部分是计量模型的构建及变量解释。第四部分则给出实证结果并进

① 图2中所指工资是我国医疗部门人均工资；产出是指我国医疗卫生机构员工人均门诊和住院服务人数的总和；设备投入增长率是医疗卫生机构人均万元以上医疗设备投资额。

行了稳健性检验。最后，得出结论并提出了约束医疗行业“成本病”的治理思路。

二、文献回顾与基本实证模型

社会医疗成本快速增长是卫生经济学的研究核心问题之一。其中，医疗技术进步被认为是引起社会医疗支出长期增长的基本动力。Baumgardner（1991）提出了医疗技术作为外生变量情况下的社会医疗消费模型。技术变化拓展了现有医疗范围，且技术进步对医疗支出具有双向作用，新技术在得到更好医疗效果的同时，也可能带来高额的消费支出；另外，新技术在代替旧技术时，也可能缩短治疗时间，从而节省治理成本（Manning 等，1987；Newhouse，1993；Bundorf 等，2009）。除了医疗技术进步，收入增长被认为是医疗消费增加的重要原因之一。Ellis 和 McGuire（1986）研究显示，随着收入的增加，消费者的需求收入弹性将发生改变，增加的收入可能导致消费者对价格的提高不再敏感。Weisbrod（1991）将技术进步、医疗支付制度、医疗质量和医疗消费支出联系起来，认为医疗保险覆盖率的提高促使医疗需求增加，进而导致技术进步，技术进步又进一步引致需求增加（Goddeeris，1984；Weisbrod，1991；Finkelstein，2007；Smith 等，2009）。以上研究可归纳为需求和供给两方面对社会医疗消费的影响。技术进步可理解为供给改变诱导了新的社会医疗需求。

然而，以上研究忽略了医疗行业的市场结构问题。Newhouse（1988，1993）在控制技术进步因素的基础上观察了非技术进步因素对医疗成本的影响。其研究结论认为，社会医疗成本过快增长的一个主要原因在于医疗市场结构的无效率（包括区域垄断、大型医疗机构垄断以及医疗服务的信息不对称等因素）。后续的很多研究也证实非技术进步是医疗支出增长的主因之一（Bundorf 等，2009）。如约 3/4 的药物花费的增长源于消费数量增长而非消费价格上涨，医疗人员工资增长对医疗成本增长也构成了部分贡献（Frogner，2010）。

医疗服务的信息不对称和微观结构问题，意味着医疗部门可能获得了远超其服务成本的超额收入，而这部分收入转化为医疗人员的高薪酬。对服务部门人力成本过快增长的解释理论之一是 Baumol（1967）提出的服务业“成本病”概念。他认为服务业作为技术停滞部门，其服务相对价格呈不断上涨的趋势。且由于市场对医疗或者教育服务的需求价格弹性较低，相对价格增长会直接导致支出的增长。Hartwig（2008，2011）和 Colombier（2010）提出了一个检验鲍莫尔“成本病”的实证框架，即通过检验技术停滞部门的成本变动与其工资增长率和产出增长率之间差额的相关关系来验证鲍莫尔“成本病”理论，具体形式如下：

$$\Delta\log(C^{NP}) = \gamma[\Delta\log(W) - \Delta\log(Y)] \quad (1)$$

$\Delta\log(C^{NP})$表示技术停滞部门的单位成本增长率，其中C^{NP}为工资与人均产出的比值。若工资为$W(t) = W_0e^{rt}$，部门产出为$Y^{NP} = aL_{NP}(t)$，$C^{NP}(t) = W_oe^{rt}/a$。Hartwig（2008）将$\Delta\log$（W）$-\Delta\log$（Y）定义为“鲍莫尔变量”，其中，W为名义工资，Y为人均产值。鲍莫尔变量意味着在技术停滞部门（医疗部门）由于生产效率没有提高，所以与技术增长部门相同的工资增长意味着不可接受的人力成本。因而，技术停滞部门单位成本的增长更大程度上是人力成本的增加所导致的，而非生产力的提升。γ系数为正可表明鲍莫尔“成本病”存在。

由于本文聚焦于社会医疗成本的过快增长，将模型（1）左边医疗成本的增长率做了更宽泛的定义，即不从部门产出衡量其产出成本，而将其定义为社会为医疗需求付出的成本增长率，即计算了家庭人均医疗支出与人均政府医疗卫生支出的增长率。针对中国的实际情况，在计算鲍莫尔变量中的生产率Y时，我们采用了数量产出而不用价值产出（即医均负担的门诊和住院病人数），因为由于“以药养医”情况的存在，中国的医疗行业产值受药物价格虚高影响很严重。

$$\Delta\log(HC_{i,t}) = \beta_0 + \beta_1[\Delta\log(W_{i,t}) - \Delta\log(Y_{i,t})] + \varepsilon_{i,t} \quad (2)$$

根据模型（2）形成了本文的基本模型一，对应假设H_1：医疗行业人员工资的非正常上涨是医疗成本上升的原因之一，即中国医疗行业存在鲍莫尔“成本病”。

三、社会医疗支出过快增长原因分析与实证模型扩展

从卫生经济学的文献看，社会医疗支出水平必然会随着家庭收入、政府医疗支出增加和医疗技术发展提高。除去家庭收入水平的影响，家庭成员健康意识增强，对系统的健康检查的重视，也会导致医疗消费占生活消费比例增大；医学科技水平的进步，新的医疗设备、医用材料、新药品的开发和应用也会增加医疗费用的支出；在中国20世纪90年代的改革加速了家庭收入差距的拉大，以及政府在医疗卫生支出方面的减少，都对家庭医疗消费产生了抑制作用，2006年以后的医疗公共支出的增加则改变了家庭的医疗消费的偏好；中国人口老龄化的加重，老年性疾病诊疗支出增多，也导致社会总体的医疗卫生成本上升。归纳起来，这些因素构成了医疗成本的正常上升的原因。因此，我们在模型（2）中加入以上因素作为控制变量，模型（3）中新增的变量包括家庭收入增长率INC，

收入差距变量 *GINI* 系数，医疗器械和药物工业销售额增加值 *PHAR*，政府医疗卫生支出增长率 *PEXP*，*OLD* 为老龄人口比例，从而形成模型二的方程，假设 H_2：控制了收入等因素后，鲍莫尔变量仍是影响医疗成本上升的主要因素。

$$\Delta\log(HC_{i,t}) = \beta_0 + \beta_1[\Delta\log(W_{i,t}) - \Delta\log(Y_{i,t})] + \beta_2 \cdot INC + \beta_3 \cdot PHAR + \beta_4 \cdot GINI + \beta_5 \cdot PEXP + \beta_6 \cdot OLD + \varepsilon_{i,t} \quad (3)$$

除去导致医疗成本上升的一般因素，在中国医疗行业被广为诟病的“以药养医”现象也是造成社会医疗成本增加的原因。在利益驱动下，医生和医院更多地利用了专业信息不对称，在医疗过程中使用不必要的药物和医疗检测方法，如过多地依赖实验室检查和特殊仪器的检查，过度使用抗生素。同时，在药物使用上，更多地偏好采用《基本药物目录》以外的高价药物，过早地停用国家允许的医用材料，进口医疗设备、医用材料过度使用。由此，医生的个人灰色收入和医院超额利润导致了非正常的社会医疗成本。除了药物的使用，另一个说明过度医疗推高医疗成本的现象是住院率的不合理增长。在一定社会条件下住院率指标通常是一个相对稳定的常数。但是近年以来住院率指标出现了大幅增长，这也影响到了基本医疗保险基金的安全。由此我们对模型（3）进行了扩展，增加了“以药养医”的成本病解释因素。模型（4）中过度用药由于无法观测，我们采用药物使用不良反应率代替变量 *OVER*，正常情况下，这一比例应是稳定的，其增长率体现了过度用药的影响。*HOSP* 为住院率，体现了过度治疗的倾向，由此形成了模型（3），其假设 H_3：中国过快的医疗成本上升，除去鲍莫尔变量因素外，还归结为“以药养医”。

$$\Delta\log(HC_{i,t}) = \beta_0 + \beta_1[\Delta\log(W_{i,t}) - \Delta\log(Y_{i,t})] + \beta_{2-6} \cdot Z_{2-6} + \beta_7 \cdot OVER + \beta_8 \cdot HOSP + \varepsilon_{i,t} \quad (4)$$

对“鲍莫尔”成本病和“以药养医”需要探究其决定成因，针对以上实证模型，为验证因果关系一般也需要采用工具变量法，观察回归结果的稳健性。为此，我们进一步考察了影响“鲍莫尔成本病”的因素作为工具变量。鲍莫尔成本病体现的是医疗行业过快的人力成本上升（包括显性和隐性的工资），国内相关研究对于其背后的原因有不同理解。一类观点认为医疗资源供给不足导致的市场竞争弱化是医疗服务价格虚高的原因，自然也是“以药养医”等鲍莫尔成本病的主因（林相森、舒元，2007；刘国恩、唐艳、刘立藏，2009；封进、李珍珍，2009；封进、刘芳、陈沁，2010；黄枫、甘犁，2010；许玲丽、龚关、王红梅，2011；许玲丽、龚关、周亚虹，2012；刘素坤、王岭，2013）。另一类则认为公立医院缺乏公共治理框架，以利润最大化为导向的医院无法反映公众的利益诉求，这是导致医疗成本快速上升的主因（李玲，2009；马建芳，2011）。综合以上，本文选择了私立医院比例、二级乙等医院的比例、城市医疗人员比重和滞后1期的房地产价格作为鲍莫尔变量的工具变量，进行两阶段最小二乘回归，验证鲍莫尔变量与社会总体医疗成本增长的因果关系。模型（5）如下：

$$\Delta\log(HC_{i,t})=\beta_0+\beta_1\cdot[\Delta\log(W_{i,t})-\Delta\log(Y_{i,t})]+\beta_{2-6}\cdot Z_{2-6}+\beta_7\cdot OVER+\beta_8\cdot HOSP+\varepsilon_{i,t}$$

$$\Delta\log(W_{i,t})-\Delta\log(Y_{i,t})=\alpha_0+\alpha_1\cdot PRI+\alpha_3\cdot TL+\alpha_4\cdot CL+\alpha_5\cdot HOU+e_{i,t} \quad (5)$$

之所以选择以上变量作为鲍莫尔变量的工具变量，首先，是因为房价在过去10余年极大地推动了工业和服务业成本的提高。其次，选择私立医院比例、二级乙等医院的比例、城市医疗人员比重主要根源于医疗行业的资源分布，而不合理的资源分布又推高了服务成本。如城市医疗机构注重向大规模、高技术方向发展，私立医院和高级别医院不仅特殊检查、特殊治疗、高档药品特别多，而且人工等成本较高，各种收费也较高，医保人次费相应增高。

四、变量定义与实证分析

（一）数据说明与变量定义

本文以2002～2011年分省面板数据为研究样本，并将变量数据对数化后进行一阶差分处理。由于西藏自治区部分数据缺失①，因此本文选取了除西藏自治区、香港特别行政区、澳门特别行政区和台湾省以外的30个省份共270个样本。医疗部门劳动力比重、医疗部门人均产出、二级乙等以上医院占医疗机构比重、公立医疗机构与民营医疗机构比重以及城市医疗人员比重数据来源于《中国卫生统计年鉴》（2003～2012）；人均医疗成本、医疗部门平均工资、人均收入数据来源于《中国统计年鉴》（2003～2012）和《中国财政年鉴》（2003～2012）；65岁以上老年人口占总人口比重、失业率、死亡率数据来源于《中国人口与就业统计年鉴》（2003～2012）；上年同期平均房价增长率数据来源于《中国房地产统计年鉴》（2002～2011）；鲍莫尔变量数据由医疗部门平均工资与医疗部门人均产出数据得出。根据田卫民（2012）关于基尼系数测算方法得出2002～2011年

① 西藏自治区医疗机构人均门诊和住院人数、二级乙等及以上等级医疗机构数量等数据缺失，故剔除此样本。

我国各省基尼系数①。

结合 Granger 和 Newbold（1974）、Gerdtham 和 Jonsson（2000）、Hartwig（2008，2011）以及 Colombier（2010）的研究，本文以鲍莫尔变量和“以药养医”代表变量作为主要解释变量，对应的变量主要采用了对数增长率形式，变量定义如表1所示。

表1　变量定义说明

名　称	简称	计算说明
人均医疗成本增长率	HC	△Log（人均医疗支出）
医疗部门平均工资增长率	GWP	△Log（医疗部门平均工资）
医疗部门人均产出增长率	GGW	△Log（医疗部门人均产出）（人均门诊人数）
鲍莫尔变量	BV	GPW - GPW
人均收入增长率	INC	△Log（人均收入）
65岁以上老年人口比重增长率	OLD	△Log（65岁以上老年人口/总人口）
基尼系数增长率	GINI	△Log（基尼系数）
死亡率增长率	DR	△Log（死亡率）
医疗器械工业销售产值增长率	PHA	△Log（销售额）
住院率增长率	HOSP	△Log（住院率）
药品不良反应数量增长率	OVER	△Log（不良药物反应率）
上年同期平均房价增长率	HOU	△Log（上年同期平均房价）
二级乙等及以上医院比重增长率	TL	△Log（二级乙等及以上医院比重）
公私医疗机构比重增长率	PRI	△Log（民营医疗机构数/公立医疗机构数）
城市医疗人员比重增长率	CL	△Log（城市医疗人员/医疗机构就业人员）

模型中各变量的描述性统计如表2所示，首先，2002年以来各省人均医疗成本增长较快，年均增长为4.49%，且省际、年度差异较大，最大值为17.45%，而最小值仅为-3.94%。其次，就鲍莫尔变量而言，年均增长为6.26%，这说明医疗部门平均工资增长率超过了医疗部门人均产出增长率，即医疗部门存在超越生产力水平的人力成本。另外，2001年同期平均房价增长率均值为7.72%，这

① 2002~2010年各省基尼系数数据来源于田卫民．省域居民收入基尼系数测算及其变动趋势分析[J]．经济科学，2012（2）：48-59. 并参考其关于居民收入基尼系数测算方法测算出2011年各省居民收入基尼系数。

说明房价上涨所导致的人力成本也在不断增长。公私医疗机构比重增长率和城市医疗人员比重增长率均值分别为5.27%和-3.57%，这说明民营医疗机构发展速度减缓以及医疗部门城乡差距有所缩小。

表2　变量的描述性统计

变量名	均值	标准差	最大值	最小值
人均医疗成本增长率	0.0449	0.0331	0.1745	-0.0394
医疗部门平均工资增长率	0.0626	0.0209	0.1127	0.0042
医疗部门人均产出增长率	0.0163	0.0205	0.0786	-0.0381
鲍莫尔变量	0.0463	0.0229	0.0892	-0.0055
人均收入增长率	0.0568	0.0107	0.0855	0.0339
人均财政医疗支出增长率	0.1408	0.0590	0.3043	0.0142
65岁以上老年人口比重增长率	0.0114	0.0896	0.2822	-0.2560
基尼系数增长率	-0.0171	0.0143	0.0329	-0.0576
死亡率增长率	0.0016	0.0201	0.0936	-0.0461
医疗器械工业销售产值增长率	0.0931	0.0366	0.1713	0.0021
住院率增长率	0.0177	0.0156	0.0477	-0.0136
药品不良反应数量增长率	0.0453	0.1117	0.4537	-0.2039
上年同期平均房价增长率	0.0772	0.0394	0.2310	-0.0029
二级丙等及以上医院比重增长率	0.0246	0.0610	0.2646	-0.0930
公私医疗机构比重增长率	0.0527	0.0699	0.2687	-0.0973
城市医疗人员比重增长率	-0.0357	0.0795	0.0353	-0.3084

资料来源：《中国统计年鉴》（2003～2012）、《中国卫生统计年鉴》（2003～2012）、《中国人口与就业统计年鉴》（2003～2012）、《中国财政年鉴》（2003～2012）、《中国房地产统计年鉴》（2002～2011）、《中国食品药品监督管理年鉴》（2003～2011）和《中国医药统计年报》（2003～2012）。

模型中各变量相关系数矩阵如表3所示。从表中可以看出，鲍莫尔变量与医疗部门劳动力比重和人均医疗成本增长率均在5%水平下具有显著的相关关系，但其相关程度仅为-0.17和0.15。平均房价、医疗机构等级、民营与公立医疗机构比重以及城市医疗人员比重与鲍莫尔变量均在1%水平下具有显著的相关关系，其相关系数分别为：0.310、0.71、-0.47和0.49，而与医疗部门劳动力比重和人均医疗成本增长率相关程度不强，且在10%水平下不显著。

表 3　相关系数矩阵

变量	HC	W	Y	BV	INC	ESP	OLD	GINI	DR	PHA	HOSP	OVER	HOU	TL	PRI	CL
HC	1															
W	0.36***	1														
Y	0.08***	0.39***	1													
BV	0.22**	0.57***	-0.54***	1												
INC	0.45***	0.59***	0.42***	0.16	1											
ESP	0.29***	0.54***	0.172	0.34***	0.38***	1										
OLD	0.22**	0.18*	0.17	0.01**	0.37***	0.18*	1									
GINI	-0.29***	-0.14	-0.02	-0.11	-0.11	0.03	0.02	1								
DR	0.13	0.08	-0.04	0.11	0.05	0.15	-0.15	-0.05	1							
PHA	0.08***	-0.01	0.003	-0.01	0.18*	0.023	0.20*	0.2*	-0.11	1						
HOSP	0.01**	0.26**	0.30***	0.51***	0.17	0.16	0.18*	0.06	0.01	0.3**	1					
OVER	0.12**	0.02	0.06	-0.04	0.29***	0.08	0.28***	-0.01	-0.05	0.15	0.05	1				
HOU	-0.06*	0.14**	0.16**	0.02**	0.07	-0.04	0.32***	-0.06	-0.2*	0.01	-0.08	-0.06	1			
TL	0.11	0.39***	0.3***	0.09***	0.35***	0.54***	0.11	0.14	-0.02	0.11	0.31***	0.02	-0.07	1		
PRI	-0.24	-0.17**	-0.19***	-0.01**	-0.24**	-0.4***	-0.3***	0.08	0.09	-0.02	0.26**	-0.16	-0.19*	-0.3***	1	
CL	0.33	0.25**	0.38***	0.11**	0.38***	0.46***	0.28***	-0.16	-0.01	-0.05	-0.3***	0.16	0.11	0.33***	-0.7***	1

注：*表示 0.1 水平下显著；**表示 0.05 水平下显著；***表示 0.01 水平下显著。

资料来源：《中国统计年鉴》（2003～2012）、《中国卫生统计年鉴》（2003～2012）、《中国人口与就业统计年鉴》（2003～2012）、《中国财政年鉴》（2003～2012）、《中国房地产统计年鉴》（2002～2011）、《中国食品药品监督管理年鉴》（2003～2011）和《中国医药统计年报》（2003～2012）。

（二）鲍莫尔“成本病”效应分析

根据 Hausman 检验，本文对模型（1）和模型（2）均采用面板数据固定效应模型。本文在所有的回归中都加入了控制时序固定效应和省别固定效应的虚拟变量①。同时，每个回归均比较个体时间趋势下的回归结果差异，以检验回归结果的稳健性。由于省份和年度虚拟变量较多，本文并未一一报告。

根据上述模型，本文对鲍莫尔变量对社会医疗成本增长的影响进行普通最小二乘估计（OLS），回归结果如表 4 所示。

表 4　模型（1）～模型（4）的回归结果

变　量	回归系数			
	模型（1）	模型（2）	模型（3）	模型（4）
常数项 Constant	0.0304*** (3.96)	-0.0108* (-1.73)	-0.0159 (-1.07)	-0.0227 (-1.49)
鲍莫尔变量 BV	0.322** (2.16)	0.202*** (2.68)	0.177*** (2.77)	0.158** (2.10)
人均收入增长率 INC		0.7187*** (2.72)	0.5456** (2.02)	0.5905** (2.20)
人均财政医疗支出增长率 ESP		0.1439*** (2.99)	0.1489*** (3.14)	0.1229** (2.52)
65 岁以上老年人口比重增长率 OLD		0.346*** (2.89)	0.363** (2.42)	0.201** (2.22)
基尼系数增长率 GINI		-0.6956*** (-3.30)	-0.7374*** (-3.54)	-0.7228*** (-3.50)
死亡率增长率 DR		0.0429 (0.38)	0.0696 (0.62)	0.0805 (0.72)
医疗器械工业销售产值增长率 PHA			0.1447** (2.40)	0.1638*** (2.71)
住院率增长率 HOSP				0.1949** (1.98)

① 加入控制时序固定效应和省别固定效应的虚拟变量可以使得回归结果更加稳健。

续表

变 量	回归系数			
	模型（1）	模型（2）	模型（3）	模型（4）
药品不良反应数量增长率 OVER				0.0067 *** （2.58）
时序固定效应	Yes	Yes	Yes	Yes
省别固定效应	Yes	Yes	Yes	Yes
F 值	5.83	6.09	11.36	11.71
Within - R^2	0.765	0.757	0.720	0.749
样本数	270	270	270	270

注：* 表示 0.1 水平下显著；** 表示 0.05 水平下显著；*** 表示 0.01 水平下显著。

从表 4 的回归结果可以看出，鲍莫尔变量对社会总体医疗成本上升的影响在 5% 的显著性水平下为正，说明我国医疗部门确实存在鲍莫尔“成本病”，引入个体时间趋势后，鲍莫尔变量的系数和 t 统计量变化不大，说明这种相关关系在不同省份和不同时间都是稳健的。从表 4 的回归结果可以看到，在不控制收入增加、政府支出增加等变量情况下，鲍莫尔变量的系数估计值为 0.322，Colombier（2010）对 OECD 国家的鲍莫尔变量估计系数为 0.109，Laurie 和 Rexford（2013）采用美国 50 个州估计的鲍莫尔变量系数为 0.011，对比可以发现鲍莫尔“成本病”对医疗成本的影响在 OECD 国家最严重，而我国则与美国的影响水平类似。

对比其他控制变量，65 岁以上人口数代表着人口老龄化趋势，在 Colombier（2010）对 OECD 国家估计中对应的系数为 0.253 ~ 0.386，本文中的估计值在 0.201 ~ 0.363，说明 2002 年以后中国人口的老龄化导致的医疗成本增加与同期的 OECD 国家类似。Baltagi 和 Moscone（2010）估计的 OECD 国家 1971 ~ 2004 年样本中，人均收入增加对医疗费用增加的系数为 0.674 ~ 0.899，表 5 中这一系数为 0.59 ~ 0.71，也与 OECD 国家类似。而当基尼系数增长越快时，社会医疗成本有所下降，其作用机制与贫困率及失业率类似，即贫困人口增加将导致这部分社会群体无法享受必需的医疗服务。

由于估计系数只能体现出边际弹性，为体现绝对影响，依据回归结果，将鲍莫尔变量的估计系数与原始鲍莫尔变量相乘，再与被解释变量取比值用于解释各省医疗行业员工工资增长率对整体社会医疗成本增长率的贡献份额。根据表 5，我国多数省份医疗行业员工工资增长率对整体社会医疗成本增长率的贡献率在 8.3% ~ 21.8%，进一步说明我国医疗行业存在超越生产效率的过快工资增长，人力资源成本的快速上涨构成了医疗成本上升的主要原因之一。

表5　鲍莫尔“成本病”对医疗成本增长率的贡献率　　单位:%

省份	贡献率均值	省份	贡献率均值	省份	贡献率均值
北京	9.22	浙江	17.49	海南	10.72
天津	12.89	安徽	12.31	重庆	21.58
河北	8.34	福建	10.18	四川	21.82
山西	14.15	江西	13.88	贵州	8.57
内蒙古	9.16	山东	15.44	云南	7.89
辽宁	14.20	河南	14.81	陕西	18.83
吉林	13.66	湖北	23.54	甘肃	12.74
黑龙江	11.78	湖南	20.44	青海	11.82
上海	13.70	广东	15.19	宁夏	13.05
江苏	17.25	广西	19.23	新疆	13.61

注：由于西藏自治区部分数据缺失，故剔除西藏自治区样本。

（三）“以药养医”的“成本病”效应分析

我们在构建鲍莫尔变量时，测量医疗行业人均产出时采用了年度医均诊治病人数，没有采用人均GDP是由于考虑了中国医疗行业中特殊的“以药养医”机制在医药成本上升中的作用。进一步地，采用过度用药和住院率作为代理变量表示“以药养医”的存在。从表4的回归结果看，这两个变量的回归系数通过了显著性检验。为说明这两个变量对医疗成本上升的影响，我们仿照鲍莫尔变量影响的分解，做了过度用药和住院率对医疗成本上升的影响。表6和表7分别是住院率增长对医疗成本上升的贡献率，各省存在差异，总体水平在2.5%～6.46%。不良药物反应率（过度用药）对成本的解释在1.99%～6.08%。

表6　住院率对医疗成本上升影响的因素分解　　单位:%

省份	贡献率均值	省份	贡献率均值	省份	贡献率均值
北京	3.83	浙江	5.93	海南	5.74
天津	5.02	安徽	4.73	重庆	6.09
河北	3.49	福建	4.19	四川	5.89
山西	4.88	江西	3.26	贵州	4.10
内蒙古	2.50	山东	3.31	云南	2.89
辽宁	5.65	河南	4.89	陕西	4.34
吉林	5.35	湖北	6.46	甘肃	3.25
黑龙江	5.37	湖南	5.54	青海	2.32
上海	2.35	广东	4.05	宁夏	4.28
江苏	5.44	广西	3.43	新疆	4.56

表7　不良药物反应率（过度用药）对医疗成本上升影响的因素分解　单位:%

省份	贡献率均值	省份	贡献率均值	省份	贡献率均值
北京	1.99	浙江	4.96	海南	1.77
天津	2.16	安徽	1.41	重庆	4.21
河北	5.19	福建	1.99	四川	4.03
山西	2.77	江西	4.43	贵州	2.46
内蒙古	2.53	山东	4.52	云南	4.18
辽宁	3.54	河南	2.38	陕西	4.43
吉林	4.97	湖北	5.64	甘肃	1.36
黑龙江	6.08	湖南	5.28	青海	1.04
上海	2.75	广东	4.91	宁夏	4.76
江苏	4.49	广西	5.31	新疆	4.20

（四）鲍莫尔“成本病”的稳健性检验

由于社会医疗成本的增长会导致社会总体人力成本增加，即推动社会总体工资水平增加，非医疗部门工资水平增加可导致非医疗产品和服务价格的上升，进而导致医疗部门就业人员生活成本上升，这成为医疗部门工资进一步提升的理由，即社会总体医疗成本的上升也影响着鲍莫尔变量。由此看来，鲍莫尔变量与社会医疗成本之间可能存在因果关系。此外，社会医疗成本和医疗行业人力成本过快增长可能共同受其他因素影响，这为一般的OLS回归带来了内生性问题。一般解决内生性问题的方法是选择工具变量，本文采用工具变量法（2SLS）对模型进行估计。

表8给出了两阶段最小二乘回归第一阶段的回归结果，显示滞后1期的房价与医院等级、民营与公立医院比例对鲍莫尔变量有较好的解释能力，F统计量达到了0.8。因此，将依次将上述变量引入模型，得到两阶段最小二乘回归结果如表8所示。

从表8的结果来看，可以得出以下结论：鲍莫尔变量与房价的回归结果看，上年同期平均房价的系数均显著为正，这说明房价的上涨对“鲍莫尔变量”存在正向影响，因此可采用房价作为“鲍莫尔变量”的工具变量。从不良药物反应率与医疗资源分布变量回归结果看，医院等级变量对不良药物反应率的解释程度为0.802，这说明大型医疗机构的集中扩大了医疗行业的过度用药“成本病”。大型医疗机构对员工的要求更高，相应地员工得到的收入越多，加之行业的纵向垄断所带来的信息不对称和市场定价问题直接影响社会医疗成本的增长。这一结

表 8　被工具变量的解释变量回归

被工具变量	鲍莫尔变量	药物不良反应率	住院率
上年同期平均房价增长率（HOUS）	0.0624 ** (2.06)		
二级丙等及以上医院比重增长率（TL）		0.1572 *** (2.48)	0.1572 *** (3.27)
公私医疗机构比重增长率（PRI）		-0.0263 ** (2.09)	-.0263 ** (2.18)
城市医疗人员比重增长率（CL）		0.0268 ** (5.17)	0.0268 ** (2.06)
F 值			
Within - R^2	0.696	0.802	0.859
样本数	270	270	270

果支持了假设 2。从住院率与医疗资源分布变量回归结果看，医疗资源分布变量对住院率变量的影响 R^2 显示为0.859，这说明加强医疗行业的资源集中提高了住院率。因此，可以选择医疗资源分布作为“以药养医”变量的工具变量。

根据表 8 的回归结果，本文选取了上年同期平均房价增长率、二级乙等及以上医院比重增长率、公私医疗机构比重增长率作为工具变量，上述变量均与鲍莫尔变量显著相关，且与被解释变量相关程度较小。将工具变量依次引入模型（1），得到回归结果如表 9 所示。

表 9　2SLS 的回归结果

变　量	回归系数				
	模型（1）	模型（2）	模型（3）	模型（4）	
				①	②
鲍莫尔变量 BV	0.169 *** (2.67)	0.245 ** (2.33)	0.254 ** (2.41)	0.238 ** (2.13)	0.2667 * (1.72)
人均收入增长率 INC		0.1630 ** (2.31)	0.04322 ** (2.08)	0.0863 ** (2.22)	0.7982 ** (2.08)
人均财政医疗支出增长率 ESP		0.2166 ** (2.25)	0.2327 ** (2.46)	0.2174 ** (2.25)	0.0364 ** (2.0)
65 岁以上老年人口比重增长率 OLD		0.0368 ** (2.18)	0.0389 ** (2.26)	0.0608 ** (2.02)	0.0621 * (1.72)

续表

变量	回归系数				
	模型（1）	模型（2）	模型（3）	模型（4）	
				①	②
基尼系数增长率 GINI		-0.7723** (-2.29)	-0.7995** (-2.34)	-0.6644** (-2.49)	-0.6749*** (-2.58)
死亡率增长率 DR		0.1033 (0.60)	0.1266 (0.72)	0.1989 (1.36)	0.1969 (1.33)
医疗器械工业销售产值增长率 PHA			0.1053*** (2.92)	0.2918*** (2.78)	0.2801*** (2.59)
住院率增长率 HOSP				0.9343** (2.11)	0.892* (1.69)
药品不良反应数量增长率 OVER				0.0083*** (3.52)	0.0086*** (3.56)
时序固定效应	Yes	Yes	Yes	Yes	Yes
省别固定效应	Yes	Yes	Yes	Yes	Yes
F 值	6.79	7.25	7.42	7.85	8.17
Sargan 检验（P 值）	0.253	0.384	0.011	0.0033	0.004
样本数	270	270	270	270	270

注：*表示 0.1 水平下显著；**表示 0.05 水平下显著；***表示 0.01 水平下显著。

根据 Sargan 检验结果，上年同期平均房价增长率是强工具变量，其余工具变量为弱工具变量。表 9 的回归结果均表明鲍莫尔变量对社会医疗成本增长具有十分显著的正效应。相较于 OLS 回归结果中的鲍莫尔变量系数，采用工具变量法的 2SLS 回归结果鲍莫尔变量系数在 0.169～0.267，且系数通过了显著性水平检验。对“以药养医”的两个代理变量也采用工具变量法，系数分别为 0.934 和 0.0086。这也说明两个变量对医疗成本上升解释能力的稳健性。

五、结论及政策建议

通过上文的实证研究，可以得到以下结论：首先，在 2002～2011 年，医疗行业存在超过生产率提高的工资过快增长，即存在“鲍莫尔”成本病。并且鲍莫尔“成本病”对社会医疗成本上升有相当大的影响，其贡献率在8.3%～21.8%。其次，采用不良药物反应率和住院率过快增长反映出医疗行业确实存在“以药养医”的现象。实证结果支持了相关变量对社会医疗成本上升的影响，分解的效应显示其贡献率分别在2.5%～6.46%和1.99%～6.08%。最后，两阶段最小二乘回归，证实了以上变量对社会医疗成本上升存在稳健的因果关系。从“以药养医”代理变量的两阶段最小二乘回归第一阶段的回归结果看，医疗资源集中加剧了医疗行业的区域垄断，进而使得“以药养医”更趋严重。

根据上述结论，结合当前医疗卫生体系改革的实践经验，针对中国医疗行业的鲍莫尔“成本病”的成因，提出以下治理建议。

第一，依靠医疗管理机构，规范公立医院薪酬总额。从上文的论述看，中国医疗行业的确存在“鲍默尔”成本病。总体而言，超过工作效率提升的医疗行业工资水平上升构成的社会医疗成本上升在不同省份表现为8%～21%。由于我国大多数医院具有公立事业单位性质，因此，作为公共部门的医院其薪酬标准应受到监督。早在2009年国务院发布了《关于深化医药卫生体系改革的意见》，并形成了《医药卫生体制改革近期重点实施方案（2009～2011年）》，提出了完成分配激励机制，严格工资总额管理等指导意见。此后，2011年《新医院财务制度》出台要求医院详细核算福利费用等项目，并细化二级科室的收支核算。但由于各地生活水平的差异和医院财务信息披露的不完备，医疗主管机构对当地医院的工资（含绩效工资）和福利费用的监控存在“软化”现象。未来的改革要求更高层次的法规，明确医疗管理机构对医院的薪酬总额监控责任，并依据各地生活水平要求管理机构划定薪酬最高上限。

第二，加强医疗机构成本核算，改善财政补贴方式。从本文选择的“以药养医”代理变量的回归结果看，“以药养医”的形式通过诱导过度医疗行为，构成了社会医疗成本上升的原因之一。为了改变“以药养医”的现状，从医院治理角度出发，应加强医疗机构项目成本核算工作，特别是药品成本、设备成本与人力成本核算，定期编制并公开成本核算数据，根据成本核算结果制定财政补贴计划。同时，地方政府机构定期或不定期地对医疗财政补贴使用情况进行审计，完善监督制度。同时，完善信息披露机制一方面要建立统一的信息公开平台，包括线上信息公开网站和线下信息公开专栏；另一方面要公开基本药物标准，包括疾病与对应药物等级标准、收费标准等。医疗收费透明化可以让患者更清晰地了解医疗成本的构成，也更理智地选择医疗服务。

第三，平衡医疗资源分布，降低区域内医疗资源的供需矛盾。“以药养医”的形成还与医疗服务供需资源分布不平衡有关。按照《中国卫生年鉴》（2004～2013）统计数据，全国的医疗资源70%集中在大城市，在大城市中，80%又集中在国家大医院，这导致农村患者得了大病需要到城市就诊，城市市民也一般习惯到大医院就诊。由于这些大医院医疗资源有限，区域内的垄断地位为其提高服务价格提供了可能，这实际加剧了整个社会的医疗成本负担。未来，需要平衡城乡间、大城市与中小城市间的医疗卫生资源，并支持非营利性民营医院发展。通过增加市场供给，削弱鲍莫尔“成本病”及“以药养医”。

参考文献：

［1］程大中．中国服务业增长的特点、原因及影响［J］．中国社会科学，2004（2）：18－32.

［2］程大中．中国生产性服务业的水平、结构及影响——基于投入—产出法的国际比较研究［J］．经济研究，2008（1）：76－88.

［3］程大中．中国服务业存在“成本病”问题吗？［J］．财贸经济，2008（12）：109－115.

［4］程大中．收入效应、价格效应与中国的服务性消费［J］．世界经济，2009（3）：14－25.

［5］封进，刘芳，陈沁．新型农村合作医疗对县村两级医疗价格的影响［J］．经济研究，2010（11）：127－140.

［6］封进，李珍珍．中国农村医疗保障制度的补偿模式研究［J］．经济研究，2009（4）：103－115.

［7］菲利普·朗曼．最好的医疗模式：公立医院改革的美国版解决方案［M］．李玲，徐进译．北京：北京大学出版社，2011：136－154.

［8］黄枫，甘犁．过度需求还是有效需求？城镇老人健康与医疗保险的实证分析［J］．经济研究，2010（6）：105－119.

［9］刘国恩，唐艳，刘立藏．城镇职工医疗保险政策研究：个人账户与医疗支出［J］．财经科学，2009（1）：45－53.

［10］李军山．医疗费用增长控制——理论基础与制度设计［M］．北京：经济科学出版社，2013：98－133.

［11］李玲．健康强国：李玲话医改［M］．北京：北京大学出版社，2010：125－129.

［12］刘素坤，王岭．国家基本药物政策能缓解“看病贵”吗？基于2003～2010年省际数据实证分析［J］．经济问题，2013（3）：69－74.

［13］林相森，舒元．我国居民医疗支出影响因素的实证分析［J］．南方经济，2007（6）：22－30.

［14］马建芳．公立医院激励机制存在的问题与对策［J］．卫生经济研究，

2011 (10): 41 -43.

[15] 许玲丽，龚关，王红梅．城镇职工基本医疗保险下的医疗支出研究——不可忽视的持续性特征 [J]．财经研究，2011，37 (5): 25 -35.

[16] 许玲丽，龚关，周亚虹．老年居民健康波动、医疗支出风险与医疗保险风险分担 [J]．财经研究，2012，38 (10): 68 -78.

[17] Baltagi, Badi H. & Moscone, Francesco. Health Care Expenditure and Income in the OECD Reconsidered: Evidence from Panel Data [J]. Economic Modelling, Elsevier, 2010, 27 (4): 804 -811.

[18] Baumgardner, J. R. The Interaction between Forms of Insurance Contract and Types of Technical Change in Medical Care [J]. RAND Journal of Economics, 1991, 22 (1): 36 -53.

[19] Baumol, W. J. Macroeconomics of Unbalanced Growth: The anatomy of Urban Crisis [J]. American Economics Review, 1967, 57 (3): 415 -426.

[20] Bates, L. J., Santerre, R. E. Does the U. S. Health Care Sector Suffer from Baumol' S cost Disease? Evidence from the 50 States [J]. Journal of Health Economics, 2013 (32): 386 -391.

[21] Bundorf, M. K., Royalty, A., & Baker, L. C. Health Care Cost Growth among the Privately Insured [J]. Health Affairs, 2009, 28 (5): 1294 -1304.

[22] Colombier, C. Drivers of Health Care Expenditures: Does Baumol' s Cost Disease Loom Large? [M]. In: Paper Presented at the 66th Congress of the International Institute of Public Finance. Uppsala, Sweden, 2010.

[23] Cutler, D. M. Technology, Health Costs, and NIH [J]. National Institutes of Health Roundtable on the Economics of Biomedical Research, 1995.

[24] Ellis, R. P., McGuire, T. G. Provider Behavior under Prospective Reimbursement: Cost Sharing and Supply [J]. Journal of Economics, 1987 (18): 417 -427.

[25] Finkelstein, A. The Aggregate Effects of Health Insurance: Evidence from the Introduction of Medicare [J]. Quarterly Journal of Economics, 2007, 122 (2): 1 -37.

[26] Frogner, B. K. The Missing Technology: An International Comparison of Human Capital Investment in Healthcare [J]. Applied Health Economics and Health Policy, 2010, 8 (6): 361 -371.

[27] Gerdtham, U. G., Jonsson, B. International Comparisons of Health Expenditure: Theory, Data and Econometric Analysis [J]. //Culyer, A. J., Newhouse,

J. P. Handbook of Health Economics, vol. 1A. Elsevier, Amsterdam, 2000: 11 -53.

[28] Goddeeris, J. H. Insurance and Incentives for Innovation in Medical Care. Southern Economic Journal, 1984b, 51 (2): 530 -539.

[29] Goddeeris, J. H. Medical Insurance, Technological Change, and Welfare [J]. Economic Inquiry, 1984a, 22 (1): 56 -57.

[30] Granger, C., Newbold, P. Spurious Regressions in Econometrics [J]. Journal of Econometrics, 1974 (2): 111 -120.

[31] Hartwig, J. Can Baumol's Model of Unbalanced Growth Contribute to Explaining the Secular Rise in Health Care Expenditure? An Alternative Test [J]. Applied Economics, 2011, 43 (2): 173 -184.

[32] Hartwig, J. What Drives Health Care Expenditure? Baumol's Model of Unbalanced Growth Revisited [J]. Journal of Health Economics, 2008 (27): 603 -623.

[33] Laurie J. Batesa, Rexford E. Santerreb. Does the U. S. Health Care Sector Suffer from Baumol's Cost Disease? Evidence from the 50 states [J]. Journal of Health Economics, 2013, 32 (2): 386 -391.

[34] Newhouse, J. P. An Iconoclastic View of Health Cost Containment. Health Affairs, 1993, (12): 152 -171.

[35] Newhouse, J. P. Free for All? Lessons from the RAND Health Insurance Experiment [M]. Cambridge, M. A.: Harvard University Press, 1993.

[36] Newhouse, J. P. Has the Erosion of the Medical Marketplace Ended? [J]. Journal of Health Politics Policy and Law, 1988, 13 (2): 263 -268.

[37] Newhouse, J. P. Medical Care Costs: How Much Welfare Loss? [J]. Journal of Economic Perspectives, 1992, 6 (3): 3 -21.

[38] Newhouse, J. P. The Erosion of the Medical Marketplace [M]. //Scheffler, R. Advances in Health Economics and Health Services Research, Westport, C. T.: JAI Press, 1981 (2).

[39] Nordhaus, W. D. Baumol's Disease: A Macroeconomic Perspective [J]. The B. E. Journal of Macroeconomics, Contributions, 2008, 8 (1).

[40] Manning, W. G., Newhouse, J. P., Duan, N., Keeler, E. B., Leibowitz, A., & Marquis, M. S. Health Insurance and the Demand for Medical Care: Evidencefrom a Randomized Experiment [J]. American Economic Review, 1987, 77 (3): 251 -277.

[41] Peden, E. A., Freeland, M. S. A Historical Analysis of Medical Spending

Growth, 1960 – 1993 [J] . Health Affairs, 1995, 14 (2): 235 – 247.

[42] Raitano, M. The Impact of Death – related Costs on Health – care Expenditure: A Survey [J] . ENEPRI Research Report No. 17, 2006 (2) .

[43] Schwartz, W. B. The Inevitable Failure of Current Cost – containment strategies [J] . JAMA, 1987, 257 (2): 220 – 224.

[44] Smith, S. D. , Newhouse, J. P. , & Freeland, M. S. Income, Insurance, and Technology: Why does Health Spending Outpace Economic Growth? [J] . Health Affairs, 2009, 28 (5): 1276 – 1284.

[45] Triplett, J. E. , Bosworth, B. P. Productivity Measurement: Issues in Services Industries: ‘Baumol’s Cost Disease’ has Been Cured [J] . FRBNY Economics Policy Review, 2003, 9 (3): 23 – 33.

[46] Weisbrod, B. A. The Health Care Quadrilemma: An Essay on Technological Change, Insurance, Quality of Care, and Cost Containment [J] . Journal of Economic Literature, 1991, 29 (3): 523 – 552.

[47] Xu, K. , Evans, D. B. , Carrin, G. , Aguilar – Rivera, A. M. , Musgrove, P. , Evans, T. Protecting Households from Catastrophic Health Spending [J] . Health Affairs, 2007, 26 (4): 972 – 983.

公共部门的微观治理

——参与式治理模式与学校的教育绩效

解洪涛[1]　李　洁[2]　陈利伟[3*]

(1. 中南财经政法大学　财政税务学院　湖北 武汉　430073；
2. 中南财经政法大学　外国语学院　湖北 武汉　430073；
3. 厦门大学　经济学院　福建 厦门　361005)

参与式治理（Participatory Governance）脱胎于参与式民主理论，其最早实践形式可追溯到古希腊城邦的市民议会。此后，这一思想被引入到组织理论，并广泛应用到企业组织行为的分析中（Chen 和 Tjosvold，2006）。①对学校的参与式治理或参与式管理的研究最早可追溯到20世纪70年代，早期的研究大多认为教师参与学校决策会提高其工作的积极性（Alutto 和 Belasco，1973；Mohrman 等，1978）。②此后，主要集中于对教师参与学校治理或决策对学校绩效的影响机制研究（Leithwood 和 Duke，1998；Walker，2000；Somech，2002；Gamage，2007）。③这些研究在教师参与学校决策的内容、途径、效果方面作了深入探讨，研究大都支持教

* 作者简介：解洪涛，河北保定人，中南财经政法大学财政税务学院讲师，数量经济学博士，主要研究领域为微观计量及其在公共治理中的应用；李洁，湖北武汉人，中南财经政法大学外国语学院副教授，香港科技大学教育学博士，主要研究领域为教育管理与教育心理；陈利伟，广东汕头人，厦门大学经济学院在读研究生，主要研究领域为公共治理与税收政策。

① Chen, Y. F. , & Tjosvold, D. Participative Leadership by American and Chinese Managers in China: The Role of Relationships [J] . Journal of Management Studies, 2006 (43): 1727 – 1752.

② Alutto, J. A. , & Belasco, J. A. Patterns of Teacher Participation in School System Decision Making [J] . Educational Administration Quarterly, 1973 (9): 27 – 41; Mohrman, A. M. Jr. , Cooke, R. A. , & Mohrman, S. A Participation in Decision Making: A Multidimensional Perspective [J] . Education Administration Quarterly, 1978 (14): 13 – 19.

③ Leithwood, K. , & Duke, D. L Mapping the Conceptual Terrain of Leadership: A Critical Point of Departure for Cross Cultural Studies [J] . Peabody Journal of Education, 1998 (73): 31 – 50.

Walker, E. M. Decentralization and Participatory Decision Making: Implementing School Dased Management in the Abbott Districts [J] . Research Brief, 2000 (1): 3 – 23.

Somech A. Explicating the Complexity of Participative Management: An Investigation of Multiple Dimensions [J] . Educational Administration Quarterly, 2002 (38): 341 – 371.

San Antonio, D. M. , & Gamage, D. T. Building Trust among Educational Stakeholders through Participatory School Administration [J] . Leadership and management. British Educational Leadership. Management & Administration Society, 2007 (21): 15 – 22.

师参与学校治理或决策对教学质量或学生成绩的提高具有正向作用，弥补或纠正了传统的自上而下的官僚治理结构缺陷（Duke 等，1980）。① 随着现代社会对学校在课程设置、教师责任和效应社会需求的更高要求，“学校的参与式治理（决策）”研究变得越来越重要（Teschannen 和 Moran，2001；Scott、Travaglione 和 Marshall，2006）。② 然而，学校治理往往受到所在国社会经济发展水平、文化维度以及教育管理体制的影响。因此，教师参与决策对改进学校绩效的具体效果是否存在国家差异，以及如何解释差异背后的原因，已成为当前比较教育制度和教育组织行为学有待回答的重要问题之一（Somech，2010）。③

经济合作与发展组织（OECD）发起的国际学生评估项目（Programmer for International Student Assessment，PISA）在 2009 年起开始关注“教师参与”、“学校决策”和“学校治理”在对学校教学绩效影响的作用，在数据库中首次计算了教师参与学校治理指标（Teacher Participation Index），并在公开报告中分析了这一指标对学校绩效的相关性。然而，正如上文所指出的，教师参与学校治理对于改进学校教学绩效的效果受制于一定的背景制度和文化因素。

本文基于上述问题，结合教师参与学校治理的最新理论，采用 PISA 2009 年数据库中东亚 10 国或地区的数据（包括中国上海、中国香港和中国澳门的学校样本），采用分层线性模型证实了教师参与学校治理在不同国家发挥作用的差异。由于社会经济处于不同发展水平，在缺少底层制度的情况下，教师参与学校治理在不同国家（地区）所发挥的具体效果不同。同时就教师参与治理在学校人事、财务、教学活动和学生管理中发挥的作用进行了实证检验。本文共分为五部分，第一部分是对学校参与式决策（治理）的理论回顾；第二部分是对包括中国上海、中国香港、中国澳门等地区教师参与治理发挥作用的描述；第三部分根据第一部分的理论综述和第二部分的数据观察，提出了本文研究问题的假设和实证模型；第四部分是实证分析结果。最后，提出了针对中国教育改革的政策建议。

---

① Duke, D. L. , Shower, B. K. , & Imber M. Teachers and Shared Decision Making: The Cost and Benefits of Involvement [J] . Eucational Administration Quarterly, 1980 (16): 93 – 106.

② Tschannen. Moran, M. Collaboration and the Need for Trust [J] . Journal of Educational Administration, 2001 (39): 308 – 331.

Scott Ladd, B. , Travaglione, A. , & Marshall V. Causal Inferences between Participation in Decision Making, Task Attributes, Work Effort, Rewards, Job Satisfaction and Commitment [J] . Leadership & Organization Development Journal, 2006 (27): 399 – 414.

③ Anit Somech. Participative Decision Making in Schools: A Mediating Moderating Analytical Framework for Understanding School and Teacher Outcomes [J] . Educational Administration Quarterly, 2010 (46): 174 – 191.

一、教师参与学校治理的途径与影响机制

（一）教师参与决策的含义及影响文献回顾

针对“参与式治理”或“参与式决策”这一概念，Dachler 和 Wilpert（1978），McCaffrey、Faerman 和 Hart（1995）[①] 提出了四个特征：参与式决策应实质性地影响组织管理策略；参与式决策应包括发表反对意见的程序；参与式决策不仅局限于提建议阶段，还应能影响最终的决策结果；参与式决策应涉及组织管理的重要议题，而不限于日常管理。对参与式决策的深入研究还可以细化为决策权配置、分享式决策、集体领导组织等方面（Leithwood 和 Mascall，2008）。[②]

理论上，“参与式决策”对组织绩效的研究应具有正向作用（Andrew 和 Kacmar，2000），[③] 但实证研究却出现了并不一致的结论（Parnell 和 Crandall，2001）。[④] 一些实证研究证明了参与式治理与组织绩效间存在一定的正相关，其中包括提高了工作绩效、工作满意度和工作出勤率（Cotton 等，1988）。[⑤] 而另一些实证结果没有发现正相关关系（Wagner，1994）。[⑥]

Smylie（1992）针对学校的参与式治理研究进行文献整合，他认为，由于决策过程中很多因素难以量化，实证分析很可能遗漏了一些关键因素；而且决策过程中的议程设置至关重要，但实证中也缺乏这方面的考虑[⑦]。Latham 和 Pinder

---

① Dachler, H. P., & Wilpert B. Conceptual Dimensions and Boundaries of Participation in Organizations: A Critical Evaluation [J]. Administrative Science Quarterly, 1978 (23): 1 – 39.

McCaffrey, D. P., Faerman, S. R., & Hart, D. W. The Appeal and Difficulties of Participative Systems [J]. Organizations Science, 1995 (6): 603 – 627.

② Leithwood, K., & Mascall B. Linking Leadership to Student Learning: The Contributions of Leader Efficacy [J]. Educational Administration Quarterly, 2008 (44): 496 – 528.

③ Witt, L. A., Andrews, M. C., & Kacmar, K. M. The Role of Participation in Decision Making in the Organizational Politics Job Satisfaction Relationship [J]. Human Relations, 2000 (53): 341 – 358.

④ Parnell, J. A., & Crandall, W. R. Rethinking Participative Decision Making: A Refinement of the Propensity for Participative Decision Making Scale [J]. Personnel Review, 2001 (30): 523 – 535.

⑤ Cotton, J. L., Vollrath, D. A., Froggatt, K. L., Lengnick Hall, M. L., & Jennings, K. R. Employee Participation: Diverse Forms and Different Outcomes [J]. Academy of Management Review, 1988 (13): 8 – 22.

⑥ Wagner, J. A., III. Participation's Effects on Performance and Satisfaction: A Reconsideration of Research evidence [J]. Academy of Management Review, 1994 (19): 312 – 330.

⑦ Smylie, M. A. Teacher Participation in School Decision Making: Assessing Willingness to Participate [J]. Educational Evaluation and Policy Analysis, 1992 (14): 53 – 67.

（2005）将管理学中的“权变理论”引入到对实证矛盾的解释中来。同时，指出参与式决策对不同类型组织的影响存在差异。①

（二）教师参与决策影响学校绩效的传导机制

参与式决策对学校绩效的影响，一方面，来自对教师行为的影响。Maeroff（1988）认为教师参与学校决策本质上是对教师的尊重。② 这会极大地提高教师的工作热情（Duke 和 Gansneder，1990）。③ Taylor 和 Tashakkori（1997）证实存在四种类型的教师：授权型（想去参与决策并被授权）、权利剥夺型（想参与决策但被限制参与）、被动参与型、无权参与型。在其研究中，大多数被调查的教师均表示出参与的热情，热情更高的教师表现出更高的工作努力程度。④ 但也有部分文献认为，赋予一线教师更多的参与权，会带给教师更多的压力，从而降低教师在教学工作中的绩效。

另一方面，教师参与决策通过改善学校的管理来影响学校绩效。对于不同类型的学校存在不同的绩效度量指标。通过标准化考试度量学生的学习成绩是通用的方法，此外还可以考察大学生的就业率、大学的科研成果等。Locks 和 Schweiger（1979）研究认为，参与式决策提高了学校的问题解决能力。⑤ 由于教学中的问题能及时通过教师反馈，并形成学校的制度决策，因此可以很好地提高教学效果（Tschannen - Moran，2001）。⑥ 进一步来说，教师参与决策可以减少人际间的冲突，提高教师对管理层的满意度，更有利于教师发挥积极作用（De Dreu，2006）。⑦

教师参与决策对学校管理创新的影响研究是另一个视角。De Dreu 和 West（2001）研究指出，教师参与决策使得学校更能吸收教育的新理念和教育实践中

① Latham, G. P. , & Pinder, C. C. Work Motivation Theory and Research at the Dawn of the 21st Century [J] . Annual Review of Psychology, 2005 (56): 485 - 516.

② Maeroff, G. I. Teacher Empowerment: A Step Toward Professionalization [J] . A Bulletin special. NASSP Bulletin, 1988 (54): 56 - 60.

③ Duke, D. L. , & Gansneder B. Teacher Empowerment: The View from the Classroom [J] . Educational Policy, 1990 (4): 145 - 160.

④ Taylor, D. L. , & Tashakkori A. Toward an Understanding of Teacher' s Desire for Participation in Decision making [J] . Journal of School Leadership, 1997 (7): 609 - 628.

⑤ Locke, E. A. , & Schweiger, D. M. Participation in Decision Making: One more Look [J] . in Research in Organizational Behavior, ed. B. M. Staw (Greenwich, M. A. : JAI), 1997: 265 - 339.

⑥ Tschannen Moran M. Collaboration and the Need for Trust [J] . Journal of Educational Administration, 2001 (39): 308 - 331.

⑦ De Dreu, C. K. W. When too Little or too Much Hurts: Evidence for a Curvilinear Relationship between Task conflict and Innovation in Teams [J] . Journal of Management, 2006 (32): 83 - 107.

的新方法，从而不断提升学校管理效率和教学课程的质量。[①] 此外，组织公民行为（Organizational Citizenship Behavior）理论也被引入到教师参与决策的效果分析中来，研究表明，教师参与决策使得教师更具有组织公民感，从而提高了教师对组织的公平感和信任感。这会鼓励教师的组织公民行为，如组织忠诚、自我发展和助人行为（Tepper 和 Taylor，2003）。[②] Somech 和 Bogler（2002）研究指出这种组织公民行为，将提高学校政策的执行力和顺利程度（如预算分配、教师离职、教师晋升等）。[③]

（三）影响教师参与学校决策效果的背景因素——国家文化差异

管理学理论很早就认识到社会文化环境是解释组织和个体行为的关键变量（Dimmock 和 Walker，1998；Hallinger 和 Leithwood，1996）。[④⑤] 各种关于文化的概念，如价值观、道德观和信仰逐步被管理学吸收，并纳入到“参与式决策”的背景制度中来。Ardichvili（2001）最早指出学校的管理实践必须考虑社会文化特征。[⑥] 但具有不同文化背景的教师，本身对于教师职责的理解也具有文化方面的差异，面对领导的管理行为时往往产生不同的反应。

Triandis（1995）和 Lam 等（2004）将“个人主义—集体主义”定义为主要的文化维度。Hofstede（1984，2010）将权利分配差异接受度（Power Distance Index，也有的译作权利距离指数）、个人主义、男权主义、不确定性规避、长期取向作为衡量文化差异的维度。[⑦⑧] 跨文化差异对组织行为的研究中经常使用个人主义文化维度。对于学校这一组织而言，Kemmelmeier 等（2003）指出，个人主

---

① De Dreu, C. K. W., & West, M. A. Minority Dissent and Team Innovation: The Importance of Participation in Decision Making [J]. Journal of Applied Psychology, 2001 (68): 1191 - 1202.

② Tepper, B. J., & Taylor, E. C. Relationships among Supervisors' and Subordinates' Procedural Justice perceptions and organizational citizenship Behaviors [J]. Academy of Management Journal, 2003 (46): 97 - 105.

③ Somech, A., & Bogler, R. Antecedents and Consequences of Teacher Organizational and Professional Commitment [J]. Educational Administration Quarterly, 2002 (38): 555 - 577.

④ Dimmock, C., & Walker A. Comparative Educational Administration: Developing a Cross Cultural Conceptual framework [J]. Educational Administration Quarterly, 1998 (34): 558 - 595.

⑤ Hallinger, P., & Leithwood, K. Culture and Educational Administration: A Case of Finding out What You Don't Know [J]. Journal of Educational Administration, 1996 (34): 98 - 116.

⑥ Ardichvili A. Leadership Styles and Work Related Values of Managers and Employees of Manufacturing Enterprises in Post Communist Countries [J]. Human Resource Development Quarterly, 2001 (12): 363 - 383.

⑦ Hofstede Geert. Culture's Consequences: International Differences in Work - Related Values (2nd Ed.) [M]. Beverly Hills C. A., 1984.

⑧ Hofstede Geert, Hofstede Jan, Minkov M. Cultures and Organizations: Software of the Mind (3rd Ed.) [M]. McGraw - Hill USA, 2010.

义或集体主义的文化背景可以决定学校中的教师参与治理效果。[①] 处于个人主义文化背景的教师更加关心个人权益，因此会更积极地参与到涉及个人利益的相关学校决策中。但处于集体主义社会文化中的教师，更强调个人对集体绩效的贡献（Oyserman、Coon 和 Kemmelmeier，2002）。[②]

国内针对教师参与决策的研究分为两类：一是从理论上对教师参与的类型、目的进行划分；另一类是基于经验性调查，发现制约教师参与决策的主要因素（尹晓敏，2006[③]；林成堂，2008[④]；楚江亭，2009[⑤]；王哲等，2009[⑥]；苏镜萍，2011[⑦]）。但以上研究缺乏实证性证据支持论点，并且对组织文化影响教师参与决策的讨论过于泛化，本文在这些方面做了进一步的探讨。

二、东亚各国教师参与学校治理的差异分析

（一）教师参与学校治理指标构建

在 PISA2009 年数据中，针对教师参与学校治理设置了系列问题。其中，在学校调查问卷的 Q24 中，共列出了 12 个选项。按照教师参与决策内容可分为四类指标：

教师参与学校治理的第一个维度是参与人事决策。这直接影响到教师的教学热情和教学质量，与学生的学习成绩呈正相关关系（Duze，Chinelo O.，2011）。[⑧]

教师参与学校治理的第二个维度是参与预算决策。教师参与预算决策主要包括从预算编制到预算落实的一系列工作，这直接影响到学校的管理效率，与学生

① Markus Kemmelmeier et al. Individualism, Collectivism, and Authoritarianism in Seven Societies [J]. Journal of Cross－Cultural Psychology, 2003 (34): 304－322.

② Oyserman, D., Coon, H. M. and Kemmelmeier M. Rethinking Individualism and Collectivism: Evaluation of Theoretical Assumptions and Meta－analyses [J]. Psychological Bulletin, 2002 (128): 3－72.

③ 尹晓敏．教师参与高校决策：合理性及其限度性［J］．教育科学，2006（5）：68－70.

④ 林成堂．中小学教师参与学校决策现状的调查研究［J］．教育理论与实践，2008（11）：43－45.

⑤ 楚江亭．中小学教师参与学校管理研究［J］．中国教育学刊，2009（8）：39－43.

⑥ 王哲，李亮，史晓燕．中小学教师参与学校民主管理情况调查研究［J］．内蒙古师范大学学报（教育科学版），2009（2）：127－130.

⑦ 苏镜萍．中小学教师参与决策和管理的团队参与及心理效应［J］．教学与管理，2011（9）：11－13.

⑧ Duze, C. O. Students' and Teachers' Participation in Decision Making and Impact on School Work and School Internal Discipline in Nigeria [J]. African Research Review, 2011 (5): 200－214.

的学习成绩呈正相关关系（Mercy，O. 和 Ujiro，2012）。[①]

教师参与学校治理的第三个维度是参与教学内容决策。教师参与教学内容决策主要包括：课程开设、教材选择、课程内容安排、教学方式以及教学政策等内容，这关系到教师教学的灵活性，与学生的学习成绩呈正相关关系（IES Practice Guide 2009）。

教师参与学校治理的第四个维度是参与学生管理决策。如学生评估政策能够更好地反映教学效果，也直接影响了学校对教学质量的反馈（J. F. Martínez，2009）。[②] 具体的问题如表 1 所示：

表 1　PISA 调查中教师参与学校治理涵盖的内容

教师参与维度	教师参与的具体项目
人事制度	教师能够参与新教师聘任的决策
	教师能够参与教师的初始薪酬的决策
	教师能够参与教师薪酬等级的决策
	教师能够参与教师解聘的决策
财务制度	教师能够参与学校的预算决策
	教师能够参与校内不同单位的资源分配决策
教学制度	教师能够参与选择教材的决策
	教师能够进行选择教学内容的决策
	教师能够参与学校开设新课的决策
学生管理制度	教师能够参与建立学校校纪制度
	教师能够参与建立学生考评制度
	教师能够参与建立学生招生制度

资料来源：School Questlonnaire For Pisa 2009（PISA 学校调查问卷 2009）。

在 PISA 学校调查问卷（2009）的 Q25 中，将以上 12 个问题进行合并，分别讨论被考察的学校在人事、财务、教学和考评制度上有无教师参与决策权力。同时，PISA 数据库中设置了标准化的教师参与指标，表 2 给出了样本均值：

---

① Mercy，O. & Ujiro I. Influence of Teachers Participation in Decision Making on Their Job Performance in Public and Private Secondary Schools in Oredo Local Government Area of Edo State，Nigeria ［J］. European Journal of Business and Social Sciences，2012（1）：12－22.

② Martínez，J. F. Classroom Assessment Practices，Teacher Judgments，and Student Achievement in Mathematics：Evidence from the ECLS ［J］. Educational Assessment，2009（14）：78－102.

$$TCHPARTI = \frac{X_i - \overline{X}}{\sigma}$$

表 2　东亚各国教师参与学校治理指标值

国家（地区）	中国香港	印度尼西亚	日本	韩国	中国澳门	马来西亚	中国上海	新加坡	中国台湾	泰国
样本数	119	156	179	82	39	51	126	91	39	209
教师参与指标（均值）	1.962	0.550	-1.089	0.111	0.290	-1.337	0.911	-0.213	0.719	1.518
教师参与指标（标准差）	0.715	1.262	1.312	1.185	1.178	1.022	1.626	1.258	1.580	1.316
教师参与指标（最小值）	-0.788	-2.070	-2.070	-2.070	-2.070	-2.070	-2.070	-2.070	-2.070	-2.070
教师参与指标（最大值）	3.302	4.086	2.373	4.086	1.964	1.142	4.086	2.808	3.302	4.086

资料来源：School Questionnaire For Pisa 2009（PISA 学校调查问卷 2009）

从表 2 中可以看出，教师参与学校治理的指数在东亚各国间变化很大，且在同一国家的不同学校间也存在变化，且这一指标与国家的经济发展水平并不完全一致。中国香港和泰国的教师参与指标值较大，均超过 1；中国上海、中国台湾、印度尼西亚的指标值在 0.5～1；韩国、中国澳门的指标在 0～0.5；而新加坡、马来西亚、日本的教师参与治理指标均小于 0。

（二）东亚各国教师参与学校治理的测度

以上采用教师参与指标简单对比了不同东亚国家（地区）的学校中的教师参与治理水平。具体的参与治理内容可见表 3。从表 3 中可以看到，相对于调查的学校样本数而言，在人事方面，对于教师的聘任和教师的起薪，中国香港、中国上海、中国台湾和泰国的教师参与学校治理程度较高，如中国香港在受调查的 119 所学校中，90 所学校中的教师都参与了教师聘任活动。中国上海在接受调查的 126 所学校中，有 83 所学校的教师参与了教师起薪的决策。在学校财务方面，教师对学校预算和校内资源分配参与中，中国香港、印度尼西亚、中国上海和泰国的学校中教师参与治理的比例也较高。而在学生管理方面，教师参与治理在各个国家地区水平都相对较高，除去中国香港、中国上海和泰国等国家和地区外，在这一领域，中国台湾、韩国、印度尼西亚和日本都有一半左右的学校存在教师参与。在与学校教学活动最相关的教学过程教师参与方面，中国上海表现得比其他国家或地区要弱，在受调查的126所学校中，仅有57所学校其教师可以在教学内容上存在自主权。其他较弱的国家还包括马来西亚和日本。

表3　东亚10国（地区）教师参与学校决策不同维度的样本

教师参与	中国香港	印度尼西亚	日本	韩国	中国澳门	马来西亚	中国上海	新加坡	中国台湾	泰国
雇佣	90	8	3	5	4	0	76	7	24	45
起薪	41	4	0	2	2	0	83	1	22	49
薪级	2	4	0	1	0	0	30	0	1	21
解雇	2	7	0	1	1	0	37	1	2	89
预算	74	56	5	12	3	8	54	19	10	108
资源分配	65	55	16	30	3	10	85	22	9	126
学生守则	116	91	52	38	28	16	91	47	17	174
学生评价	117	111	57	58	26	13	83	44	24	168
学生招考	103	91	13	5	15	1	49	4	11	111
教材选择	119	131	63	55	32	5	31	71	30	192
内容选择	117	140	53	75	35	5	43	57	32	198
课程选择	107	71	57	43	21	7	62	33	27	189
学校总数	119	156	179	82	39	51	126	91	39	209

资料来源：School Questionnaire For PISA 2009（PISA学校调查问卷2009）。

三、教师参与治理决策与学校绩效关系的概念框架

（一）影响学校教育绩效的各层级变量

本文主要研究教师参与学校治理与学生成绩的内在联系，因此，本文以参加2009年PISA测验的东亚10国（或地区）共26450位学生的数学、阅读及科学

平均成绩的算术平均分为被解释变量（Ming Ming Chiu 和 Zeng Xihua，2008）。[①]

在国家层面影响教育水平变量选择上，国家经济发展水平（人均 GDP）和收入分配差异（基尼系数）都会对学生成绩产生直接的影响。教育支出占财政支出的比重越高代表政府对教育的重视程度越大，通常情况下，教育支出占财政支出比重与学生学习成绩有正相关关系。个人主义指数是霍夫斯泰德的“文化维度理论”（Hofstede's Cultural Dimensions Theory，2001）中所提到的衡量国家文化规模的指标之一，衡量个体融入集体的程度。[②] 在集体主义盛行的社会中，学生更倾向于合作、彼此帮助、相互学习，从而提高学习成绩（Hofstede，2005）。[③] 经济自由指数是衡量个体自由追求经济利益以至更大程度的社会繁荣的指标。

在学校层面影响教育水平变量选择上，是否为公立学校表示公立学校教师参与学校管理的空间和权力都受到很大的限制。虽然部分私立学校超过 50% 的资金也来源于政府，但是其一般由非政府机构所管理。计算机可用性指标主要由学校所拥有的计算机数量以及可联网计算机数量构成，学校可使用的计算机数量直接影响到学生学习成绩（Damian Bebell 和 Rachel Kay，2010）。[④] 教师质量指标主要由拥有大学学历的教师比例、已通过教育机构认证的教师比例和生师比构成。学校教育资源质量指标由 11 项衡量学校教学效能的因素得出，主要是衡量教学设备、教学材料、教师资源和图书馆等资源。教育质量指标越高，学生的学习成绩就越好。

学生家庭层面的变量说明，PISA 数据库所提出的家庭经济社会文化地位相当于家庭社会经济地位（Socio - Economic Status，SES），主要来源于以下三个指标：父母最高的职业地位、父母最高的教育水平和家庭财产。拥有较高家庭社会经济地位的学生，其学习效果相对较好。

家庭教育资源是指家庭所拥有的能够帮助学生学习的软硬件，包括书本和工具书等。变量的详细描述、概要统计以及进入回归模型的变量向量的次序详见表 4。

---

① Ming Ming Chiu，Zeng Xihua. Family and Motivation Effects on Mathematics Achievement：Analyses of Students in 41 Countries［J］. Learning and Instruction，2008（18）：321 - 336.

② Hofstede Geert. Culture's Consequences：Comparing Values，Behaviors，Institutions，and Organizations Across Nations（2nd Ed.）［M］. Thousand Oaks，C. A.：SAGE Publications. ISBN 978，2001.

③ Geert Hofstede，Gert Jan Hofstede. Cultures and Organizations：Software of the Mind（2nd Ed.）［M］. McGraw - Hill USA，2005.

④ Bebell，D.，O' Dwyer，L. M. Educational Outcomes and Research from 1：1 Computing Settings［J］. Journal of Technology，Learning，and Assessment，2010（9）.

表 4　不同层级变量的说明

变量名	均值	标准差	变量说明
被解释变量			
AS	525.94	92.78	阅读、数学和科学的总平均分
STS	14.26	2.56	学生感受到的教师工作热情
解释变量			
国家经济、财政支出、政府效率的变量：			
HDI	0.8286	0.091	人类发展指数
AGDP	24318.72	14851.36	人均 GDP
GINI	0.441	0.0663	基尼系数
EX	0.163	0.0539	教育支出占财政支出的比重
ER	0.0358	0.0094	教育支出占 GDP 的比重
GE	1.041	0.747	政府有效性指数
国家社会文化的变量：			
IDV	25.51	10.45	个人主义指数
PDI	71.41	14.42	权利距离指数
UAI	45.55	25.89	不确定规避指数
LTO	82	24.01	长期行为导向指数
学校层面硬件资源变量：			
PON	1.024	0.915	是否为公立学校，虚拟变量
SIZE	1296.53	924.24	学校规模（在校人数）
RCS	0.511	0.382	计算机与学校规模比
RCT	0.898	0.249	大学学历的教师比例
RST	15.98	5.70	生师比
QSER	0.215	1.168	学校教育资源的质量（将教师资源、计算机资源加权平均、标准化得到的指标）
学生家庭环境变量及学生努力程度：			
SES	-0.509	1.034	家庭经济社会文化地位指数
HER	-0.199	1.0087	家庭教育资源（如图书册书、计算机等）
MED	3.41	1.76	母亲教育程度（等级变量）
LIBU	0.47	0.97	学生使用图书馆次数
OLR	0.28	1.1	学生网上阅读的次数

续表

变量名	均值	标准差	变量说明
教师参与指标：			
TTP	0.381	1.622	总的教师参与指数
TPS	0.159	0.364	教师能否参与人事决策，虚拟变量
TPB	0.213	0.409	教师能否参与预算决策，虚拟变量
TBIC	0.717	0.451	教师能否参与教学内容决策，虚拟变量
TPAP	0.646	0.478	教师能否参与教学评估决策，虚拟变量
TP1	0.274	0.446	教师能否影响教师选聘，虚拟变量
TP2	0.199	0.399	教师能否影响教师解雇，虚拟变量
TP3	0.0502	0.218	教师能否影响起薪决策，虚拟变量
TP4	0.091	0.287	教师能否影响加薪决策，虚拟变量
TP5	0.284	0.451	教师能否影响预算拟定，虚拟变量
TP6	0.3401	0.4738	教师能否影响预算分配，虚拟变量
TP7	0.616	0.486	教师能否影响教学政策，虚拟变量
TP8	0.627	0.484	教师能否影响评估政策，虚拟变量
TP9	0.347	0.476	教师能否核准学生入学许可，虚拟变量
TP10	0.6391	0.4802	教师能否选择教科书，虚拟变量
TP11	0.666	0.472	教师能否决定课程内容，虚拟变量
TP12	0.538	0.499	教师能否影响课程开设，虚拟变量

资料来源：本数据主要来源于《OECD PISA2009》数据库；国家数据分别来源于 World Bank 数据库、OECD Library 数据库、《人类发展报告 2011》、《日本财政简报 2009》、《OECD 政府支出报告 2011》和《CIA World Factbook 2009》。

（二）教师参与学校治理绩效影响的研究假设

首先，基于理论回顾，我们假定在东亚国家中，同样存在教师参与治理对学校教育绩效的正向作用。我们假设，教师在不同领域参与学校治理可以影响学校的教育绩效。其次，在理论回顾中，已经有研究发现社会文化是决定组织行为的主要背景变量。本文主要选择了 Hofstede 的文化维度指标，包括了权力距离、个人主义、长期化行为导向、不确定性规避四个指标，用来描述教师参与学校决策中实际的行为特征①，假设教师参与行为受社会文化影响。最后，基于理论回

① 详细的指标说明和含义详见 Hofstede 的五个文化维度定义主页，对指标的理解有助于帮助解释个体在组织中发表意见的行为，如长期行为导向指标中，包括个人按照社会地位确定社会关系的取向，尊重传统的取向，“爱面子”的取向等，这些都影响个体的组织行为。

顾，假设教师参与治理可以提高教师的工作积极性，并促进其“组织公民行为”。为描述教师的相关行为，我们选择了学生对教师满意度度量指标对其进行刻画。指标的构建基于 PISA 数据中学生问卷中的 Q34（见表 5）。由此可以发现满意度的度量实际上也反映出教师的工作热情。我们假设存在教师参与治理的学校中，学生对教师的满意度越高。

表 5　教师工作积极性的度量（学生对教师满意度）

教师工作积极性（教师满意度）维度	度量强度
对教师的总体满意度	1：很不满意 2：不满意 3：满意 4：很满意
教师关心我的身心健康	1：很不满意 2：不满意 3：满意 4：很满意
教师认真倾听我的反馈	1：很不满意 2：不满意 3：满意 4：很满意
教师会乐于帮我解决问题	1：很不满意 2：不满意 3：满意 4：很满意
教师公平对待学生	1：很不满意 2：不满意 3：满意 4：很满意

资料来源：PISA 学生调查问卷 Q34。

最后，我们将变量和主要假设关系通过图 1 表述出来，通过图 1 我们突出了两个基本问题：一是教师参与治理发挥作用依赖于国家底层制度和文化背景；二是教师参与决策提高了教师积极性，继而提高了教育绩效（学生成绩）。

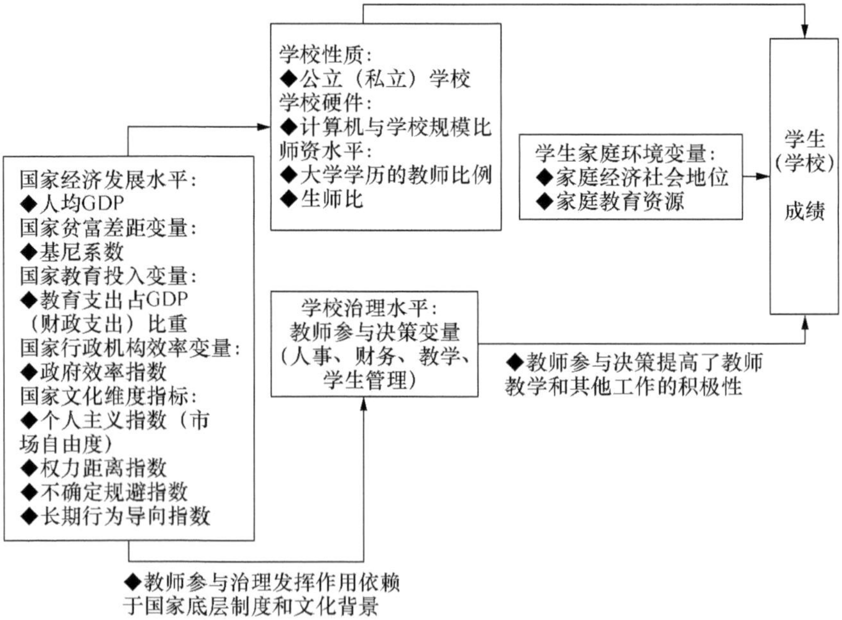

图 1　变量层级和假设关系

四、教师参与治理影响学校绩效的实证分析

（一）教师参与治理影响学校绩效的实证模型

PISA 的数据具有分层嵌套结构，分层线性模型（Hierarchical Linear Models，HLM）可以很好地处理具有嵌套结构的数据。结合本文上述假设，本文具有两个重要目的，其一是分析教师参与是否影响了学校的教学绩效，而且为何在不同国家教师参与学校治理对于学校管理绩效的影响效果存在很大差异；其二是控制住学生个体及其所在家庭的差异，教师参与学校治理对于单独学生个体学习成绩的影响。因此，针对第一个目的建立了两层线性模型，学校为第一层，国家为第二层；针对第二个目的建立了三层线性模型，学生个体为第一层，学校为第二层，国家为第三层。

1. *教师参与治理影响学校平均成绩的两层线性模型*

两层线性模型的分析思路是将学校绩效（学校的平均成绩）的总方差分解为学校间和国家间两个层次，误差项也分解为两部分。基本假设是层－1 的误差（e_{ij}）在学校间相互独立，层－2 的误差（r_{oj}）在国家间相互独立，然后在不同层次分别引入自变量来对组内变异和组间变异进行解释。具体模型如下：

模型层－1：

$$Y_{ij}=\alpha_{0j}+\alpha_{1j}*TPARI\text{（教师参与指标）}+\alpha_{2j}*PON+\alpha_{3j}*RCS+\alpha_{4j}*RCT+\alpha_{5j}*SIZE+\alpha_{6j}*RST+\alpha_{7j}*QSER\text{（学校教育资源质量总指标）}+\sigma_{ij}$$

其中，Y_{ij}是国家 j 的学校 i 的学生平均成绩；α_{0j}是国家 j 的学校平均成绩截距项；α_{ij}是国家 j 中学校 i 相关特征所对应的系数；教师参与指标是指上述变量表中 17 项变量；e_{ij}是层－1 国家 j 学校 i 的随机效应，假定 $\sigma_{ij}\sim N(0,\sigma^2)$。

模型层－2：

$$\alpha_{0j}=\beta_{00}+\beta_{01}*AGDP\ (HDI)+\beta_{02}*GINI+\beta_{03}*EX\ (ER)+\beta_{04}*GE+r_{0j}$$

$$\alpha_{1j}=\beta'_{00}+\beta'_{01}*PDI+\beta'_{02}*IDV+\beta'_{03}*UVI+\beta'_{04}*LTO+r'_{0j}$$

$$\alpha_{Pj}=\beta_{P0}$$

为揭示教师参与治理指标在国家间的系数差异，我们分别将层－1 中的截距项和教师参与治理的系数项表述为国家特征差异的解释方程。其中，β_{00}是所有学生的平均成绩；β_{0p}是国家相关特征所对应的系数；r_{0j}是国家 j 的随机效应，假定 $r_{0j}\sim N(0,\sigma^{\frac{2}{3}})$。

2. 教师参与治理影响学生个体成绩的三层线性模型

三层线性模型的分析思路是将学生成绩的总方差分解为学生个体、学校间和国家间三个层次，同时误差项也分解为三部分。模型二的假设是层－1的误差（w_{ijk}）在学生间相互独立，层－2的误差（θ_{0jk}）在学校间相互独立，层－3的误差（u_{00k}）在国家间相互独立，然后在不同层次分别引入自变量来对组内变异和组间变异进行解释。具体模型如下：

模型层－1：

$$Y_{ijk} = \gamma_{0jk} + \gamma_{1jk} * STS（教师积极性） + \gamma_{2jk} * SES + \gamma_{3jk} * HER + \gamma_{4jk} * MED + \gamma_{5jk} * LIBU + \gamma_{6jk} * OLR + \varepsilon_{ijk}$$

其中，Y_{ijk}是国家k学校j中学生i的成绩；π_{0jk}是国家k学校j的平均成绩；π_{pjk}是国家k学校j中学生i家庭环境变量系数和自身努力程度的变量系数，其中STS即为根据表4中PISA中学生问卷问题34标准化的教师积极性变量，也代表了文献回顾中提到的“组织公民行为”。w_{ijk}是层－1国家k学校j中学生i的随机效应，假定$w_{ijk} \sim N(0, \sigma^2)$。

模型层－2：

$$\gamma_{0jk} = \theta_{00k} + \theta_{01k} * PON + \theta_{02k} * RCS（QSER：学校教育资源综合指标） + \theta_{03k} * RCT + \theta_{04k} * RST + \xi_{0jk}\gamma_{1jk} = \theta'_{00k} + \theta'_{01k} * TTP + \xi'_{0jk}$$

$$\gamma_{P0k} = \theta_{Pjk}$$

其中，γ_{00k}是国家k学生的平均成绩；γ_{0pk}是国家k中学校相关特征所对应的系数；θ_{0jk}是指国家k学校j的随机效应，假定$\theta_{0jk} \sim N(0, \sigma_{\pi}^2)$。

模型层－3：

$$\theta_{02k} = \delta_{000} + \delta_{001} * AGDP + \delta_{002} * GINI + \delta_{003} * EX（ER） + \delta_{004} * GE + u_{00k}$$

$$\theta'_{01k} = \delta'_{000} + \delta'_{001} * PDI + \delta'_{002} * IDV + \delta'_{003} * UAI + \delta'_{004} * LTO + u'_{00k}$$

$$\theta_{0Pk} = \delta_{0q0}$$

$$\theta_{P0k} = \delta_{q00}$$

其中，δ_{000}是指所有学生的平均成绩；δ_{00q}是指国家相关特征所对应的系数；u_{00k}是指国家k的随机效应，假定$u_{00k} \sim N(0, \sigma_r^2)$。

（二）教师参与治理影响学校绩效的实证结果

针对两层或三层模型，分别采用HLM6.08和Stata中的Gllamm程序进行了处理。考虑变量间的相互关系，采用了从特殊到一般的程序逐步将变量加入模型，具体回归结果如表6所示。

模型1在层1只保留了截距项、教师参与治理指数和学校教育资源质量综合指数这三个变量。在层2中假定层1的截距项是国家经济社会发展的函数，国家经济社会发展程度仅用人类社会发展指数（HDI）代表，而将教师参与治理指数的系数表示为国家社会文化维度的函数。

表 6 两层线性模型回归结果

	模型 1		模型 2		模型 3	
系数	系数值	T 统计量	系数值	T 统计量	系数值	T 统计量
β_{00}	110.29	2.81	246.37	2.77	275.87	3.04
β_{01}（HDI）	484.01	10.65				
β_{02}（AGDP）			0.0033	7.59	0.017	3.41
β_{03}（GINI）			-58.89	-44.45	-120.01	-14.77
β_{04}（EX/ER）			336.38	12.14	349	11.28
β_{05}（GE）			107.49	13.86	77.03	8.84
β'_{00}（TTP）	17.4	2.13				
β'_{01}（PDI）	-0.087	-2.88				
β'_{02}（IDV）	0.018	2.07				
β'_{03}（UAI）	-0.033	-1.73				
β'_{04}（LTO）	-0.097	-3.21				
a_{2j}（PON）			4.39	2.28		
a_{3j}（RCS）			17.4	3.38		
a_{4j}（RCT）			60.55	9.19		
a_{5j}（SIZE）			0.014	7.04		
a_{6j}（RST）			-1.48	-4.39		
α_{7j}（QSER）	11.07（截距）	4.42			10.68	6.64
a_{1j}（TTP）	$\beta'00$（TTP）					
a_{1j}（TPS）			1.30	4.36		
a_{1j}（TPB）			3.14	4.16		
a_{1j}（TBIC）			-9.18	-2.25		
a_{1j}（TPAP）			5.61	1.47		
a_{1j}（TP1）					15.08	2.57
α_{1j}（TP2）					2.84	0.46
α_{1j}（TP3）					-4.84	-0.57
α_{1j}（TP4）					6.41	0.97
α_{1j}（TP5）					7.27	2.52
α_{1j}（TP6）					1.06	1.22

续表

	模型 1		模型 2		模型 3	
系数	系数值	T 统计量	系数值	T 统计量	系数值	T 统计量
α_{1j}（TP7）					3.82	0.64
α_{1j}（TP8）					2.6	1.46
α_{1j}（TP9）					-7.84	-1.71
α_{1j}（TP10）					13.12	2.18
α_{1j}（TP11）					-8.78	-1.28
α_{1j}（TP12）					-5.29	-1.08

从回归结果来看，截距项与各国的 HDI 高度相关，这符合一般规律。且人类发展指数中包含了人均 GDP 和代表教育发展水平的入学率、识字率，这一指标高的国家对应 PISA 的考试成绩也越高。本文最为关注的是教师参与指标，在第 2 层其截距项为 110.29，t 统计量显示有较好的显著性水平，说明教师参与治理水平总体上对 PISA 考试成绩有正向作用，110.29 的系数也充分说明了在提高学生成绩上的显著作用。本文最为关注的是教师参与治理受不同国家社会文化的影响，就 PDI 指标而言，权力距离的含义在于社会接受权力集中的程度，这一指标值越低意味着更高的民主决策程度，从回归结果看，这一指标值为负，与预测相符。而个人主义指标值 IDV 为正的 0.018，且也有较好的显著性。不确定性规避指数 UAI 系数为正，但不显著。长期行为导向指标 LTO 系数为 -0.097，且通过了显著性检验。从这一指标的含义看，这一指标意味着尊重传统和保护“面子”，同时这一指标越高意味着个体在组织中不愿意发表自己的意见，因此系数为负，也与预期一致。这样的结果能解释 PISA 的调查中为什么上海学校的教师参与决策学校很多（上海的 LTO 值为全球最高 118），但其对学生成绩的影响并不显著的现象。而新加坡 LTO 指标值为 48，说明教师参与决策在新加坡更能起到实际作用。

进一步来看，我们将第 1 层中国家社会经济发展的变量替换为人均 GDP、基尼系数、教育财政支出占 GDP 比例和政府的行政效率指数。回归结果均与常识相符。我们最关注的是将教师参与指标分解为人事决策参与、财务决策参与、学生管理决策参与和教学过程决策参与后，各种参与决策对学生成绩的贡献。从模型 2 的回归系数看，人事决策参与系数 TPS 为 1.3，财务决策参与系数为 3.14，而学生管理参与的系数为 -9.18，教学活动决策的系数为 5.61。为更细致地进一步理解教师参与决策对学生成绩的影响，我们在模型 3 中，还原了 PISA 原始的调查问题，这一回归结果更能清楚地理解哪些教师参与学校决策更能发挥积极作用。在人事决策中，对新教师的聘任决策参与系数 TP1 为正 15.08，且很显著。这说明学校这一组织更类似于合伙制企业，教师的聘任更应由同行决定，这样才有利于发挥教师的积极性。教师参与学校财务决策的变量系数 TP5 为 7.27，也具有很好的显著性，这说明学校尤其是公立学校，其财务决策更应该接受全体教师的监督。教师对学生管理的参与系数普遍不显著，说明较之于专门的管理人员，专任教师并不擅长于学生管理制度设计，尤其是在招生过程中的教师参与对学校教学绩效的影响反而为负，说明过度下放招生权给教师容易导致生源质量下降，并影响最终的教学效果。教师对教学内容决策 TP10 的参与决策系数为 13.12，显著性水平较高。而对教材和教学课程的选择系数并不明显。

表 7　三层线性模型回归结果

	模型 1（被解释变量：学生成绩）			模型 2（被解释变量：学生对教师的满意度）	
系数	系数值	T 统计量	系数(没指明的系数 = 第 1 列)	系数值	T 统计量
γ_{00}	261.69	4.78			
γ_{1jk}（STS）					
γ_{2jk}（SES）	$\delta'00$				
γ_{3jk}（HER）	7.55	18.69			
γ_{4jk}（MED）	1.41	5.63			
γ_{5jk}（LIBU）	3.81	9.48			
γ_{6jk}（OLR）	3.47	8.99			
θ_{2j}（PON）	2.97	1.46		0.021	1.7
θ_{3j}（RCS）	2.53	5.38			
θ_{4j}（RCT）	36.17	3.75			
θ_{5j}（SIZE）	0.009	4.36			
θ_{6j}（RST）	-1.25	-3.72		-0.006	-1.63
θ_{7j}（QSER）	8.51	5.69		0.021	1.99
δ'_{00}（TTP）	20.06	2.18	δ'_{00}（TTP）	18.52	9.17
δ'_{01}（PDI）	-0.083	-2.51	a_{1j}（TPS）	0.019	7.53
δ'_{02}（IDV）	0.015	2.1	a1j（TPB）	0.072	1.28
δ'_{03}（UAI）	-0.033	-1.07	a1j（TBIC）	0.029	1.43
δ'_{04}（LTO）	-0.093	-3.21	a1j（TPAP）	0.059	2.04
δ_{01}（HDI）				4.66	1.79
δ_{02}（AGDP）	0.019	1.89			
δ_{03}（GINI）	-140.27	2.69			
δ_{04}（EX/ER）	37.11	13.59			
δ_{05}（GE）	88.31	2.37		0.214	1.64

对于三层模型，我们将教师满意度作为解释学生个体成绩的变量，并同时将这一系数表示为教师参与指标的函数。在上表中，δ'_{00}（TTP）这一系数的显著性水平很高，说明了存在这一传导作用，即教师参与决策可以提高教师的积极性（学生满意度），进而提高学生成绩。为验证这一结果的稳健性，我们将每个学生感受到的教师工作的积极性作为被解释变量建模，而将教师参与的总指数作为主要的解释变量，类似地，在第二层，将教师满意度在第一层的截距项表示为学校特征变量的函数。同时将第二层的截距项，在第三层表示为第三层国家的 HDI（人类发展指数）和 GE（政府效率指数）的函数。教师满意度与教师参与人事决策和参与教学活动最为相关。

五、教师参与决策理论对当前中国教育改革的影响

本文集中研究参与式治理（决策）在学校这一特殊组织形式中发挥作用的机制，回顾了从 20 世纪 70 年代至今的代表性文献。从 PISA 的标准化考试和调查问卷出发，发现东亚国家（地区）教师参与学校治理对教学绩效（学生成绩）的作用机制差异，提出了社会文化变量是解释教师参与决策实际效果的更底层背景因素。采用东亚国家（地区）学生和学校的样本对这一现象和假设进行了分层线性模型的实证检验。同时，验证了通过教师参与决策可以提高教师的工作积极性，更多地产生“组织公民行为”，从而提高教学绩效。

改革中国教育的行政化（官僚化）管理体制是当前中国教育改革的方向。

第一，尽管我国的《教师法》和《教育法》明确了教师参与学校民主管理的权利，但缺乏明确教师参与的程序以及教代会的权力。因此，有必要推动相关学校试点，在学校组织规章中明确教师参与决策的程序和组织权限。在条件成熟时，以部门法规形式进行制度化规范。

第二，组织文化是制约教师参与决策的潜在因素。这一方面需要学校领导在管理风格上发扬民主机制，在人事制度、财务决策、教学过程管理、学生管理方面发挥教师的决策作用；另一方面也需要教师个体改变“畏上畏权”的心理，认识到自身在组织决策中的应有权利。

第三，本文研究发现有秩序地参与式决策的确能够改变学校绩效，但滥用民主决策程序也会造成负面效应。在政府整体教育管理制度不完善，教师整体教育水平不高的情况下，应适度推进参与式决策。在教材选择、课程内容甚至选修课上，可发挥教师自主选择权，而在人事制度、财务决策上保持适度权威。

第四，教师参与决策不仅体现为事前参与决策，还应体现为事后监督、评价决策执行等方面。这在我国当前的教育组织改革中尤为重要，细化学校的人事、财务信息披露机制，制度化学校领导考评中的教师作用，对于制约官僚制弊病能发挥切实作用。

参考文献：

[1] Alutto, J. A. , & Belasco, J. A. Patterns of Teacher Participation in School System Decision Making [J] . Educational Administration Quarterly, 1973, 9 (1): 27 -41.

[2] Mohrman, A. M. Jr. , Cooke, R. A. & Mohrman, S. A. Participation in Decision Making: A Multidimensional Perspective [J] . Education Administration Quarterly, 1978, 14 (1): 13 -19.

[3] Leithwood, K. , & Duke, D. L. Mapping the Conceptual Terrain of Leadership: A Critical Point of Departure for Cross Cultural Studies [J] . Peabody Journal of Education, 1998 (73): 31 -50.

[4] Walker, E. M. Decentralization and Participatory Decision Making: Implementing School Dased Management in the Abbott districts [J] . Research Brief, 2000: 3 -23.

[5] Somech, A. Explicating the Complexity of Participative Management: An Investigation of Multiple Dimensions [J] . Educational Administration Quarterly, 2002 (38): 341 -371.

[6] San Antonio, D. M. , & Gamage, D. T. Building Trust among Educational Stakeholders Through Participatory School Administration [J] . Leadership and management, British Educational Leadership. Management & Administration Society, 2007 (21): 15 -22.

[7] Duke, D. L. , Shower, B. K. , & Imber, M. Teachers and Shared Decision Making: The Cost and Benefits of Involvement [J] . Eucational Administration Quarterly, 1980, 16 (1): 93 -106.

[8] Tschannen Moran, M. Collaboration and the need for trust [J] . Journal of Educational Administration, 2001 (39): 308 -331.

[9] Scott Ladd, B. , Travaglione, A. , & Marshall, V. Causal Inferences Detween Participation in Decision Making, Task Attributes, Work Effort, Rewards, Job Satisfaction and Commitment [J] . Leadership & Organization Development Journal, 2006 (27): 399 -414.

[10] Anit Somech. Participative Decision Making in Schools: A Mediating Moder-

ating Analytical Framework for Understanding School and Teacher Outcomes [J]. Educational Administration Quarterly, 2010 (46): 174 - 191.

[11] Dachler, H. P., & Wilpert, B. Conceptual Dimensions and Boundaries of Participation in Organizations: A Critical Evaluation [J]. Administrative Science Quarterly, 1978 (23): 1 - 39.

[12] McCaffrey, D. P., Faerman, S. R., & Hart, D. W. The Appeal and Difficulties of Participative Systems [J]. Organizations Science, 1995 (6): 603 - 627.

[13] Leithwood, K., & Mascall, B. Linking Leadership to Student Learning: The Contributions of Leader Efficacy [J]. Educational Administration Quarterly, 2008 (44): 496 - 528.

[14] Witt, L. A., Andrews, M. C., & Kacmar, K. M. The Role of Participation in Decision Making in the Organizational Politics Job Satisfaction Relationship [J]. Human Relations, 2000 (53): 341 - 358.

[15] Parnell, J. A., & Crandall, W. R. Rethinking Participative Decision Making: A Refinement of the Propensity for Participative Decision Making Scale [J]. Personnel Review, 2001 (30): 523 - 535.

[16] Cotton, J. L., Vollrath, D. A., Froggatt, K. L., Lengnick Hall, M. L., & Jennings, K. R. Employee Participation: Diverse Forms and Different Outcomes [J]. Academy of Management Review, 1988 (13): 8 - 22.

[17] Wagner, J. A., III. Participation's Effects on Performance and Satisfaction: A Reconsideration of Research Evidence [J]. Academy of Management Review, 1994 (19): 312 - 330.

[18] Smylie, M. A. Teacher Participation in School Decision Making: Assessing Willingness to Participate [J]. Educational Evaluation and Policy Analysis, 1992 (14): 53 - 67.

[19] Latham, G. P., & Pinder, C. Work Motivation Theory and Research at the Dawn of the 21st Century [J]. Annual Review of Psychology, 2005 (56): 485 - 516.

[20] Maeroff, G. I. Teacher Empowerment: A Step Toward Professionalization. A Bulletin special [M]. NASSP Bulletin, 1988: 56 - 60.

[21] Duke, D. L., & Gansneder, B. Teacher Empowerment: The View from the Classroom [J]. Educational Policy, 1990 (4): 145 - 160.

[22] Taylor, D. L., & Tashakkori, A. Toward an Understanding of Teacher's Desire for Participation in Decision Making [J]. Journal of School Leadership, 1997 (7): 609 - 628.

[23] Locke, E. A., & Schweiger, D. M. Participation in Decision Making: One morelook [M]. In B. M. Staw (Ed.), Research in Organizational Behavior. Greenwich, C. T.: JAI, 1979: 265 –339.

[24] De Dreu, C. K. W. When too Little or too much Hurts: Evidence for a Curvilinear Relationship between Task Conflict and Innovation in Teams [J]. Journal of Management, 2006 (32) 83 –107.

[25] De Dreu, C. K. W., & West, M. A. Minority Dissent and Team Innovation: The Importance of Participation in Decision Making [J]. Journal of Applied Psychology, 2001 (68): 1191 –1202.

[26] Tepper, B. J., & Taylor, E. C. Relationships among Supervisors' and Subordinates' Procedural Justice Perceptions and Organizational Citizenship Dehaviors [J]. Academy of Management Journal, 2003 (46): 97 –105.

[27] Somech, A., & Bogler, R. Antecedents and Consequences of Teacher Organizational and Professional Commitment [J]. Educational Administration Quarterly, 2002 (38): 555 –577.

[28] Dimmock, C., & Walker, A. Comparative Educational Administration: Developing a cross Cultural Conceptual Framework [J]. Educational Administration Quarterly, 1998 (34): 558 –595.

[29] Hallinger, P., & Leithwood, K. Culture and Educational Administration: A case of Finding out What You Bon't Know [J]. Journal of Educational Administration, 1996 (34): 98 –116.

[30] Ardichvili, A. Leadership Styles and Work Related Values of Managers and Employees of Manufacturing Enterprises in Post Communist Countries [J]. Human Resource Development Quarterly, 2001 (12): 363 –383.

[31] Duze, C. O. Students' and Teachers' Participation in Decision Making and Impact on School Work and School Internal Discipline in Nigeria [J]. African Research Review, 2011, 5 (2): 200 –214.

[32] Mercy, O. &, Ujiro I. Influence of Teachers Participation in Decision Making on Their Job Performance in Public and Private Secondary Schools in Oredo Local Government Area of Edo State, Nigeria [J]. European Journal of Business and Social Sciences, 2012, 1 (5): 12 –22.

[33] Martínez, J. F. Classroom Assessment Practices, Teacher Judgments, and Student Achievement in Mathematics: Evidence from the ECLS [J]. Educational Assessment, 2009 (14): 78 –102.

［34］Hofstede，Geert. Culture' s Consequences：Comparing Values，Behaviors，Institutions，and Organizations across Nations［M］. Thousand Oaks，CA：SAGE Publications. ISBN 978，2001.

［35］Esther Sui ，chu Ho. Educational Decentralization in Three Asian Societies：Japan，Korea and Hong Kong［J］. Journal of Educational Administration，2006，44（6）：590－603.

［36］Ming Ming Chiu，Zeng Xihua. Family and Motivation Effects on Mathematics Achievement：Analyses of Students in 41 Countries［J］. Learning and instruction，2008（18）：321－336.

［37］楚江亭. 中小学教师参与学校管理研究［J］. 中国教育学刊，2009（8）：39－43.

［38］林成堂. 中小学教师参与学校决策现状的调查研究［J］. 教育理论与实践，2008（11）：43－45.

［39］苏镜萍. 中小学教师参与决策和管理的团队参与及心理效应［J］. 教学与管理，2011（9）：11－13.

［40］王哲，李亮，史晓燕. 中小学教师参与学校民主管理情况调查研究［J］. 内蒙古师范大学学报（教育科学版），2009（2）：127－130.

［41］尹晓敏. 教师参与高校决策：合理性及其限度性［J］. 教育科学，2006（5）：68－70.